어떤 양형 이유

판 결
판 결
판 결

사 건   2017고단 폭력행위등처벌에관한법률위반(집단 · 흉기등상해),
사 건   2017고단 폭력행위등처벌에관한법률위반(집단·흉기등상해),
사 건   2017고단 폭력행위등처벌에관한법률위반(집단·흉기등상해),
         협박, 재물손괴
         협박, 재물손괴
피 고 인
피 고 인
         주거
피 고 인   주민등록기준지
         주거
         등록기준지
검 사   등록기준지
검 사
변 호 인
변 호 인 사
판 결 선 고
판 결 선 고 인

박
주
영

지
음

판 결 선 고

주   문
주   문
주   문

피고인을 징역 4년에 처한다.
피고인을 징역 4년에 처한다.
압수된 증 제1, 2호를 몰수한다.
압수된 증 제1, 2호를 몰수한다.
피고인을 징역 4년에 처한다.

압수된 증 제1, 2호를 몰수한다.

어떤 양형 이유

문학
동네

프롤로그

현직 판사가 책을 내는 게 이제는 드문 일도 아니지만, 책 낼 시간 있으면 재판이나 열심히 하라는 타박이 신경 쓰였다. 남의 노동은 주 52시간 칼같이 따지지만 제 노동은 주 72시간을 수시로 넘나들어도, 판사들 노는 꼴을 못 보는 곳이 법원이다. 사건은 잠깐만 손을 놓아도 턱밑까지 차오른다. 틈틈이 사건 밖으로 고개를 빼 호흡하지 않으면 익사할 지경이니, 그런 타박이 크게 틀린 말도 아니다.

판사는 판결로만 말한다는데 판결 밖 수다로 구설에 오르는 것은 아닌지, 이러다 정말 재판에 지장을 주는 것은 아닌지 이래저래 걱정이 많았다. 시답잖은 사건이 대개 그렇듯 이 책도 청탁에서 비롯되었다. 〈법률신문〉 모 기자의 부탁을 단호하게 거절하지 못하고 짧은 칼럼 몇 꼭지를 쓴 것이 화근이었다. 그래도 책내는 건 자기 마음 아닌가라는 자문에 자답이 궁해졌다. 생각해 보니 기자는 핑계였다. 나의 내밀한 욕망이 칼럼 청탁과 출판 제안을 호객하듯 부른 것이다.

판결문은 법적으로 의미 있는 사실만을 추출해 일정한 법률 효과를 부여할 뿐 모든 감상은 배제하는 글이다. 민사든 형사든 판결문은 매우 엄정한 형식과 표현을 써야 하는데, 그나마 판사가 형식에 구애받지 않고 자신의 생각을 표현할 수 있는 유일한 곳이 형사 판결문의 '양형量刑 이유' 부분이다. 양형 이유는 공소 사실에 대한 법적 설시를 모두 마친 후 판결문 마지막에 이런 형을 정할 수밖에 없었던 이유를 밝히는 곳이다. 죄질이나 전과, 피해변제(합의) 여부, 재범의 위험성 등을 주로 기술한다. 형사합의부 판결은 사안이 중하므로 대개 양형 이유를 기재하나, 형사단독부 판결은 생략하는 경우도 흔하다. 나 역시 대부분 전형적인 내용을 쓰지만, 피고인에게 특별히 전할 말이 있거나 사회에 메시지를 던지고 싶을 때는 양형 이유를 공들여 쓰곤 한다. 재판기록은 일정기간이 지나면 파쇄하지만 판결문은 영구보존되므로, 판결문에 사건의 내용과 양형 이유를 상세하게 기재해 그 사안을 항구적으로 알 수 있게 하려는 의도도 있다.

나는 그곳에서 법적 평가로 소실돼버린 구체적 인간과 그들의 고통 일부를 복원해낼 수 있었다. 그러나 그럼에도 기록 뒷면의 눈물을 전부 담을 수는 없었다. 표현되지 못한 그들의 아픔과 나의 번민은 고스란히 내 가슴에 묻어왔다. 이 책을 내자는 제안을 받았을 때, 판결문의 형식과 전혀 다른 글을 써야 한다는 사실이 낯설고 두려웠으나 뭔가에 홀리듯 그러자고 했다. 판결문이라는 건조하고 비정한 서사, 그 장르로는 도저히 담아낼 수 없는 사연들, 그 비감悲感한 서정을 풀어놓지 않고서는 견딜 수가 없었던 모양이다.

지역법관제나 고등부장 승진제가 폐지되긴 했지만 예나 지금이나 나는 별볼일없는 판사다. 수도권에 근무하는 '경판京判'도, 순환근무 때만 지방으로 가는 '흑판黑判'도, 서울바닥만 돈다는 전설의 '백판白判'도 아니다. 나는 글자 그대로 시골판사, '향판鄕判'이다. 제아무리 실력이 있다 해도 호칭만으로 반은 접고 들어가는 데다 어감마저 촌스럽기에 향판들은 늘 분하고 서러웠다. 지역 TO로 고등법원 부장판사 자리에 오른 모 향판은 자신을 '농어촌 특별전형'이라고 자조할 정도였다.

고등부장으로 승진하기 위한 판사들의 분투는 산 사람을 향해 아귀다툼하며 돌진하는 좀비들처럼 눈물겨웠다. 시골에서도 인품과 실력을 겸비하거나 줄 좋은 향판들이 고등부장 승진을 꿈꾸기도 했다. 하지만 사실 재야(법원과 검찰 밖을 통칭한다) 출신이라 승진과 무연고인 나는 진성 향판이라 부를 수도 없었다. 근자에 나 같은 사람을 부르는 호칭이 늘었는데, 승포판(승진을 포기한 판사)과 출포판(출세를 포기한 판사)이 그것이다. 이 명칭은 포청천을 연상시키는 어감이라 카리스마도 있는 데다, 법원행정처에서 특별관리가 필요하다며 각별히 붙여준 명칭이라 애틋하기까지 하다. 그러나 승진을 위해 죽기 살기로 달리다 고꾸라지자 법관의 신분 보장을 방패 삼아 누구 눈치도 보지 않게 되었다는 승포판들도 한때는 승진 가능성이 있었다는 점에서 나와는 또 다르다. 나는 7년을 변호사로 일하다 법원으로 온 재야 출신 시골 승무판(승진과 무관한 판사)이었고, 이들과 같은 분노나 상실감 없이 그저 법원에 온 것만으로도 행복했다.

변호사들만 그런 줄 알았는데, 법원은 법원대로 세간의 비난에 힘겨워했다. 법원의 존립 기반은 국민의 신뢰라는 이야기를 귀에 딱지가 앉게 들었다. 어떻게 하면 국민의 신뢰를 얻을까, 모두 노심초사했지만 내가 보기엔 전부 부질없었다. 재판이 멈추지 않는 한 세상 욕이란 욕은 법원으로 모일 수밖에 없다는 간단한 이치조차 모르는 것 같았다. 또 그렇게 욕을 먹었으면 이력이 날 법도 한데 판사들은 욕을 먹을 때마다 다들 힘들어했다.

나는 아니었다. 변호사 시절 무수한 욕을 먹어 단련된 맷집이 있었고, 판사인 것이 마냥 신기하고 행복했기에 판사로 욕을 먹는 것도 좋았다. 내게는 법원에 대한 불신이 그저 악플이 좀 많이 달리는 정도, 밤길 조심하라는 정도, 네 애들 학교 어딘지 안다는 정도, 네 가족도 한번 당해보라는 정도, 인터넷에 개인 신상이 까발려진다는 정도에 불과했다. 재판이 마음에 안 든다고 총 맞는 나라도 있다는데 이 정도면 감지덕지였다. 다 감수할 수 있었다.

정의도 뜬구름 잡는 얘기였다. 미국의 한 교수가 선승들의 '이 뭐꼬' 화두를 흉내 내듯 《정의란 무엇인가》(2010)라는 책을 냈을 때, '이건 판사를 위한 책'이라고 쾌재를 불렀지만, 선문답 뺨치는 내용에 고개만 갸우뚱하며 책을 덮었다. 좋은 책이었지만 실제 재판에서 써먹을 수 있는 내용은 별로 없었다. 향판이든, 승무판이든, 욕을 먹든, 정의가 뭐든, 사건에 빠져 죽든, 목만 빼고 숨 쉬든, 그저 판사이기만 하면 행복했던 나는, 그렇게 쭉 행복할 줄 알았다. 매에 장사 없고, 가랑비에 옷 젖고, 잔 펀치에 나가떨어진다는 사실을 그땐 몰랐다.

성년 남자들이 꾸는 악몽 중 베스트를 꼽으라면 아마 다시 입대하는 꿈이 아닐까? 사시에 합격한 사람들은 다시 시험을 치르는 게 지독한 악몽이다. 사시에 떨어지고 다시 군대 가는 꿈은 최악이다. 꿈에서도 억울하고 기가 차니 악을 쓰며 깨곤 했다. 언제부턴가 사시 준비와 입대, 심지어 학력고사까지 다시 치르고, 법대法臺가 아닌 피고인석에 서서 '이게 무슨 상황이지' 황당해하는 악몽이 잦아졌다.

원인을 알 수 없었다. 나는 판사라서 행복한데, 왜 이럴까? 판사생활이 길어지며 재판 경험이 쌓일수록 행복의 총량 대신 불면과 악몽의 나날이 늘었다. 불면은 두통과 소화불량이 되고, 소화불량은 미란성 위염이 되고, 급기야 이것들이 한꺼번에 찾아왔다. 법원은 물론 나에 대한 비난도 두려워하지 않고, 정의도 신경 쓰지 않는 내게 왜 이런 일이 일어났는지 알 수 없었다.

시간이 흘러 안 사실이지만 나를 힘들게 한 건, 리메이크된 영화 〈매드 맥스: 분노의 도로〉에서 맥스를 미치게 한 아이의 환영과 정확히 일치했다. 국민의 신뢰니 정의니 하는 거창한 구호는 내 털끝조차 건드리지 못했지만, 재판에서 마주친 사람들의 눈빛은 고스란히 누적되어 나를 피폐하게 만들었다.

소년재판을 할 때 보았던 아이들의 눈빛, 소년원으로 가며 울부짖던 눈빛, 집으로 가라고 했는데 더 당황하던 눈빛, 법정구속되어 유치감으로 들어가는 피고인의 눈빛, 전 재산을 사기당한 피해자의 눈빛, 성폭행 피해 여성의 분노와 수치심 가득한 눈빛, 꽃 같은 딸이 살해된 부모의 눈빛, 빚에 쫓겨 떠도는 파산자의 눈빛, 퇴근해서 집으로 오지 않고 영정사진 속으로 가버린 아빠의 눈빛, 그 아빠의 영정 앞에 선 가족들의 눈빛, 눈빛…. 그 눈빛들은 〈매드 맥스〉의 아이처럼 내 목덜미를 잡고 놓아주지 않았다. 잊을 만하면 떠오르는 그들은 집요하게 따졌다.

'당신은 구할 수 있었잖아요, 당신이 우리를 버렸잖아요, 당신은 그럴 힘이 있었잖아요, 우리가 정의를 맡겼잖아요, 정의를 찾아달라고 부탁했잖아요, 당신은, 당신은….'

판사들이 쓰는 은어 중에 '깡치사건'이라고 있다. 판단이 어려운 사건, 재판부를 몇 개나 거쳐온 사건, 누구도 처리하지 않은 채 캐비닛에 처박아둔 사건, 결론이 보이지 않는 사건, 조정도 안

되는 사건, 장기미제사건 등을 일컫는 말이다. 책을 쓰는 내내 이 책이 마치 복잡한 깡치사건의 기나긴 판결문처럼 느껴졌다. 개별 사건 판결문의 독자가 재판 당사자와 상급심이라면, 이 책의 독자는 사법부에 정의를 맡겨둔 국민이다. 개별 사건 판결문이 당사자와 상급심을 상대로 결론의 정당성과 추론의 합리성을 설득하는 과정이라면, 이 책은 과연 나 같은 자들에게 정의를 맡겨도 될지를 판단하기 위한 일종의 참고자료가 아닌가 하는 생각이 들었다.

이 책은 곧 1심 판결문이고, 독자는 당사자이면서 곧 상급심이다. 상급심은 1심의 결론을 받아들여 판결을 인용할 수도 있고, 결론이 틀렸다고 파기할 권한도 있다. 이 책의 독자는 "이봐, 당신은 틀렸어. 판사로서의 당신 삶을 파기한다"는 주문主文을 낼 수도 있고, "결론은 용케 맞췄군. 이 판결을 인용한다"는 주문을 낼 수도 있다. 염치없게도, 이 판결이 일부라도 인용되기를 바라지만, 전부 파기되어도 항소는 없다.

국민은, 불복할 수 없는 상급심이다.

당신 탓이 아니라고, 매드 맥스가 되지 않게 언제나 지지해준 사랑하는 아내와 두 아들에게 이 책을 바친다.

차례

2장

우리를 슬프게 하는 것들

3장

부탁받은 정의

일러두기

1. 본문에 실린 양형 이유는 실제 판결문에 있던 내용이지만, 편집 과정에서 날짜와 시간 등 사건의 구체적 정보는 삭제했다.
2. 인명, 지명 등의 외국어와 외래어는 국립국어원 외래어표기법에 따르되 몇몇 경우는 관용적 표현을 따랐다.

1장

나는 개가 아니다

폭력이 난무하는 곳보다
더한 공적 영역은 없다

A는 아내에게 수시로 험한 말을 지껄여대고, 가재도구를 부수며 아내와 아이들을 때리는 사람이었다. 이른 더위에 연신 땀을 훔치던 어느 봄밤에도 A는 술에 취해 다 커버린 맏딸에게 입에 담기 힘든 욕설을 뱉었다. 맏딸은 견디지 못했다. 제발 좀 그만하라고 대들었다. 그날 A는 쇠망치로 딸의 눈 부위와 광대뼈, 뒷머리와 등을 여러 번 때리고, 발로 배를 걷어찼다. 특수상해로 구속기소된 A는 자신의 잘못을 인정하면서 반성했다. 두 번의 벌금형말고는 특별한 전과도 없었다. 팔순 노모는 아들의 부재를 힘겨워하며 눈물로 호소했다. A의 자백으로 재판은 첫 기일에 종결됐다. 피해자인 아내와 딸과 합의하지 못한 점을 고려할 때 징역 1년의 실형을 예상하고 선고기일을 정했다.

선고를 며칠 앞뒀을 때, 딸이 검찰을 통해 '법정에 출석해 증언하고 싶다'고 알려왔다. 흔치 않은 경우였으나 그녀의 의견을 존중해 변론을 재개한 후 증인신문 기일을 정했다. 심리적 안정을 위해 A와 방청객을 퇴정시키고 증인지원관을 대동해 신문을 진행했다. A는 물론 방청객조차 없으니 안심해도 된다는 거듭된 설명에도 그녀는 수시로 주위를 둘러봤다. A가 듣고 있는 건 아닌지 경계했고, 자기가 하는 말을 조서에 남기지 말아달라고 부탁하는 등 극도로 불안해했다. 증인지원관을 동석시킨 뒤에도 깊은 숨을 몇 번이나 들이쉬고서야 겨우 증언을 시작했다.

그녀는 증언을 하는 내내 눈물을 흘리며 끊임없이 주위를 두리번거렸다. 불안하고 두서없는 어조로 A의 지속적 폭언과 폭행으로 가족들이 얼마나 큰 고통을 겪었는지, 그런 환경에서도 자신은 장학금을 받으며 대학을 졸업해 대기업에 취직했고, 유일한 형제인 남동생은 A와 일찍 사이가 멀어졌음에도 자신은 A와 동거하며 맏이의 역할을 다하고 가정을 지키려 얼마나 노력했는지, 여러 노력에도 불구하고 결국 우울증으로 직장을 그만두게 되었는데, A에게 망치로 두들겨맞아 상처까지 입고 보니 지금 자신이 얼마나 무기력하고 비참한지에 대해 진술했다.

그녀의 남동생은 경찰에서 "A는 소주를 매일 세 병 이상 마신다. 술을 먹고 기분 나쁠 때, 특히 밖에서 모욕을 당하면 가족들한테 푼다. 술만 마시면 심한 욕설을 하며 우리를 때렸기 때문에 집을 나와 A가 잠들 때까지 기다린 적도 많다. 결혼도 하지 않은 누나 얼굴에 지울 수 없는 상처를 낸 걸 용서할 수 없다. 우리는 어릴 때부터 심한 우울증을 앓고 있었다. 누나는 횡단보도를 건널 때 눈을 감고 건너는 등의 이상행동을 했다. 나도 극단적인 생각을 수없이 했다. 자해를 한 적도 있다. 누나가 너무 불쌍하다. 누나는 정말로 열심히 살았다. 앞으로 아버지와 누나가 두 번 다시 만나는 일이 없도록 해달라. 간곡히 부탁한다"고 진술했다. 그가 법원에 제출한 탄원서에는 "과거에도 몇 번이나 경찰에 신고하고 싶었지만, 신고해봤자 금방 돌아와 사태가 더 심각해질 것을 알기에 그저 당하고만 살았다. 실제로 신고도 했지만 소용없었다. '따로 나가 살면 되지'라고 생각할 수 있지만, 이런 일을 겪고 있는 가정은 집을 사거나 월세를 부담할 수 없는 경우가 대부분이다"라고 적혀 있었다.

A의 아내는 1986년부터 2004년까지 쓴 일기를 경찰에 제출했다. 그녀의 일기에는 이런 구절이 있었다.

애들 데리고 자신 있게 나가 살지도 못하고 두들겨맞아 멍든게 어디 하루 이틀인가. 이젠 온몸이 아프다. 오늘은 너 같은 건죽어야 한다면서 방바닥에 머릴 처박고 목을 졸랐다. 한순간에죽을 뻔했다. 급한 김에 신발짝을 들고 뛰쳐나와 사람 좀 살려달라고 외쳐댔다. 아무도 나오지 않는다. 요즘 사람들은 잘 도와주지도 않는다. 집에 경찰들이 여러 번 다녀갔다. 하도 자주겪으니 첫째는 이제 신고도 잘한다. 병원에서 진단서 떼는 것도 쉬운 일은 아니다. 창피하고 돈도 제법 든다. 의사들도 은근히 무시해서 이러다 미치지 않을까 겁난다. 사는 게 지겹다. 마실 줄도 모르는 술을 홧김에 마시니 속이 답답해 미치겠다. 엉엉 소리 내어 울고 싶다, 이 세상 떠나가도록. 그러면 속이 시원해질까? 작년 겨울에 맞아 생긴 얼굴 흉터는 아직 그대로다. 맞은 곳은 담이 되어 몸 여기저기가 결린다. 너무 아프다.

B는 피해자인 동거녀의 옆구리를 부엌칼로 찔러 6주 상해를 가한 내용으로 구속기소됐다.

지적장애인이자 소아마비로 왼쪽 팔다리를 잘 쓰지 못하는 피해자는 딸만 다섯인 집의 맏이로 태어났다. 장성한 후에는 가족과 일절 연락을 끊었다. B를 만나기 전 지적장애인이던 남편과의 사이에서 딸과 아들을 낳았으나, 극심한 갈등으로 10여 년 전 시댁을 나온 이후 교류하지 않았다. B와 피해자는 B가 교도소에서 출소한 후 동거하기 시작했는데, 피해자 명의의 영구임대아파트(보증금 200만 원, 월 4만 원)에서 피해자가 받는 장애수당 80만 원으로 생활했다. B는 사회복지사와의 상담에서 "암자에서 심부름꾼 노릇을 하는 피해자가 불쌍해 함께 산에서 내려와 동거하게 됐는데 끝까지 책임질 거다"라고 말했다. 피해자는 사회복지사에게 "B가 술을 안 마시면 잘해준다. B 덕분에 일상생활을 유지하고 있는데, 주변에 도와줄 지인도 없고 글도 모르고 지적 능력도 부족해 홀로 지내는 것이 두렵다. B와 계속 동거하고 싶다"고 말했다.

B는 이 사건 이전에도 폭력행위 등 처벌에 관한 법률 위반죄

로 여러 번 징역형을 선고받았다. 이 사건 직전에는 피해자의 얼굴과 가슴을 마구 때리고, 볼펜으로 피해자의 오른쪽 팔뚝을 내리찍어 실형 7개월을 선고받고 복역하기도 했다. 피해자는 그 사건으로 병원에 입원까지 했지만 퇴원한 후에도 B와 같이 살기를 원했다. 사회복지사에게도 "B는 나를 받아준 고마운 사람이며 술을 마시고 폭행을 하긴 했지만, 사람은 착하다"고 말했다.

피해자가 칼로 찔렸던 당시 현장에 출동한 119 구급대원들은 "피해자는 소장의 상당부분이 복부 밖으로 쏟아져나온 상태에서 모로 누워 있었다. B에게 피해자가 다친 경위를 물어보니 피해자가 스스로 칼로 찌른 것 같다며 횡설수설했고, B는 피해자를 발로 툭툭 건드리며 '이미 죽은 것 같은데 병원에 갈 필요 있나. 내장 나온 건 또 처음 보네'라고 말하며 태연하게 앉아 있었다"고 진술했다. 자칫하면 사망에 이를 만한 중상을 입었음에도, 피해자는 여전히 B에게 의존하는 모습을 보였다. "자해한 것이고 B는 죄가 없다"며 거듭 B를 두둔했고, 경찰에서는 "B를 너무너무 사랑한다"고 진술했다. B는 법정에서 "피해자가 자해를 한 건데 사회복지사와 경찰 등 주변 사람들이 피해자를 겁박하는 바람에 자신이 억울한 옥살이를 하고 있다"고 주장했다.

이 사건은 처음부터 B가 범행을 부인했고, 피해자도 자해를 했다고 진술하는 바람에 단순자해사건으로 묻힐 뻔했다. 하지만 피해자를 담당한 사회복지사의 관심과, B와 피해자 사이의 폭력사건을 담당한 적이 있는 한 경찰관의 끈질긴 설득으로 기소에 이르렀다. 이 경찰관은 법정에서 "주변에서는 가정 내 폭력에다 증거도 없고, 피해자가 자해라고 진술했으니 괜히 나서지 말라며 수사를 말렸지만 피해자를 그냥 두고 볼 수 없었다"고 증언했다.

그들도 한때는 뜨겁게 사랑했을 것이다. 처음 대면한 사랑은 그들에게도 같은 표정이었을 것이다. 학교에서, 공사판에서, 아래 위 마을에서, 회사에서, 시위현장에서, 부모들의 약속으로, 우연히 스친 인연으로, 누군가의 선의로 그렇게 만났을 것이다. 독사과를 든 계모도, 가문의 악연도, 신분의 차이도, 불투명한 미래도, 성격 차이도, 경제적 곤궁함도 개의치 않았을 것이다. 열렬히 사랑한 그들은 죽을 때까지 행복하게 살아야만 했다. 그러나 법정이라는 무대에 오른 드라마에는 해피엔딩이 없다.

결혼한 지 얼마 지나지 않아 경제적 상황이 발목을 잡기 시작했다. 성격도 예상 밖이었다. 둘만의 가정에 자꾸만 누군가가 틈입해 말썽을 일으키기도 했다. 그들은 자존심에 상처입고 신음했다. 이런 난관쯤은 사랑으로 극복해야 했으나 불행하게도 그들 사랑의 용량은 결혼을 결정할 만큼이 전부였다. 밥상이 날아가고, 가재도구가 부서졌다. 처음에는 살림살이였지만 이내 코와 이가 부러지고 갈비뼈가 으스러졌다.

아이들이 가장 예쁠 때가 항상 지금이듯, 사랑이 가장 필요한 때도 바로 지금이다. 지나간 사랑의 관성으로만 나아가는 가정은 오래 지속되지 못한다. 사랑이 소중한 것은 그 자체로 숭고

하고 고결하기 때문이 아니다. 사랑은 실용적이어서 중요하다. 사랑은 무관심과 질시와 모욕과 폭력을 없애는 백신이나 해독제 같은 것이다. 증오가 왱왱거리며 삶을 위태롭게 할 때 무엇보다 사랑이 필요하지만, 그들 사랑은 이미 바닥나버렸다. 사랑은 폭력으로 대체되었다. 폭력만이 무너진 가장의 위신을 세우고 가정의 질서를 유지한다고 믿는 아버지는 밥상을 뒤엎다가 급기야 망치를 들어 아내와 딸을 때리고 칼로 그들의 얼굴을 그었다. 장르는 극적으로 바뀌었다. 아름다운 동화는 잔혹동화가 되고, 어느새 하드보일드가 되었다.

법정은 모든 아름다운 구축물을 해체하는 곳이다. 사랑은 맨 먼저 해체되고, 결국 가정도 해체된다. 형사사건에서는 한 인간의 자유를 지지해준 법적 근거마저 해체시킨다. 재산을 나누고, 아이도 나눈다. 사랑의 잔해를 뒤적이고 수습하다 보면 법정이 도축장이 아닌가 하는 생각도 든다. 법관은 굳어버린 사랑을 발라낸 다음 가정을 이분도체, 사분도체로 잘라내고 무두질한다. 법은 날카롭게 벼린 칼이고, 법관은 발골사다.

많은 사건을 처리했지만, 가정폭력에 얽힌 사건은 늘 새롭게 힘겹다. 가정폭력이 유독 견디기 힘든 건 깊이를 알 수 없는 폭력과 상처의 내력 때문이다. 무덤덤해지다가도 피해자들 내면의 깊은 고통이 기습적으로 전이되면 불에 덴 듯 화들짝 놀란다. 도대체 어떻게 이런 상황을 견뎠을까? 도스토옙스키는 《죽음의 집의 기록》(2010)에서 "인간은 모든 것에 익숙해질 수 있는 동물이다. 나는 이것이야말로 인간에 대한 가장 훌륭한 정의라고 생각한다"고 했다. 적응과 망각은 놀라울 정도로 사람을 강하게 만든다. 암울한 현실을 애써 잊고 하루빨리 일상으로 복귀하고픈 본능은 집요하다. 상대가 아무리 숱한 악행을 저질러도 그 사람이 나의 삶에 절대적 영향을 미치는 경우, 쉽게 포기하고 용서한다. 평온한 삶을 지속하고 싶은 관성은 이성이라는 브레이크를 마모시키고 무력화한다. 상처를 얼기설기 봉합하고 활시위처럼 재빨리 일상으로 되돌아오지만, 그 복귀의 탄성에 날아간 화살은 각자의 가슴 깊숙이 박히기 마련이다.

어쩌면 그처럼 완강한 관성은 아이들 때문이었는지도 모른다. 가난과 주정에, 폭력에, 지옥 같은 하루하루와 희망 없는 미래에 안녕을 고하고자 보따리를 싸고, 아이에게 마지막 짜장면 한 그릇을 먹이려 들렀을 동네 어귀 중국집에서, 눈물을 흩뿌리며 아이가 짜장면 먹는 모습을 보다, 자신의 고통을 아이의 웃음과 맞바꾸겠다 마음먹고 발길을 돌린 어머니가 얼마나 많을까. 어쩌면 어머니의 발길을 돌린 건 아이의 염원이었을지도 모른다. 아이는 어머니의 시선을 못 본 척하며 세상에서 가장 맛있게 짜장면을 먹었을 게다. 면발 한 올 한 올에 어머니와 자신의 미래가 걸려 있다는 것을 본능적으로 알았을 게다. 아이들이 모두 천진한 것은 아니다. 예상치 못한 짜장면은 불안하고, 행복하지 않은 어머니를 둔 아이들은 영악하다.

실제 형사법정에 있다 보면 도저히 이해할 수 없는 용서와 합의를 무수히 목격한다. 수년간 며느리를 강간한 시아버지를 며느리와 아들이 용서하고, 자신의 어린 딸을 강간한 친구와 합의하고, 친딸을 강간해 임신까지 시킨 계부의 선처를 구하는 어머니조차 그리 드물지 않다. 잔인한 진실을 외면한 거짓 용서와 일방적 희생은 폭력을 증폭시키는 고출력 앰프다. 용서한 자는, 결국 용서받은 자에게 살해되고, 걷잡을 수 없는 지경이 되어 다시 법원으로 돌아온다. 누군가 좀더 일찍 개입했더라면 하는 안타까움을 지울 수 없다.

앞서 든 두 사건은 형사단독재판을 할 때 다뤘던 사건이다. 사안의 내용으로 보면 숱한 가정폭력 사건 중 특별한 케이스도 아니었다. 그럼에도 이 사건들이 유독 기억에 남은 이유는 피폐해질 대로 피폐해진 맏딸이 증언하던 모습이 충격적이었고, 지적장애인 피해자가 계속 자해를 주장하며 피고인의 석방을 호소했기 때문이다.

첫 번째 사건의 A는 특별한 범죄 전력이 없는 사람이라 양형이 고민됐다. 두 번째 사건은 죄질이나 B의 범행 전후 정황을 고려해보니 양형은 어렵지 않았다. 하지만 소아마비에 가벼운 지적장애까지 가진 채 가족과 세상에서 소외돼 힘겹게 살아온 피해자에게 유일하게 곁을 내어준 B를 무겁게 벌하는 것이 과연 피해자를 위한 최선의 조치인지 고민됐다. B로부터 겪을지 알 수 없는 미래의 신체나 생명의 위협보다, B의 부재로 지금 당장 겪을 수밖에 없는 사회적 소외와 외로움이 피해자에게는 더 감당하기 어려운 건 아닌지, 신산스러운 삶을 근근이 이어가는 피해자와 같은 사회적 약자를 가정폭력으로부터 구호하고, 사회의 구성원으로 품어줄 수 있을 만큼 사회가 성숙했는지에 대한 의구심 때문에 고민을 거듭했다.

첫 번째 사건에 대한 검찰의 구형은 3년 6개월이었고, 두 번째 사건은 5년이었다. A의 딸은 법정에서 "A의 지인 중 법을 잘 아는 사람이 A가 금방 석방될 거라고 해 매우 불안하다. 엄벌은 기대하지도 않으니 제발 A로부터 멀리 떠날 수 있도록 짐 쌀 시간만이라도 달라"고 호소했다.

나는 두 사건 모두 징역 4년의 실형을 선고했다. 첫 번째 사건은 항소심에서 합의되어 A는 징역 2년에 집행유예 3년으로 석방되었고, 두 번째 사건은 항소가 기각되어 징역 4년이 유지됐다. 깊은 고민 끝에 내가 한 것이라곤 피해자들에게 4년의 시간을 벌어준 것뿐이었다. 그나마 A는 7개월가량 구금되었던 게 전부다.

A의 딸이 A로부터 몇 발짝이나 떨어졌는지, B의 구금기간 내내 옥바라지를 하던 피해자는 B 없이 잘 견디고 있는지 문득문득 궁금해진다. 나는 진심으로 그녀들이 A와 B로부터 독립해 훨훨 날아가기를 바라지만, 간혹 그녀들이 그들로부터 온전히 벗어나는 데는 4년도 부족할지 모른다는 생각이 들곤 한다. 무력하다는 느낌이 자주 들지만, 공권력 중 가장 강력한 국가의 형벌권은

가장 늦게, 최소한으로만 발동되는 것이 현실이다. 나머지는 그녀들의 몫이다.

최근 통계에 따르면, 2~3일에 한 명꼴로 가정폭력에 의한 사망자가 발생하는데, 아동학대는 2020년 30,905건이었고 사망자는 42명이었다. 2018년 10월 22일 전남편이 이혼한 아내를 살해한 '강서구 전처 살인사건'이 발생했다. '아버지를 사형에 처해달라'며 청와대에 청원 글을 올렸던 피해자의 딸은 국정감사에서 "아무리 신고해도 소용이 없었다"고 증언했다.

아래 글은 두 사건의 판결문에 공동으로 설시한 양형 이유 중 일부다. 가정폭력과 아동학대의 양형 이유를 적는 날은 언제나 비감하다.

"가정이야말로 고달픈 인생의 안식처요, 큰 사람이 작아지고 작은 사람이 커지는 곳"(H. G. 웰스)이다. 가정이야말로 장에 나간 엄마를 걱정하며 애타게 기다리는 아이가 있는 곳이고, 해진 신발을 신고 가족을 위해 온갖 험한 길을 마다않는 아버지가 사는 곳이다. 가난한 부모는 마음대로 늙지도 못한다. 또다시 헌신을 신고 먼 길을 가야 하기 때문이다. 그들이 늙지도 못하며 악착같이 지키려 한 것이 바로, 가정이다.

해가 지면, 세상살이에 시달린 모든 이는 절인 배춧잎처럼 녹초가 되어 타박타박 집으로 돌아가고, 그곳에서 위로받고 잠이 든다. 실증적 연구 결과를 동원할 필요도 없이, 가정 내 폭력은, 인간의 마지막 안식처를 파괴하고, 가족 구성원들을 더 이상 의지할 곳 없는 극한의 상황으로 내몬다는 점만으로도 용서받을 수 없는 범죄다.

당원當院이 감히, 이 사건 피해자를 포함한 가정폭력의 피해자들이 장구한 세월 겪어왔을 고통의 무게를 전부 공감했노라고 말할 수는 없겠지만, 기록에 비치는 고통의 한 자락만으로도 충분히 고통스러웠다. 가정폭력 사건의 피해자들이 겪었거나 여전히 시달리고 있을 악몽의 편린만을 기록과 재판을 통해 마주했을 뿐임에도 그 상흔에 놀랄 지경이라면, 피해자들이 겪었을 그 고통의 심연이 도대체 어느 정도일지 가늠되지 않는다. 이 사건의 피고인을 포함한 가해자들이 훈육의 목적으로, 혹은 세상살이의 고단함을 해소하기 위해, 혹은 이런저런 이유로 술기운을 빌려 저지른 악행의 결과는, 참혹하다.

거듭 강조하지만, 우리 사회의 가정폭력에 대한 불개입 풍조는 극복되어야 한다. 가정은 사적 영역이므로 공권력 개입은 가급적 자제되어야 하고 신중해야 한다는 명제는, 그 가정이 가정으로서 최소한의 기능을 유지하고 있을 때에만 성립될 수 있는 것이다. 큰 사람이 작은 사람을 학대하

고, 가족 구성원 중 누군가가 폭력으로 누군가에게 고통만
을 안겨주고 있다면, 그곳에는 더 이상 가정이라 불리며
보호받을 사적 영역이 존재하지 않는다.

폭력이 난무하는 곳보다 더한 공적 영역은 없다.

타인의 몸을 자유롭게 만질 수
있는 사람은 오직 그 타인뿐이다

교수 A는 자신의 수업을 듣던 여학생 여섯 명을 상대로 여덟 번에 걸쳐 어깨와 팔꿈치 사이 부분을 만지고, 허리를 감싸안거나 옆구리를 움켜쥐는 등 학생들을 강제추행했다는 내용으로 기소됐다.

A의 성적 농담과 여학생들에 대한 지속적인 신체접촉 등 부적절한 처신에 관한 소문이 돌기 시작하자, 당시 부학생회장이던 B는 학생상담센터를 찾아가 이 문제를 담당자에게 털어놓았다. 담당자는 "A 때문에 찾아온 학생이 많지만 대부분 진술서 작성을 두려워해 그냥 돌아갔다. B 학생이 대표로 진술서를 받도록 협조해주면 고맙겠다"고 했다. B는 이 사건 피해학생 일부와 다른 학생들을 찾아다니며 피해내용을 청취하고 진술서를 받았다. A에 대한 교내 징계절차가 지지부진하고 A가 피해학생들을 회유하거

나 위협적인 분위기를 조성하자, B는 이 사건을 형사고발하기로 마음먹고 "전공교수가 추행하고 폭언했다. 신고자는 학과 4학년 여학생들로, 계속 추행을 당했고 여러 학생이 모여 신고한다. 카페나 조용한 곳에서 만나 얘기하고 싶다"는 내용으로 112에 신고했다.

피해학생 C의 진술이다. "당한 일이 너무 많아 일일이 특정할 수 없지만, 수업시간에 제 옆을 지나가며 여러 차례 팔뚝을 만졌습니다. 또 지하철 성추행사건을 얘기하다가 뜬금없이 야동에 대한 말을 꺼내면서 '이제껏 야동 한 번이라도 안 본 사람 있나'라는 질문을 했어요. 저는 별생각 없이 손을 들었는데 그때부터 '정말 한 번도 안 봤냐, 순진한 척하는 거지, 어떻게 한 번도 안 볼 수가 있냐'고 반복해서 말씀하셨어요. 그 후 수업시간에 저를 호명할 때 '야동을 한 번도 보지 않은 C 학생'이라고 부르셔서 매우 불쾌했습니다. 한번은 사무실에서 갑자기 참 예쁘다고 말씀하시며 '작년까지는 애기 티가 났는데 이제는 처녀처럼 예쁘다'고 하셨는데 저는 그 상황도 매우 모욕적이었습니다."

피해학생 D의 진술이다. "강의실 맨 앞자리에 앉아 있었는데, 갑자기 제 오른쪽 팔뚝 밑 부분을 손으로 잡으면서 말을 걸었어요. 여자 팔뚝은 근육이 발달하지 않아 가슴을 만지는 것과 똑같이 느낀다고 알고 있어서 수치심을 느꼈던 거예요."

피해학생 E의 진술이다. "교수님 차를 탄 적이 있는데 제 부모님이 교수님과 연배가 비슷하다고 말씀드렸더니, 교수님이 저에게 '나는 딸뻘로 생각한 적 없는데'라고 말을 흐리면서 손바닥으로 조수석에 앉아 있던 제 뒤통수를 한 차례 쓰다듬었습니다. 단둘이 있던 상황이라 무섭기도 했고 멘토 교수라 뭐라고 말하기가 어려워 그냥 참고 지나갔어요. 터치하는 게 싫어요."

피해학생 F의 진술이다. "교수님 연구실로 찾아가 과제물이 등록된 것을 확인한 후 그 자리에서 나오려는데 교수님이 손으로 오른쪽 옆구리를 움켜잡았습니다. 당황스럽고 짜증이 나면서 속으로 '뭐 이런 새끼가 다 있나'라는 생각이 들었어요. 하루 종일 생각났지만, 남자친구가 화낼까 봐 말도 못했어요."

특별한 일이 없으면 나는 매주 두 번 법정에 나가 형사재판을 진행한다. 법대에 앉으면 사건번호에 따라 피고인을 호명한다. 재판에서 불리한 진술을 거부할 권리가 있음을 알려주고 주민등록번호와 주소, 등록기준지와 직업을 묻는 인정신문人定訊問을 한다. 곧이어 검사가 어떤 사건으로 기소됐는지 진술하면 피고인에게 공소사실을 인정하는지 묻는다. 피고인이 자백하면 즉시 증거조사 절차로 넘어간다. 검사가 제출하는 증거를 받아 그 자리에서 조사한 다음 검찰의 구형과 피고인의 최후진술을 듣고 변론을 종결한다. 선고는 대개 2~4주쯤 후에 별도의 기일을 잡는다. 피고인을 호명하고 변론을 종결하기까지 대략 10분 정도 소요된다.

피고인이 범행을 다투면서 일부 증거를 동의할 수 없다고 하면 증거조사를 위한 기일을 따로 잡는다. 증거에 동의하지 않는 경우는 대부분 어떤 사람들이 검찰 및 경찰에서 피고인에게 불리한 진술을 한 경우다. 피해자나 목격자, 공범 등 사건 관련자들이 수사기관에서 한 진술은 여러 단계의 확인을 거쳐야 한다. 이들이 법정에 나와 그 진술은 자유로운 상태에서 적법한 형식을 갖춰 이뤄졌으며, 진술 당시 자신이 말한 대로 기재되어 있음을 확인해야 유죄의 증거로 쓸 수 있기 때문에, 증거조사를 위한 기일은 대개 이들에 대한 증인신문 기일이 된다. 즉, 형사사건은 크게 자백사건과 다투는 사건으로 구분할 수 있는데, 법정에서 대부분의 시간은 다투는 사건의 심리에 사용된다.

자백은 범행을 진지하게 참회하므로 특별히 양형에 참작하는 면도 있지만, 증인신문 등 증거조사를 생략해 불필요한 공판을 줄여서 판사에게 유무죄 판단의 고통을 덜어주기 때문에라도 유리한 정상이 된다. 이와 반대로 사기죄 등 재산범죄나 성범죄는 무죄를 주장하며 다투는 경우가 잦아 판사에게 부담이 많은 사건이다.

특히 성범죄는 증거가 부족해 유무죄 판단이 어렵고, 결론에 따라 피해자와 가해자에게 가해지는 고통이나 불이익이 크기 때문에 양형에 있어서도 고려할 요소가 많아 힘든 사건이다. 사람의 진술 말고는 객관적 증거가 부족하고 피고인에게 가해지는 불이익이 크다는 점에서 뇌물죄 등이 성범죄와 유사한 면이 있으나, 이 역시 성범죄와 비교하기는 어렵다. 재판의 결론이 개인과 사회에 미치는 영향에서 큰 차이가 나기 때문이다.

성범죄의 다른 특징은 비교적 증거가 명확하더라도 피고인이 억울함을 호소하며 다투는 경우가 많다는 것이다. 유죄가 확실하더라도 사회적 지위나 가족을 생각해 무슨 일이 있어도 자백은 할 수 없는 심리적 기제가 작동하기 때문이다. 기소되어 법정까지 오면 타협의 지점이 없다는 점에서 피고인이나 피해자 모두 곤혹스러운 상황에 처한다. 자신의 대부분을 걸어야 하는 피해자도 절박하기는 마찬가지다. 가벼운 성범죄라 하더라도 수사기관 조사부터 법정에까지 서야 하는 피해자의 고통은 극심하다.

파렴치한 성범죄로 기소된 자 중에는, 꼬마아이의 악의 없는 거짓말에 의해 아동추행범으로 몰려 공동체에서 철저하게 외면당하는 유치원 선생님 매즈 미켈슨(영화 〈더 헌트〉)이나, 지하철 성추행범으로 몰려 유죄가 선고되자 "나는 처음으로 이해했다. 재판은 진실을 밝히는 곳이 아니다. 재판은 모아들인 증거를 갖고 피고인의 유무죄를 임의로 판단하는 장소에 지나지 않는다. 나는 유죄가 되었다. 그것이 재판소의 판단이다. 그래도, 그래도 나는 하지 않았다"고 절규하는 스물여섯 가네코 텟페이(영화 〈그래도 내가 하지 않았어〉)가 있을 수도 있다. 한 사람의 무고한 범인을 만들면 안 된다는 법언法諺은 언제나 유효하지만, 판사는 한 사람의 억울한 피해자를 내버려둬서도 안 된다. 내 판단으로 누군가는 모든 것을 잃는다. 아찔하다. 눈을 부릅떠야 한다. 주어진 모든 감각을 동원해야 한다. 과연 누가 거짓말을 하는가.

성범죄의 유무죄 판단을 어렵게 하는 가장 큰 원인은 객관적 증거가 부족하다는 것이다. 한 식당에서 강제추행을 한 피고인이 법정구속되자 그의 아내가 억울함을 호소해 세상이 떠들썩해진 적이 있었다. 당시 피고인 측 입장에 선 사람들의 핵심 주장 역시 도대체 무슨 증거가 있냐는 것이었다. 민사재판이라면 원고(피해자)의 진술은 주장에 불과할 뿐 증거가 될 수 없다. 그러나 형사재판에서는 그렇지 않다. 피해자의 진술은 가장 중요한 증거다. '내가 증거다'라는 구호는 레토릭이 아니다. 객관적 증거가 충분하다면 재판에서 다툴 여지조차 많지 않다. 피고인은 판사가 피해자의 말만 듣고 유죄를 인정한다고, 피해자는 판사가 피고인의 편만 든다고 비판하지만, 실제 형사재판은 그렇게 단순하거나 일방적인 절차가 아니다.

성범죄에서 가장 중요한 증거인 피해자 진술은 시종일관 면밀히 검토된다. 고소에 이른 경위, 고소의 시점, 최초진술 및 그 이후 여러 진술들과 최종 법정진술 사이에 차이가 있는지, 그 차이가 시간의 경과에 따른 자연스러운 것인지, 아니면 진술내용이 너무 흔들림이 없어 오히려 작위적인 것은 아닌지, 피고인의 진술과는 어떤 차이가 있는지, 스스로 경험하지 않으면 알기 어려운 내용이 포함되어 있는지 등 피해자 진술 자체의 일관성과 구체성을 먼저 따진다. 그 후 피해자 진술이 다른 간접증거, 예를 들면 피해자가 주장하는 시점의 날씨나 숙박업소의 영업시간, 통화기록, 문자나 카카오톡 메시지, 술집에서 만났다면 술집의 위치, 내부 상황, 주변 사람들의 진술 등과 부합하는지 등을 따진다.

이 과정에서 피해자는 피고인과 변호인의 무자비한 신문을 견뎌야 한다. 이런 과정을 거쳐 피해자가 신체접촉이나 성관계 사실을 허위로 진술하는 것이 아니라고 밝혀져도 바로 유죄가 인정되는 것도 아니다. 피고인의 행위가 법률상 추행에 해당하는지, 성적 자기결정권의 침해인지 여부 등에 대한 규범적 해석이 남아 있는 경우가 많기 때문이다. 사실관계라는 강을 건너고 다시 해석이라는 늪지를 통과해야 하는 것이다.

성범죄의 유무죄 판단이 어려운 다른 원인으로는 규범의 추상성을 들 수 있다. 법조항 중 가장 명확한 편에 속하는 형법 제250조 제1항 살인죄는 '사람을 살해한 자는 사형, 무기 또는 5년 이상의 징역에 처한다'고 규정되어 있다. '사람을 살해했다'는 부분을 구성요건이라 부르고, 법정형을 정한 부분을 법률효과라고 부른다. 법률효과는 비교적 명확하지만, 구성요건은 해석이 필요하다.

살인죄의 구성요건 중 '사람'이라는 부분은, 해석상 별다른 의문이 없을 것 같지만 그렇지 않다. 살인죄에서 정한 '사람'의 시기始期와 종기終期에 관한 의견이 구구하다. 이런 해석 차이는 실제로 큰 의미가 있다. 사람의 시기와 관련해 태아를 사람으로 보면 살인죄가 되지만 사람이 아니라고 보면 낙태죄가 되고(대법원은 진통이 오고 분만이 개시된 때부터 사람으로 본다. 헌법재판소는 2019년 4월 11일 형법상 낙태죄에 대해 헌법불합치 결정을 내렸다), 종기와 관련해 뇌사를 어떻게 볼 것인가에 따라 뇌사자에 대한 장기적출 등의 법적 문제가 대두된다(뇌사는 의학적 사망 상태이나 법적으로는 맥박이 멈춰야 사망으로 본다. 다만 장기 등 이식에 관한 법률에 별도 규정이 있다). 성범죄에서 흔히 문제되는 폭행과 협박, 위력, 동의 등의 개념은 사람의 시기와 종기보다 몇 배는 더 다양한 해석이 가능한 영역이다.

사실관계가 증거, 특히 피해자 진술의 신빙성을 주로 따지는 영역이라면, 해석은 문자의 의미와 가치관, 감수성의 영역이다. 해석은 옷감과 비슷하다. 작은 옷에 억지로 몸을 욱여넣으면 단추가 터져버리지만, 옷감에 신축성이 있다면 가능하다. 그러나 아무리 신축성이 있어도 담을 수 있는 용적에는 한계가 있다. 그렇다고 고무자루를 옷이라 할 수는 없다. 이는 법의 외피를 둘렀을 뿐 규범이라 부를 수 없다. 법과 같은 규범은 정해진 사이즈가 있어야 기준이 될 수 있기 때문이다. 라지, 엑스라지, 44, 66이 법이라면 옷감의 신축성이 바로 해석의 영역이다. 사이즈를 해석의 최대치로, 신축성을 시대정신으로 비유할 수 있다. 그 시대상황이나 사회적 관습, 동시대인의 보편적 인식, 당대의 사회구조 등을 이해하지 못한다면 정확한 법률해석을 할 수 없다. 시대정신이 법의 엄격한 해석을 요구하느냐, 아니면 유연한 해석을 요구하느냐에 따라 법의 해석도 달라질 수밖에 없다. 사실관계 인정이나 법률의 규범적 해석은 법원칙과 선례 등이 누적된 경우가 많으므로, 법관들마다 중구난방의 결론을 가져오지는 않는다.

모든 사회현상을 이해하는 데에는 각각의 프레임이 존재한다. 재판도 프레임의 싸움이다. 누구의 시각에서 어떤 기준으로 무엇을 볼 것인가에 따라 유무죄가 갈리고 양형에도 큰 차이가 발생한다. 판단이 애매한 사건일수록 피고인과 검찰 중 누가 더 견고한 프레임을 짰는지, 재판부에 누가 더 강렬한 메시지를 던지는가의 싸움이라고도 볼 수 있다. 민사재판이나 행정재판, 가사재판도 사정은 비슷하다.

성범죄에서는 프레임이 더욱 극적으로 대립한다. 실제 성범죄로 기소된 피고인이 가장 많이 구사하는 프레임은, 피해자가 돈이나 모종의 이익을 위해 자신을 유혹했다는 꽃뱀 프레임, 자신을 사회적으로 매장하기 위해 성범죄자로 몬다는 복수 프레임, 피해자가 자신이 한 행위의 의미를 오해해서 예민하게 반응한다는 착각 프레임, 피해자와 합의를 했다거나 피해자가 오인할 만한 행동을 했다는 유발 프레임, 세상에 널렸는데 왜 자신만 문제 삼냐는 억울 프레임 등이 대표적이다.

피고인에 비해 피해자의 프레임은 단순하고 명확하다. 자신이 약자이고 이 범행으로 크나큰 고통을 겪고 있으며, 파렴치한 피고인을 엄하게 처벌해달라는 것이다. 피고인이나 변호인은 피해자의 프레임을 깨기 위해 피해자를 거칠게 공격한다. 피해자가 성적으로 문란하다거나 거짓말을 잘하는 사람이라거나, 약자는 오히려 무고를 당하고 있는 자신이라는 식이다. 이때도 약한 척하는 악녀와 무고하게 당하는 남성의 프레임이 등장한다. 약자와 강자의 프레임은 재판에서 고전적인 쟁점인데, 선한 약자와 악한 강자의 프레임이 깨질 때, 즉 악한 약자라는 이미지가 부각될 때 판단에 혼란이 온다. 피고인은 이 지점을 노리는 것이다. 그러나 이런 관점은 최소한 유무죄를 판단하는 영역에서는 오류다. 불법과 적법의 영역에는 선악이 개입될 수 없다. 선의에서 비롯된 불법도 있고 악의에 차 있지만 적법한 행위도 있다. 법정은 선악의 공론장이 아니다. 선악은 양형에 다소 참고될 뿐이다.

피고인이나 변호인이 공들여 쌓는 프레임 중 많은 것이 유무죄를 가리는 과정에서 유효하게 작동하지 못하고 오히려 역효과가 난다. 피해자가 술을 잘 마신다거나, 성적으로 개방돼 있다거나, 평소 거짓말을 잘한다거나, 옷차림이 야하다거나, 눈웃음을 잘 친다는 것은 성범죄를 무죄로 판단하는 데 결정적 반증이 될수 없음에도 이 지점을 집요하게 공격한다. 이 과정에서 판사의 유죄 심증 형성을 방해하려는 각종 흑마술이 등장한다. 한 여성이 낮에는 대학을 다니고 저녁엔 술집에서 일을 하는 경우, 그 여성이 피고인이라면 변호인은 술집에 다니며 힘들게 공부한다고 선처를 구하겠지만, 그 여성이 피해자라면 변호인은 여대생이 술집에 다닌다고 공격할 것이다.

직업여성이나 자유분방한 성생활을 하는 여성이라 하더라

도 세상 모든 남성과 성관계를 하지는 않는다. 술집에 다니는 여성들이 거짓말을 잘한다는 과학적 통계 역시 없다. 똑똑한 커리어우먼이 상황을 조리 있게 표현한다거나, 시골 할머니가 수치를 덜 느낀다거나, 세련되게 표현된 고통만 진짜고 어눌한 고통은 고통이 아니라는 연구도 없다. 법정에서 내가 본 고통은 대부분 눌변이었다. 피고인의 프레임은 성범죄의 문제가 아니다. 무고의 문제고 거짓말의 영역이다. 직업법관에게 이런 주장은 잘 먹히지 않는다. 전문적인 훈련을 받고 오랜 기간 내공이 쌓인 직업법관은 판단에 오류가 개입할 여지를 최대한 배제하고, 불필요한 사실로 진실을 가리는 흑마술을 무력화하는 나름의 비기가 있다.

거칠고 무모한 2차 가해로 양형에서 마이너스가 되는 경우가 더 많음에도 이런 공격을 멈추지 않는 것은, 피해자를 흥분시켜 진술을 뒤흔드는 효과가 있기 때문이다. 이미 큰 상처를 받은 피해자는 법정에 선 것만으로도 위축되기 마련이라, 사건과 무관한 공격을 받는 순간 진술이 오락가락할 가능성이 크다. 재판장이 적극적으로 개입해 불필요한 질문이나 본질을 흐리는 질문은 저지하지만, 여기에도 한계가 있다. 피고인의 방어권 보장이라는 형사재판의 절대가치를 훼손할 수 있기 때문이다.

법정증언은 진실된 피해자가 다시 마주치는 폭력적 상황이다. 그럼에도 진실된 피해자라면 견뎌야 한다. 힘들고 불쾌해서 증언을 못하겠다거나 대충 얼버무리고 넘어갈 경우 유죄 입증은 점점 더 힘들어지고 변호인의 공격은 성공을 거둔다. 피고인이 범인이든 아니든, 그는 자신의 행위를 변명하고(설사 거짓말이라 하더라도) 방어할 권리가 있다는 점을 명심하고 가급적 흥분하지 않아야 한다. 범죄를 저지른 것은 피고인이지 피해자가 아니다. 고통스럽고 힘들겠지만 성실히 기억하고 당당하게 증언해야 한다. 피해자 진술은 피고인을 단죄하기 위한 피할 수 없는 통과의례고 법정증언은 마지막 시험대다. 진실은 어눌하고 오락가락하며, 기억은 희미하고 게으르지만 대부분 시험대를 통과한다.

피해자다울 필요도, 피해자다움을 입증할 필요도 없다. 피해자다움이 무죄의 논거가 될 수도 없다. 무엇답다는 말만큼 추상적인 말도 없다. 수전 손택이 《은유로서의 질병》(이후, 2002)에서 질병 자체보다 질병에 대한 사회적 편견을 지적하며 정치적 수사 속에 숨은 은유의 파시즘을 비판했듯, '이런 모습이 피해자다'라고 정의하는 것은 폭력적 은유다. 아름답다, 남자답다, 판사답다는 것을 어떤 범주로 묶어 기계적으로 정의할 수 없듯, 피해자다움도 설명할 수 없다. 사건에 대한 개개인의 반응을 일반화하려는 시도는 부질없는 짓일 뿐 아니라 위험한 발상이다.

피해자들이 아프게 지적하듯, 형사재판 절차는 기본적으로 피고인의 권리 보호를 위해 디자인된 것이다. 즉흥적이고 흉포한 절대권력으로부터 시민의 자유와 생명을 보장하기 위해 수많은 이가 피 흘려 쟁취한 투쟁의 결과물이다. 근대 형사재판 절차의 목표와 지향점은 전혀 부당한 것이 아니라 반드시 지켜져야 할 가치다. 누구나 형사피고인이 될 수 있고, 형벌권을 발동한 국가에 맞선 한 개인의 인권은 무엇보다 중요하기 때문이다. 피고인의 절차적 권리가 무너진 곳은 야만과 문명의 경계가 사라진 곳이다.

그렇지만 절대선은 없는 법이다. 선한 제도 뒤에 숨은 악인을 바라보는 피해자에게 형사재판 절차는 그저 악인을 보호하는 악법일 뿐이다. 피고인의 권리 보호와 실체적 진실과 응보라는 정의가 충돌하는 경우는 비일비재하다. 법정은 실로 입자가속기 같은 곳이다. 상반되는 가치와 권리가 빅뱅한다. 판사는 대폭발의 혼돈 속에서 의미를 부여하기 위해 번뇌한다. 형사재판의 법관은 형사 실정법과 이념에서 벗어날 수 없다. 그게 숙명이다. 다만 재판을 거듭해도 적응하기 어려운 숙명이다. 법이 규율하려는 경계나 보호하려는 울타리가 어디까지인지를 밝히는 작업은 지극히 외롭고 고독하며 두려운 길이다. 가보지 않은 길이 부지기수고, 자신이 그은 경계 밖 낭떠러지로 무수한 이를 떠밀게 되기 때문이다.

특히 법감정으로 일컬어지는 시대정신과 법규정 사이에 큰 괴리가 있을 때 그 접점을 모색하는 작업은 판사에게 엄청난 압박감을 준다. 시대적 요구가 법의 테두리 안으로 포섭될 수 없을 때, 즉 그 요구는 입법의 영역이라고 선언해야 하는 상황은 판사에게 피하고 싶은 순간이다. 다시 머리를 싸맨다. 과연 해석으로 포섭이 불가능한 영역인가? 최선을 다해 경계를 밀고 나아가보

왔는가? 주류에 속해 있으면서 폭주하는 사건을 핑계 삼아 안이하고 협량한 해석으로 경계를 긋지는 않았는가? 아니면 무리한 해석으로 적법이라는 미명 아래 불법의 영토를 확장한 것은 아닌가? 경계 너머 낭떠러지에 매달린 수많은 사람의 절규를 외면하진 않았는가?

허균의 누이이자 천재시인이었으면서도 시대를 잘못 타고나 불운한 삶을 살다 간 허난설헌이 생전에 입버릇처럼 말했다는 세 가지 한恨(여자로 태어난 것, 조선에서 태어난 것, 김성립의 아내가 된 것)을 떠올리면, 지금의 인식이 그때와 크게 다르지 않다는 생각에 등골이 서늘해진다. 악몽의 데자뷔는 악몽 자체보다 훨씬 더 끔찍하다. 두 악몽의 시간적 간극이 클수록 공포는 배가된다. 질곡을 벗어난 지 한참 되었다고 생각했으나, 여전히 그 부근이라는 인식은 우리를 절망에 빠뜨린다. 김성립 자리에 내 이름을 넣어봤다. 어울릴 수 없다고 부정해보지만 장담은 못하겠다. 순간순간 김성립이었던 적이 많았던 것 같기도 하다.

어느 밤 곤죽이 되어 베개도 베지 못하고 정신없이 잠든 아내의 모습을 물끄러미 바라봤다. 얼마나 피곤했던지, 속된 비유지만 아내는 정말 껌처럼 침대에 쩍 붙어 있었다. 괜히 미안하고 죄스러워 나도 아내 곁에 껌처럼 누웠다. 나는 아내의 천근 같은 머리를 떼어 팔베개를 넣어주고 82년생 김지영 씨의 이야기를 생각하며, 71년 대구에서 3녀 1남 중 맏딸로 태어나 지금 내 팔을 베고 누운 71년생 김지영의 삶을 떠올렸다. 82년생 김지영 씨보다 더하면 더했지 덜하진 않았을 것이다. 우리 모두 페미니스트가 되자는 말이 아니다. 다만, 적어도, 각자 자신만의 김지영 씨를 소환해보는 마음과 김성립으로 환치되지 않으려는 노력, 그 언저리에는 서 있어야 하지 않을까.

물론 잘못을 바로잡는 과정에서 피해를 입는 남성이 생길 수도 있다. 갑작스러운 변화에 펜스룰과 성추행 포비아도 만연하다. 누군가 나를 지하철 성추행범으로 지목한다면 결백함을 입증할 수 있을까 상상해보지만, 나조차 쉽게 빠져나올 수 없을 것 같다. 그러나 그렇다 하더라도, 올바른 방향으로의 여정은 멈출 수 없다. 한참 늦은 여정을 앞당기기 위해 시공을 구부려 순간적으로 워프이동하려면 극심한 고통을 피할 수 없다.

나는 페미니즘을 둘러싼 최근의 격렬한 논쟁이 늦었지만 바람직하다고 생각한다. 갈등은 부글부글 끓어올라야 한다. 분노와 갈등이 드러나지 않고 침잠하면 안으로 썩을 뿐이다. 부글부글 끓어야 맛있는 김치가 되고 술이 된다. 정성껏 쓴 손편지가 우체통과 우체국을 거치며 잘 발효되어 상대에게 전달되듯(이문재, 〈푸른 곰팡이〉,《산책시편》, 민음사, 2007), 지금은 손편지가 배달되기 전 발효의 시간이다. 나는 그렇게 더디게 온 손편지가 어떤 내용일지 무척 궁금하다.

재판을 하다 보면, 법률의 존재나 의미를 잘 몰랐다는 주장을 많이 접한다. 실제로 많은 법규정은 전문가가 보아도 이해하기 어렵고 모호하다. 세법같이 지나치게 자주 바뀌는 법도 있다. 그러나 성범죄사건에서 수범자受範者에게 부과된 정언명령이나 금지규정에 대한 이해와 해석은 그리 복잡한 기술이 아니다. 간단하고 단순하다. 다른 사람의 몸을 허락 없이 만지지 말라. 폭력이나 협박, 이와 동일시할 수 있는 힘을 사용해 간음하지 말라. 무엇이 어려운가.

형벌 법규의 수범자는 법규정을 엄격하게 해석해야 한다. 민사상 채무불이행과 형사상 사기죄는 준별이 대단히 어려운 사건인데, 다른 사람을 적당히 속여 돈을 빌리고 갚지 않는 사람이 사기죄를 유연하게 해석한다면, 그는 거의 평생을 감방에 있어야 할 것이다. 실제 재판에서 마주치면 곤혹스러운 경미한 아동학대도 마찬가지다. 아이를 거칠게 당기거나 자로 톡톡 치는 행위가 어떻게 아동학대냐고 항변하지만, 아동보호시설의 담당자나 보호자는 아동학대와 관련된 법의 규정을 엄격하게 해석해야 한다. 성범죄 피고인들은 대개 자신의 행위에 대한 법적·사회적 평가가 가혹하다며 억울해 죽겠다는 표정을 한다. 그러나 성범죄의 보호법익인 성적 자기결정권은 가벼이 다룰 권리가 아니다.

나는 누가 내 몸에 손대는 것을 무척 싫어한다. 대학생 때 선배가 턱을 톡톡 쳐서 크게 화를 낸 적도 있다. 그게 그렇게 모욕적으로 느껴질 수가 없었다. 세신은 물론, 그 흔한 마사지 같은 것도 잘 받지 않는다. 아무리 예뻐도 다른 아이들의 머리는 잘 쓰다듬지 않는다. 아내는 내가 결벽증이 있는 것처럼 얘기하지만, 내 몸을 함부로 만지는 것에 화가 나는 이유는 내 감정을 생각하지 않는 그 사람의 무례함 때문이다. 내 몸은 내 인격과 같은 것이다. 짐승들이 영역 다툼에 목숨을 걸고, 조폭들이 '나와바리' 침범에 중무장하고 나서 사생결단하는 것도 이치가 크게 다르지 않다. 내 몸에 손을 대는 것은 나의 나와바리, 그중 나와 가장 밀접한 나와바리인 내 몸에 대한 침해라고 느껴진다. 이게 바로 자기결정권이다. 내가 허락한 사람만이 내 몸을 만질 수 있다. 이것은 칸트의 말대로 다른 사람에 대한 배려이고, 타인을 수단화하지 않는 것이다.

성범죄는 타인의 몸을 통해 성적 만족을 누리고 타인을 수단화하는 심각한 범죄다. 폭행·협박이 있었는가, 그 행위가 성적 수치심을 느낄 만한 행위인가, 피해자의 항거불능 상태를 이용했는가(준강간), 자신의 감독하에 있는 사람의 의사를 제압하고 성관계를 했는가(피감독자 간음), 사리분별이 떨어지는 아동청소년을 지속적으로 길들여 성관계를 했는가(그루밍)를 제3자가 판단하는 것은 대단히 어려운 일일지 몰라도, 행위자의 입장에서 보면 그리 어렵지 않다. 상대방의 의사에 일말이라도 의문이 들면 바로 멈추면 된다. 'NO' 하는 순간 손을 거둬야 한다. 아무 말이 없다고 함부로 'YES'라고 추정해서는 안 된다. 권력과 물리력을 동원하지 말아야 한다. 간단하다. 젠더적 관점에서 남성의 처신이 어려울지 몰라도, 형사법적 관점에서 피고인의 처신은 명료하다. 그

래도 애매하다면 우선은 펜스를 쳐라. 나와도 된다고 할 때 그때
나오면 된다.

사례로 든 사건에서 A와 변호인은, A가 학생들에게 한 행동
은 성적 의미가 아니라 인사나 격려 차원에서 한 것이라 A의 성
적 경향이 드러난 것이 아니고, 형법상 강제추행죄에서 요구하는
폭력성이 없을 뿐 아니라, 접촉 부위가 객관적으로 성적 수치심
을 느낄 정도의 추행에 이른 정도는 아니어서, 형법상 강제추행
죄가 성립될 수 없다고 주장했다.

형법상 강제추행죄는 상대방에게 폭행 또는 협박을 가해 항
거를 곤란하게 한 뒤에 추행행위를 하는 경우뿐만 아니라 폭행
행위 자체가 추행행위라고 인정되는 경우도 포함하는 것이다. 이
경우, 폭행은 반드시 상대방의 의사를 억압할 정도의 것임을 요
하지 않고, 상대방의 의사에 반하는 유형력의 행사가 있는 이상
그 힘의 대소강약을 불문한다. 또한 추행은, 객관적으로 일반인
에게 성적 수치심이나 혐오감을 일으키게 하고 선량한 성적 도
덕관념에 반하는 행위로 피해자의 성적 자유를 침해하는 것인데,
이에 해당하는지 여부는 피해자의 의사, 성별, 연령, 행위자와 피
해자의 이전부터의 관계, 그 행위에 이르게 된 경위, 구체적 행위
태양行爲態樣, 주위의 객관적 상황과 그 시대의 성적 도덕관념 등
을 종합적으로 고려해 신중히 결정돼야 한다는 것이 확립된 대법
원의 입장이다(대법원 2002. 4. 26. 선고 2001도2417 판결 등).

이런 법리에 의하면, A의 행위가 순간적인 '기습추행'이었고 대부분 성적으로 민감한 부위를 잡거나 만진 것이 아니라 하더라도, 그 행위 자체가 피해자들에 대한 유형력의 행사로서 피해자들의 성적 자유를 침해할 뿐만 아니라, 일반인의 입장에서도 도덕적 비난을 넘는 추행행위라 평가할 만하다고 판단했다. A가 기소 전에 이미 피해학생들과 모두 합의했고, 피해학생들을 증인으로 다시 법정에 부르지 않는 등 참작할 사정이 있었지만, A에게 징역 4개월, 집행유예 1년 및 40시간의 성폭력치료프로그램 이수를 명했다. A는 항소해 벌금 1,000만 원으로 감형됐고, 상고했지만 기각됐다.

다음 글은 이 사건의 양형 이유 일부다. 이 판결을 선고한 뒤 몇 개월 후에 서지현 검사가 검찰 내 성추행을 폭로했다.

처벌의 필요성을 강조해 기습추행이나 성적으로 민감하지 않은 부위에 대한 신체접촉 등의 경우까지 형법상 강제추행으로 포섭하는 것은, 법률해석의 한계를 넘는 것으로 형법의 대원칙인 죄형법정주의에 반하며 이는 입법으로 해결해야 할 문제라는 비판이 있다. 피고인의 이익을 위해 범죄의 성립요건은 가능한 한 엄격하게 해석해야 하는 형

사법 영역에서 이런 비판은 반드시 새겨들어야 하는 주장임에는 두말할 나위가 없으므로, 당원도 이 사건의 처벌여부와 양형에 대해 숙고를 거듭했다. 그러나 대법원이 강제추행죄에 있어 폭행·협박의 정도와 추행의 개념을 점점 더 유연하게 해석해 적용범위를 확대하는 추세에 있고, 이렇게 확립된 법리에 의하면, 피고인의 주장은 받아들일 수가 없다.

시대의 변화에 따라 해석을 통한 강제추행의 적용범위를 달리 볼 수밖에 없는 이유는, 형법상 강제추행에 있어 '추행'이 대단히 추상적인 개념이고, 그 시대 일반인의 관념을 투영하는 개념이기 때문이다. 형법 제정 당시인 1953년의 일반인과 이 판결이 선고되는 해의 일반인이 생각하는 강제추행은 같을 수가 없다.

최근 성범죄가 급격히 증가했고 그중에서도 강제추행죄의 비율이 전체 성범죄의 절반을 상회하는 것으로 드러난 원인에는, 범죄 자체의 증가와 더불어 강제추행에 대한 일반인의 상당한 인식 변화도 있었음을 추론케 한다.

근현대를 거치며 전 세계적으로 인권의식이 높아짐에 따라 여성과 성소수자의 지위가 격상되었고, 인간의 존엄성에 기초한 헌법상 자기결정권의 형법상 발현인 성적 자기결정권이라는 보호법익은 대단히 중요한 가치로 자리매김하게 되었다.

자기결정권은 "항상 네 속에 있고 타자 속에도 있는 인간성을 목적으로 취급하면서 행동하고, 절대로 수단으로 취급하면서 행동하지 말라"고 하는 칸트의 사상과 일맥상통한다. 성적 자기결정권을 침해하는 행위는 자신의 성적 만족만을 위해 타인을 수단시하는 범죄로서 인간의 존엄성을 짓밟는 심각한 범죄다.

결론적으로, 형법상 강제추행죄의 인정범위가 점점 넓어지는 경향은, 여성이나 다양한 형태의 성소수자의 인권이 새롭게 조망받고 있고, 특히 이들의 성적 자기결정권이 그 어떤 시대보다 두드러지게 부각되는 시대상황에서, 이 시대를 살아가는 사람들이 성적 자기결정권에 반하고 성적 수치심을 느끼는 신체접촉의 유형을 과거보다 훨씬 더 폭넓게 인식하고 있는 것, 즉 추행의 정도를 판단하는 일반인의 인식에 큰 변화가 있었던 것에 기인한 바가 크다고 보인다.

법은 제정 당시의 다양한 현실 문제들을 추수하여 이를 해결하기 위해 만들어지는 것이지만, 일단 제정된 이후에는 그 해석을 통해 실질적인 규범력을 가지며 생명력을 유지한다. 법의 사문화死文化를 피하려면 법의 해석 역시 당면한 시대상황을 외면할 수 없다.

"우리 아빠도 나를 그렇게 하지 않는데, 네가 뭐라고 내 몸을 함부로 만지냐는 생각이 들었다"는 한 피해학생의 진술이 정확하게 지적하듯, 성범죄에 대한 우리 사회 일반의 인식 변화, 강제추행죄에 대한 법해석 경향 등을 두루 고려해볼 때, 성범죄 관련 법규의 수범자인 우리가 성범죄, 특히 성적 자기결정권과 관련해 항상 명심해야 할 명제는 간단하고 명료하다.

타인의 몸을 자유롭게 만질 수 있는 사람은 오직 그 타인뿐이다.

산 고래, 죽은 고래

A는 불법 고래포획업자로부터 매수한 밍크고래(1마리 약 1,000킬로그램)를 해체한 후 인적이 드문 냉동창고에 보관했다가, 자신의 식당으로 몰래 옮겨 삶거나 회로 조리해 2년간 밍크고래 12마리를 판매했다. A의 식당은 평일과 주말을 불문하고 예약을 하지 않으면 자리가 없을 정도로 영업이 잘됐는데, 그 기간 동안 현금매출을 제외한 카드매출 내역은 16,626회로, 금액은 2,135,393,100원이었다. A는 고래와 관련된 금전거래 사실을 숨기기 위해 지인으로부터 통장을 양도받아 사용했다. A는 수산자원관리법 위반 및 식품위생법 위반 등으로 기소됐다.

B는 절도죄로 징역 8개월을 선고받고 수감되었다가 11월에 출소했다. B는 30년 전 피해자(62세)가 운영하는 식당에서 3년간

하숙생활을 한 인연으로 범행 당시까지 피해자를 모친이라 부르며 외상으로 식사를 제공받는 등 여러 배려를 받아왔다. 수중에 돈이 떨어진 B는 피해자가 식당에서 계모임을 하는 걸 보고 밤중에 찾아가 곗돈을 훔치기로 마음먹었다. B는 합판으로 된 뒷문을 뜯고 식당 안으로 들어가 피해자가 자고 있는 2층 다락방 서랍장을 뒤졌다. 인기척을 느끼고 잠에서 깬 피해자가 일어나 앉으며 "박군 아이가"라며 자신을 알아보자 "모친, 돈 좀 주이소"라고 말하며 금품을 요구했으나 피해자가 거절하자 피해자를 밀어 넘어뜨리고, 피해자의 배 위에 올라타 양손으로 3분간 목을 졸랐다. 피해자는 그 자리에서 경부압박질식으로 사망했다.

피해자를 살해한 B는 현금 118,000원과 피해자가 끼고 있던 1.68돈짜리 순금반지 1개(시가 122,000원)를 강취했다. B는 범행 당일 여인숙에 투숙하면서 성매매를 했고, 다음 날 반지를 처분한 돈으로 지인과 술을 마셨다. B는 강도살인죄로 기소됐다.

C는 약 4년간 한국수력원자력 주식회사 모 발전소 계측제어팀장으로 근무하면서 발전소의 운전과 관련된 각종 전자신호를 제어하는 설비관리 업무를 총괄해왔다. C는 D가 운영하는 회사와 계약금액 1,650,000,000원 상당의 밀봉장치 납품계약을 체결하고, D로부터 계약 체결에 대한 사례 및 향후 진행될 납품과정에서의 편의 제공 명목으로 현금 1억 원을 받았다. 또한 C는 적정가격보다 2억 원 이상 높여 작성된 속칭 '업 견적서'를 묵인한 채

그대로 계약을 체결해주고, 그 대가로 8,000만 원을 받기로 했다.

　원자력발전소는 폐쇄성 때문에 납품업체 직원들이 자유롭게 출입할 수 없기에, 출입이 가능한 특정업체와 한수원 직원 간의 유착관계가 생길 수 있으며, 각 발전소의 각 분야를 담당하는 팀장이 각 발전소에서 발주하는 계약 체결에 절대적인 권한이 있었다. C는 이 권한을 악용해 특정업체와 유착관계를 형성한 뒤 유착된 업체의 납품단가를 올려주거나, 입찰정보를 미리 알려주기도 했다. 유착업체와의 계약을 성사시키기 위해 경쟁업체에 연락해 입찰에서 빠지라고 강요하기도 했으며, 발전소 기술 수준에 미흡한 장치임을 알면서도 납품계약을 체결하는 등 많은 부정행위를 했다. C는 특정범죄 가중처벌 등에 관한 법률 위반(뇌물)죄 등으로 기소되었다.

　유사한 점이 없을 것 같은 세 사건의 공통점은 무엇일까? 인간의 탐욕이다. 형사사건의 대부분은 탐욕과 이기심에 대한 이야기이므로 위 사건들이 특별한 예시라 보기는 어렵다. 진부한 비유지만, 법정은 '막장'이다. 황홀한 불빛을 향해 온몸을 내던진 부나방들의 잔해가 어지럽게 널려 있다. 범죄의 동기는 대부분 금전관계나 치정, 복수나 우발적 분노다. 돈과 치정은 탐욕의 전형이고, 복수나 우발적 분노조차 상처 입은 감정을 보상받으려는 욕구에서 비롯된다. 성범죄나 마약, 도박 등과 같이 욕망이 체화된 경우는 곤혹스럽고, 간혹 뚜렷한 욕망이 느껴지지 않는 범죄를 접할 때면 소름 끼친다. 태양이 눈부셔 총을 쏘는 이방인이나 별 이유 없이 도끼로 전당포 노파의 두개골을 쪼개는 인텔리겐치아 대학생은 소설의 주인공으로만 남아야 하지만 현실은 그렇지 않다. 한 영화의 카피처럼, 모든 살인자는 누군가의 이웃이다. 탐욕도 없고 동기도 설명하기 어려운 포식자들이 거리를 활보한다. 이런 범죄들에 비하면 욕망이 짙게 밴 범죄들은 클래식하지만, 그 수가 워낙 압도적이고 끊이질 않아 훨씬 더 위험하다.

인간의 탐욕과 이기심이 어디까지 갈 수 있는지, 그 파국이 어떤 모습인지 궁금하다면 법정으로 오면 된다. 사기 피해자들을 모아 피해 구제 모임을 만들면서 다시 이들을 상대로 사기를 치고, 검사를 사칭하다 구속된 사람의 아내를 상대로 CIA 한국지부 요원을 사칭하며 사기를 친다. 사기당했음을 깨달은 후 그 피해를 보상받고자 순차적으로 가해자가 되는 다단계 피라미드 사기는 탐욕과 이기심의 기막힌 변주다. 어떤 공무원은 뇌물로 받은 돈을 꼬박꼬박 모아 적금을 붓는다.

벌이가 신통찮은 부부는 한 시간에 서너 군데 병원을 옮겨 다니며 1년의 절반 가까이를 입원해서 탄 보험금으로 생계를 유지한다. 소주와 타이레놀로 고통을 참으며 현관 문틈에 손가락을 집어넣어 부러뜨리고, 음주운전이나 신호위반 차량만 골라서 뛰어드는 발연기로 보험금을 타낸다. 이런 종류의 보험사기가 생계형 탐욕이라면, 설계자를 필두로 허위 임대인과 임차인 등 팀을 이룬 전세대출 사기나, 사기의 꽃이라 불리며 끊임없이 진화하는 보이스피싱은 탐욕의 기업형 버전이다.

　단군 이래 최대라는 어마무시한 닉네임을 달고, 엘비스 프레슬리마냥 죽음조차 아리송해 신화가 돼버린 조희팔을 우상으로 삼는 '조희팔 꿈나무'들은 법정마다 넘쳐난다. 한때는 간호사였으나 약물에 중독돼 가정을 팽개치고 이 병원 저 병원 옮겨다니며 프로포폴을 절취하다 법정에 선 사람부터, 10세 전후의 아동만을 강간하는 소아성애자까지 욕망의 무한궤도는 멈출 줄 모른다.

　오랜 시간 법정에서 각양각색의 탐욕을 관찰하다 보니 탐욕의 속성을 조금은 이해하게 됐다. 법정에서 바라본 탐욕은 버라이어티하고 전방위적이며, 디테일하고 치밀하다. 탐욕은 포기를 모르고 자유자재로 모습을 바꾸며, 대부분 눈매가 선하다. 탐욕은 위선적이고 게걸스럽다. 백무산 시인의 표현을 빌리자면, 우리는, 놀이동산 대기줄을 길게 하고 급행 티켓을 팔아먹고, 포경을 금지하고 고래고기를 팔아먹고, 유전무죄를 만들어놓고 전관예우를 팔아먹고, 전관예우를 만들어놓고 현직을 팔아먹고, 법을 만들어놓고 탈법을 팔아먹는, 무한 탐욕의 시대에 살고 있다(《주인님이 다녀가셨다》,《그 모든 가장자리》, 창비, 2012).

　정말 두려운 것은 탐욕의 힘이다. 탐욕에 들뜬 사람을 얕봤다가는 큰코다친다. 서 있기조차 힘들다는 디스크 환자가 5억 원이 든 돈가방을 번쩍 들어올리고, 상대의 협조 없이는 벗기기 불가능하다는 청바지도 욕정에 휩싸인 피고인은 기어코 벗겨낸다. 고래고기 식당 몇 군데의 탐욕이 모이면 근해 밍크고래의 씨가 마르고, 한 잔 술이 간절한 한 사람이 한 생명을 앗아간다. 리베이트 몇 억이면 원전이라는 판도라의 상자에도 서슴없이 손을 댄다.

인피니티 스톤을 모두 손에 넣은 마블 코믹스의 타노스도 탐욕에 비하면 한 수 아래다. 타노스는 모든 행성의 생명을 딱 절반만 희생시키지만, 탐욕은 에이리언처럼 숙주를 포함한 행성의 모든 생명을 죽이기 때문이다. 어벤져스 멤버 못지않게 강력한 힘을 가진 판사지만, 탐욕에 맞서기에는 역부족이다. 아니, 지구를 지키고 인류의 종말을 막아야 할 임무에 앞서 바바리맨부터 조희팔 꿈나무, 무전취식자, 음주운전자들까지 처리해야 할 공공의 적이 너무도 많다.

탐욕의 파상공세를 언제까지 버틸 수 있을까. 유발 하라리가 《호모 데우스》(김영사, 2017)에 펼쳐놓은 것처럼, 자연환경의 급격한 변화와 인공지능으로 대변되는 과학기술의 어지러운 발전은 호모 사피엔스의 미래 전망을 불가능하게 한다. 세상 모든 시인은 변하지 않는 것을 해나 달, 계절과 죽음에 비유해왔지만, 이제는 겨울이 끝나도 봄이 오지 않고, 누군가는 죽음조차 극복할 수 있는 시대를 맞아 그 비유도 수명을 다한 클리셰가 되었다. 객관적 상관물이 존재하지 않는다는 것은 세상이 극적으로 바뀌었다는 것이고, 우리가 기대고 산 기준과 지표가 송두리째 흔들린다는 것이다. 현생 인류는 은유와 직유를 잃어버린 채 쓸쓸히 종말을 향해 가고 있다. 늦어도 100년 안에는 '멋졌던 구세계'가 전설처럼 회자되지 않을까. 법정에서 탐욕의 뒤치다꺼리를 하다 보니 인생의 좋은 시절이 다 가버렸다. 이제 이 행성의 화양연화도 다 지나고, 버틸 시간이 그리 길지 않다는 예감을 지울 수 없다.

지나친 오버이고 설레발일까? 헨리 데이비드 소로우의 글을 읽기 전까지는 나도 그렇게 생각했다. 벌목하는 모습을 우연히 본 소로우는 1851년 12월 30일 일기에 이렇게 썼다. "소나무가 이고 있던 하늘의 공간은 앞으로 200년 동안 비어 있으리라. 나무꾼들은 하늘을 황폐하게 만든 것이다. 내년 봄에 머스키타퀴드 강변을 다시 찾아올 물수리는 늘 앉던 자리를 찾아 헛되게 공중을 배회할 것이다. 왜 마을에는 조종이 울리지 않는가?"

나 역시 비슷한 경험이 있다. 어릴 적 동네 인근에 오래된 느티나무가 있었는데 신작로가 나면서 베어졌다. 늘 다니던 길이었지만 느티나무가 없는 자리는 놀랍도록 생경해서 마치 처음 가는 길 같았다. 단지 나무 한 그루가 사라졌을 뿐인데. 나는 한동안 몹시 당황스러웠다. 느티나무가 잘려나간 그 낯선 풍경의 이미지는 머릿속에 각인되어 오랫동안 지워지지 않았다.

소로우의 글을 읽으며 그 생경함이 관계의 변화에서 비롯되었다는 걸 명확히 알 수 있었다. 잘려나간 것은 단지 느티나무 한 그루만이 아니었다. 오랫동안 그 나무에 발 딛고 서 있던 하늘과 가지마다 주렁주렁 열린 구름이 사라졌고, 나무그늘에 모여 수런수런 실없는 소리를 지껄이던 "얼굴만 봐도 흥겨운 그 못난 놈들"(신경림, 〈파장〉,《신경림 시전집 1》, 창비, 2004)도 사라진 것이다. 나비효과와 같은 우연하고도 극적인 인과율이나 생태계의 복잡한 상호관계를 말하려는 것이 아니다. 인과의 사슬과 관계로 얽힌 세상에서 베어지고, 포획되고, 살해된 것이 어찌 한 그루의 나무, 한 마리의 밍크고래, 한 사람의 모친에 그칠 수 있겠는가.

나무 한 그루가 이럴진대 숲이 사라지는 것은 끔찍하다. 산책을 유난히 좋아했던 베토벤은 "신이시여, 숲속에서 나는 행복합니다. 여기서 나무들은 모두 당신의 말을 합니다. 이곳은 얼마나 장엄합니까!"라고 말했다고 한다. 나 역시 숲을 거닐거나 하릴없이 소요하기를 좋아한다. 베토벤이 악상을 떠올리며 악흥樂興의 순간을 만끽했다면, 나는 바바리맨이나 조희팔 꿈나무들이나 이방인의 유무죄와 양형을 생각한다는 게 다를 뿐이다. 꽃이 만개하고 나무가 푸름을 더해 가는 날이면 그때만큼은 이 지구라는 행성의 주인은 인간이 아니라 나무와 풀과 꽃이라는 생각이 든다. 인간이 온전히 이 행성의 참된 주인이었던 적이 단 한 번이라도 있었을까.

소나무며 이름 모를 나무들이 하늘과 땅 모두를 촘촘히 채운 숲을 거닐다 유난히 커 보이는 소나무 아래 자리를 잡고 앉으면, 나뭇가지 사이를 유영遊泳하던 바람이 기분 좋은 소리를 낸다. 새소리와 나뭇잎 스치는 소리가 바람소리를 분주히 뒤쫓는다. 숲속은 한없이 평온하다. 내 힘든 하루를 다 알고 있다는 듯 숲은 말

없이 나를 위로한다. 그 숲에서 본다. 인간과 달리 나무는 땅속과 하늘로만 제 갈 길을 갈 뿐 욕심을 부려 다른 나무의 길을 막는 법이 없다는 것을. 숲이 사라진다면 어디서 신의 목소리를 들으며 고단한 하루를 위로받을 수 있을까.

　마냥 손 놓고 당할 수는 없다. 어찌 되었건 양심과 도덕을 무너뜨린 탐욕이 마지막에 맞닥뜨리는 전선이 법정이고, 법의 힘도 강력하니 탐욕에 맞설 유력한 무기는 법이다. 법의 집행도 중요하지만 입법은 더 중요하다. 집행 단계의 법은 언제나 서너 발자국 늦기 때문이다. 그러나 엄청난 권능을 가진 법 역시 탐욕에서 자유로울 수 없다. 탐욕은 법에도 마수를 뻗어 입법을 막으려 로비하고, 전관을 고용하거나 온갖 연고자를 물색해 법의 정상적 집행을 저지하려 한다. 법에 낀 탐욕은 녹이나 미세먼지처럼 법의 작동을 방해한다. 설령 법이 정상적으로 작동하더라도 끝없이 접수되는 신건을 보면, 법도 탐욕으로 인한 종말을 잠시 지연시킬 뿐, 파국을 막기에는 역부족이라는 생각이 든다.

　탐욕에 탐욕으로 맞서는 방법도 생각해볼 수 있다. 산불 앞쪽에 맞불을 놓듯, 탐욕 앞에 또 다른 탐욕을 배치하는 것이다. 식파라치(불량식품 판매처 신고), 짝파라치(위조상품 제조자 신고), 세파라치(탈세 신고), 사파라치(불법 사채업자 신고), 도파라치(불법 도박장 신고) 같은 식 말이다. 각종 파파라치 맞불이 다소 치사하게 느껴진다면 선한 욕망으로 맞불을 놓으면 어떨까? 그러나 경험상 이런 방식도 믿을 것이 못 된다. 탐욕도 대개는 선한 욕망에서 출발하고, 선의와 악의와 살의의 거리는 생각보다 멀지 않다.

그럼 도대체 어떻게 해야 이처럼 강고한 적에 맞설 수 있을까? 인피니티 스톤으로 무장한 타노스에 맞서려면 아이언맨이나 토르나 헐크 단독으로는 턱도 없다. 무엇보다 먼저 어벤져스라는 이름으로의 연대가 필수다. "관찰보다는 애정이, 애정보다는 실천적 연대가, 실천적 연대보다는 입장의 동일함이 더욱 중요하다"(《감옥으로부터의 사색》, 돌베개, 1998)는 신영복 선생의 말씀이 옳다. 탐욕의 전방위 공세를 견디려면 우리도 가능한 모든 수단과 자원을 동원해야 한다. 같은 입장을 가진 사람들이 함께 작은 힘을 모으면서 그 외연을 확대해가야 한다. 연약한 손이지만 벨크로Velcro마냥 단단히 깍지 낀 수많은 손가락은 쉽게 떼어놓을 수 없다. 작은 발걸음이라도 단일대오로 발맞추면 현수교를 무너뜨린다.

연대와 동조의 힘은 생각보다 강력하다. 공감과 동조, 연대와 실천 그리고 감시와 처벌이 그나마 탐욕에 맞설 수 있는 근사치의 답이 아닐까 싶다. 다행스럽게도 유발 하라리에 의하면, 우리에게는 네안데르탈인을 비롯한 경쟁자를 공감과 협력으로 물리친 자랑스러운 DNA가 있지 않은가. 공감이 법으로 구현되고 언제나 가장 늦게 공감하는 법률가의 양심에까지 스며든다면 시간을 벌 수 있지 않을까.

SF소설의 어두운 전망이 현실로 엄습하는 시대에, 형사법정에 앉아 매주 인간성을 회의하며 살아가는 내가 두려운 것은, 인간이 AI와 기계로 대체되거나 이것들에 종속되는 것이 아니다. 가장 두려운 건 인간성이나 인간에 내재된 선함과 신성이 사라지는 것이다. 인간성을 학습하도록 설계된 AI와 사이코패스 인간 중에 하나를 선택하라고 하면 사이코패스 인간을 선택할 사람이 몇이나 될까. 영화 〈그녀Her〉에서 호아킨 피닉스가 전처보다 훨씬 더 인간적인 운영체제 '사만다'에게 마음을 뺏기는 것이 전혀 이상하지 않듯 말이다.

중요한 것은 AI에게 재판받는가, 인간에게 재판받는가가 아니다. AI보다 더 기계적이고 냉혈한인 판사가 AI보다 낫다고 할 수 있겠는가. 공평하지 못하거나 오판에 대한 불만 때문에 차라리 AI판사가 낫겠다는 댓글을 보지만, 이는 문제의 핵심이 아니다. 재판에는 한 개의 정답만 있지 않고, 공평은 정의를 내리는 것조차 쉽지 않기 때문이다. 구체적 형편을 감안하지 않는 인정머리 없는 판결에 대해서는 '자판기 판결'이라고 또 비난하지 않는가.

판결이 모두 획일화되어 죄다 똑같다는 비유라면 모를까, 냉정함을 자판기에 비유하는 것도 적절치 않다. 김이 모락모락 나는 자판기 커피 한 잔에 위안받은 날이 얼마나 많은가. 인간에 대한 따뜻한 시선과 패자에 대한 위로 한 모금 담기지 않은 현란한 판결이 자판기 커피보다 낫다고 할 수 있을까. 언제나 중요한 것은 형식이 아니라 콘텐츠다. 살아남아야 할 것은 네안데르탈인이나 호모 사피엔스나 사이보그나 초인류나 AI가 아니라, 언제나 인간성 그 자체다. 인간이 존재하지 않는 세상에서 인간성만 존재할 수 있을지는 의문이지만.

앞서 든 고래고기 판매사건은 울산지방법원에서 형사단독재판을 할 때 다룬 사건이다. 나는 식당주인 A에게 징역 1년의 실형을 선고했다. 간혹 불법포획업자에게 실형을 선고하는 경우는 있었지만, 식당주인에게 실형을 선고한 경우는 처음이었다.

강도살해 사건은 부산지방법원 형사합의부에 근무할 당시 주심사건이었는데, 범행이 잔혹하고 죄의식을 전혀 느끼지 않아 사형이 구형됐으나 무기징역을 선고했다.

한수원 납품비리 사건은 당시 울산에서 크게 문제가 되었다. 많은 한수원 직원과 납품업자가 무더기로 기소되어 무겁게 처벌받았는데, 이 사건은 그중 한 사건으로 1심에서 징역 10년이 선고되었다가, 항소심에서 7년으로 감형되었다.

고래사건 판결 당시 울산시나 울산 남구에서는 관경観鯨 프로그램을 만들어 장려하는 한편, 고래축제를 열어 고래고기 시식 부스를 만드는 등 고래고기 판매를 조장했다. 고래축제는 신선한 고래고기를 맛보려고 전국에서 모여든 사람들로 북적였다. 당시 울산지방법원에서도 중요한 행사나 대법원장의 지방법원 시찰 때 유명 고래고기 식당에서 공수해온 신선한 고래고기를 상에 올렸다. 귀한 손님이 오면 울산에서는 이렇게 대접한다는 말도 덧붙였다. 반면, 울산 장생포에서 탈 수 있는 고래바다여행선에서 고래를 보는 날은 흔치 않았다. 참돌고래 몇십 마리라도 나타난 날이면 울산 지역뉴스에서 이를 보도할 정도였다.

2011년에 설립된 핫핑크돌핀스라는 단체는 쇼돌고래 방류 운동을 시작으로 고래류 등 멸종위기 해양생태계 보호를 위해 활발히 활동하며 고래축제에 대한 비판도 꾸준히 제기했다. 이들과 시민들의 노력으로 고래축제에서 고래고기 시식 부스가 사라졌고, 고래고기를 판매하는 식당의 매출이 뚝 떨어졌다는 소식이 최근에야 들려왔다. 반면 식당주인 A는 이 사건으로 구속된 상태에서도 공범에게 계속 식당을 운영하게 했고, 출소 이후에도 같은 식당에서 불법포획된 밍크고래 14마리를 판매했다. A는 이 사건 이후 약 2년 만에 다시 징역 1년의 실형을 선고받았다.

아래 글은 고래고기 판매사건의 양형 이유 일부다. 이 판결이 있은 직후부터 울산지방법원에서는 각종 행사에 고래고기를 내지 않았다.

피고인 A와 변호인은 수많은 고래고기 판매 식당이 존재하고 있음에도 혼획混獲 등으로 공급되는 고래가 소량으로 한정되다 보니, 불법포획한 고래를 구입해 판매하는 것은

현실적으로 불가피한 측면이 있고 비난 가능성도 크지 않다는 취지로 주장한다.

기록에 의하면, 울산에서만 104곳의 고래고기 판매 식당(남구 69, 동구 20, 중구 11, 북구 4)이 영업 중이고, 현재 '전국 고래종류별 혼획 현황'은 밍크고래 19마리(울산 2마리), 참돌고래 81마리, 남방큰돌고래 1마리, 상괭이 24마리, 쇠돌고래 1마리인 사실, 돌고래는 식용가치가 떨어지므로 실제 식용으로 유통되는 고래의 대부분은 밍크고래인데, 우연히 그물에 걸려 혼획된 밍크고래는 불법포획한 밍크고래에 비해 신선도가 크게 떨어지고, 물량이 적어 가격도 훨씬 비싸기 때문에 사실상 불법포획된 밍크고래가 전문 식당을 통해 공공연하게 유통되는 사실을 알 수 있다. 이러한 실정에도 불구하고 당원이 피고인들의 죄책을 엄중히 묻는 이유는 아래와 같다.

멸종위기종으로 지정된 밍크고래 등을 포획하고 유통·판매하는 행위는 명백한 불법일 뿐 아니라 국제적으로도 용인되지 않는다.

알려져 있다시피, 1949년 국제포경위원회(International Whaling Commission, IWC)가 구성된 이래 IWC는 1982년 남획으로 인한 멸종을 우려해 상업포경을 금지할 것을 결의했고, 이어 1986년부터 세계적으로 포획이 전면 금지되었다. 관련 협약에 가입한 우리나라도 그 무렵부터 연근해 수역에서 고래 포획을 전면 금지하고 있으며, 어망과 통발 등에 걸려든 고래만 절차에 따라 유통시키고 있다. 그 후 포경과 관련해 현재까지도 국제적으로 다양한 논의가 있고, 국가에 따라서는 일본처럼 포경을 찬성하거나 일부 목적하에서 포경을 강행하는 국가도 있다. 우리나라도 울산 지역을 중심으로 제한적 포경을 허용하자는 주장이 있고, 실제 우리 정부가 2012년 일본과 유사한 형태의 포경을 실시하려 했으나, 국내외의 강한 반발에 부딪혀 무산된 바 있다. 즉, 포경과 관련된 다양한 논의에도 불구하고 여전히 고래의 포획과 유통·판매는 현행법상 명백한 불법으로, 허용되는 행위가 아닌 것이다.

일각에서는 포경 금지 이후 고래의 개체수가 크게 증가하여 어민들에게 상당한 피해를 입히고 있기 때문에 어민 보호를 위해서라도 제한적으로 포경이 재개되어야 한다는 주장을 꾸준히 제기하고 있다. 이런 이유와 고래 식용이 우리의 오랜 식문화라는 점이 고래의 포획과 유통·판매를 암묵적으로 용인하는 주된 근거가 되는 것으로 보인다.

2012년 제한적 포경 재개가 추진될 당시의 국내 자료에 의하면, 한국 연근해에 서식하는 고래들이 막대한 양의 연근해 어류를 먹어치우고, 어민들의 조업을 방해하며, 고가의 어구를 훼손하는 등 그 피해가 상당한 것으로 조사된 바 있기는 하다. 만약 이런 연구 결과가 사실이라면 국제적인 비난을 감수하고서라도 어민 보호 차원에서 고래의 개체수 조절을 진지하게 논의할 필요가 있을 것이다. 그러나 당시 조사 결과의 정확성과 신뢰성에 대해서는 국내외의 반론이 적지 않았고, 위 연구 외에 우리 연근해의 해양생태계를 위협하고 어민들에게 큰 피해를 줄 만큼 고래의 개체수가 크게 증가하였다는 객관적이고 신뢰할 만한 연구 결과는 찾기 힘든 것으로 보인다.

언론보도에 의하면 우리나라는 2000년대 들어 10년간 5,000마리 가까운 고래가 혼획되어 국제적으로 불법적인 포경국으로 인식될 지경이고, 전 세계적인 고래 개체수 증가에도 불구하고 우리나라와 일본 근해의 밍크고래는 개체수가 감소하고 있다는 연구 결과까지 있는 것을 보면, 우리나라와 일본에서 집중적으로 밍크고래만을 포획하는 이유는 오로지 식용을 통한 돈벌이에 있는 것으로 보인다.

과거 개체수가 풍부하고 산업이 발달하지 못한 시절에는, 고래가 주요한 먹거리이자 해양자원으로서 지역경제를 떠받치는 산업으로까지 취급된 적도 있었으나, 남획으로 개체수가 급격히 감소하며 멸종위기에 몰리게 됐다. 1986년 포경이 전면적으로 금지된 후 상당한 시간이 경과한 지금의 고래는, 전 세계적으로 인류가 보호해야 할 대상으로서 그 의미가 크게 변화되었다.

고래는 2~3년에 한 마리씩 새끼를 낳는 포유동물이라 남획할 경우 쉽게 멸종위기에 몰릴 수 있어, 고래를 보호하기 위한 국제적인 노력이 다양한 형태로 장기간 이어지고 있다. 포경이 성행하던 세계 주요 지역에서도 포경이 아닌 관경이 주요한 산업으로 자리 잡았고, 울산 역시 이런 정책을 활발히 펼치고 있다.

오랜 식문화를 일거에 바꾸는 것이 쉽지 않은 일이기는 하겠으나, 국민의 다수가 여전히 포경을 지지하는 것으로 알려진 일본과 달리, 우리 국민의 상당수(국민의 67퍼센트가량이 포경을 반대한다는 2009년 여론조사 결과 있음)는 이제 고래를 식용의 대상이 아닌 보호할 대상으로 인식하기에 이른 것으로 보이므로, 더 이상 식문화 때문에 불가피하게 포경을 허용해야 한다는 주장 역시 설득력을 얻기 힘들 것으로 보인다.

결국 혼획을 가장하거나 노골적인 불법포획이 근절되지 않는 주된 원인은, 고래고기를 즐기는 소비자가 여전히 존재하고, 즐비한 고래고기 판매 식당에서 이를 비교적 손쉽고 저렴하게 구입할 수 있으며, 그 과정에서 포획자나 판매자가 엄청난 폭리를 취하는 구조적 문제 때문으로 보인다.

먹거리가 풍부하고 다양한 요즘, 상식이 있는 소비자라면 불법으로 밀렵된 멸종위기종 동물을 아무렇지도 않게 소비하지는 않을 것이라는 생각에 이르면, 결국 혼획을 통한 합법적 유통의 가능성이 열려 있고, 합법적 영업을 가장한 판매 식당의 상술로 인해 고래고기의 소비가 끊임없이 조장된다는 결론에 쉽게 다다를 수 있다. 고래 불법포획의 일차적 책임은 말할 것도 없이 포획자에게 있다 할 것이지만, 그보다 더 큰 책임은 불법포획된 고래임을 알면서도 폭리를 위해 소비자에게 이를 마구 유통시키는 판매처에 있다고 봐도 크게 틀린 말은 아닐 성싶다.

우리 시대 고래는 더 이상 어족자원이 아니라, 생명성과 바다를 상징하는 경이로운 생명체이자, 위대한 자연 그 자체다. 어떤 시구詩句처럼, 아이들은 푸른 바다 위를 타앙탕 힘차게 꼬리치며 항진하는 고래를 보면서 온갖 상상을 하고, 시인들은 기꺼이 생명을 노래한다.

전 인류의 노력으로 일부 고래의 개체수가 회복되고 있다는 연구 결과에도, 고래의 멸종이라는 불길한 예감을 쉽사리 떨쳐낼 수 없는 이유는, 통제되지 않는 인간의 탐욕, 그것의 끝을 알 수 없기 때문이다. 고래가 자주 출몰한다는 울산 지역에서조차 산 고래 구경하기는 하늘에서 별 따기이나 죽은 고래는 식당마다 넘쳐난다.

피고인들에게 엄중한 책임을 물어 고래를 포획하고 유통·판매하는 것이 비난 가능성 높은 범죄라는 점을 거듭 환기하고자 함은, 도도새를 비롯해 인간의 탐욕으로 멸종되어 사라져간 수많은 비잠주복 飛潛走伏, 그 숨탄것들처럼, 고래를 더 이상 아이들의 그림책 속에서만 볼 수 있는 존재로 남겨둘 수 없기 때문이다. 죽은 고래고기 몇 점을 앞에 두고 자연을 노래할 시인은 어디에도 없다.

참고판례 없음*

A는 2008년 8월 31일 잠겨 있지 않은 화장실 문을 열고 B의 집 안으로 들어가 방 안에 있던 가방에서 10만 원 상당의 현금을 꺼냈다. 곧이어 부엌으로 가 그곳에 있던 식칼을 들고 다시 방 안으로 들어가 인기척에 깨어난 B를 식칼로 위협해 반항을 억압한 다음 강간했다.

C는 2008년 7월 26일 생리 중이라며 성관계를 거부하는 D를 가스분사기와 과도로 협박해 자신의 집에서 강간했다.

---

* 이 글의 제목은 #문단_내_성폭력 해시태그로 촉발된 피해자들의 발화와 연대를 기록하는 동시에 피해자를 지지하기 위해 출간된 《참고문헌 없음》(2017)에서 차용했음을 밝힌다.

부산지방법원 형사5부(재판장 고종주 부장판사)는 A에게 징역 3년에 집행유예 4년과 사회봉사 120시간을, C에게 징역 2년 6개월에 집행유예 3년을 선고했다. 이 1심 판결 두 건은 일반적인 강간사건으로 보이지만, 성소수자의 권리를 획기적으로 신장시킨 판결이다. 첫 사건의 피해자 B는 성전환자였고, 두 번째 사건의 피해자 D는 C의 법률상 처였다. 성전환자와 부부 강간을 인정한 사상 첫 판결인 것이다. 나는 이 사건이 발생하기 바로 전해인 2007년에 이 재판부에서 우배석판사로 있었고, 판결이 선고되던 2008년에는 부산지방법원 공보판사로 있었다. 언론을 상대로 판결의 의미에 대해 많은 설명을 했기에 이 사건들은 개인적으로도 잊을 수 없다.

판결문에 나온 성전환자 B의 삶을 간단하게 설명해본다. B는 남자의 외부성기를 가지고 출생했지만, 사춘기에 이르러 자신의 성이 여성이라는 성정체성이 형성됐다. 이후 의사의 상담과 정밀진단을 거쳐 20대인 1970년대에 성전환수술을 받았다. 그후 여러 차례에 걸쳐 가슴형성수술, 가슴보강수술, 질확장술을 받았고 50대에 이를 때까지 호르몬요법 시술을 지속적으로 받았다. B는 30여 년간 우리나라 전역과 일본, 태국, 중국 등을 오가며 밤무대업소에서 무용수로 일했는데, 병역에 관하여는 기피자로 분류되어 유죄 선고를 받아 문제가 일단락되었다. 가출로 10여 년간 연락이 끊겼던 가족들과는 다시 연락하며 지내고 있었고, 사정을 이해하는 남성과 10여 년간 동거하기도 했다. B는 한 지역에서 30년 가까이 살며 동네 주민들과도 잘 어울리고 있었으며, 자신의 삶을 결코 후회한 적도 없다고 했다. 향후 혼인할 생각도 없으며, 같은 처지에 있는 후배들의 법률상 지위가 좀더 나아졌으면 하는 소망을 가지고 있었다.

이 사건 선고 당시 형법 제297조는 "폭행 또는 협박으로 부녀를 강간한 자는 3년 이상의 유기징역에 처한다"고 규정하고 있었다. 이때 성전환자인 B와 법률상 처인 D를 형법 제297조의 '부녀'로 볼 수 있는지가 두 사건의 쟁점이었다. 당시까지 법원은 "성염색체의 구성이나 본래의 내외부성기의 구조, 여성으로서의 생식능력이 없는 점, 사회 일반인의 평가와 태도 등 여러 요소를 종합적으로 고려해보면 성전환자를 부녀로 볼 수 없다"(대법원 1996. 6. 11. 선고 96도791 판결), "실질적인 부부관계가 유지되고 있을 때에는 설령 남편이 강제로 아내를 간음했다고 하더라도 강간죄가 성립하지 아니한다"(대법원 1970. 3. 10. 선고 70도29 판결)는 판단 아래 성전환자와 법률상 처에 대한 강간을 부정했고, 성전환자에 한해서 강간이 아닌 강제추행죄로만 처벌했다. 이 사건의 경우, 하급심이 대법원 판례에 정면으로 반하는 판단을 한 셈인데, 당시 재판부의 논거는 이랬다.

피해자는 성장기부터 남성에 대한 불일치감과 여성으로서의 귀속감을 나타내며, 성인이 된 후 상당기간을 여성으로 살았다. 전문의 진단을 거쳐 성전환수술을 받았고, 현재는 여성의 외부성기 및 신체 외관을 갖췄다. 피해자는 50대 여성으로서의 성정체성이 확고하고 남성으로의 재전환 가능성이 거의 없음은 물론, 과거 30여 년에 걸친 삶을 통해 여성으로서의 성생활에 아무런 문제가 없을 뿐 아니라 자타 모두가 피해자를 여성으로 인식하고 있다. 의심스러울 때는 피고인의 이익으로 판단한다는 형사절차법상의 준칙을 들어 성전환자를 강간죄의 객체로 볼 수 없다는 견해가 있으나, 이는 관련 법리와 이사건의 구체적인 사실관계를 고려하지 않은 막연하고 추상적인 단정에 불과한 것일 뿐, 피해자의 성별을 여성으로 봄에 무슨 의심이 있는 것은 아니다. 공부公簿상 성별을 정정하는 것은 피해자가 남녀 양성체제로 편성된 우리 사회에서 엄연한 한 사람의 여성임을 사후적으로 확인하는 조처에 불과할 뿐, 그 결정으로 피해자의 성별이 비로소 여성으로 변경되는 것도 아니다.

이 사건은 검사가 1심의 형이 낮다며 항소했지만, 부산고등법원과 대법원에서도 1심의 결론이 유지되었다(대법원 2009. 9. 10. 선고 2009도3580 판결). 하급심이 고심 끝에 의미 있는 판결을 선고하더라도 대법원까지 올라가지 않으면 대법원의 선례로 남을 수 없는데, 이 사건은 대법원까지 올라가 중요한 선례로 남게 되었다. 이 판결의 영향으로 형법상 강간죄 규정은 2012년 12월 18일 "폭행 또는 협박으로 사람을 강간한 자는 3년 이상의 유기징역에 처한다"로 개정됐다. 형법이 1953년에 제정되었으니 '부녀'가 '사람'으로 바뀌기까지 59년이 걸린 셈이다. 당시 1심 재판부가 대법원 판결에 반하는 해석을 과감하게 시도하지 않았다면 부녀에서 사람으로 바뀌기까지 얼마의 시간이 더 걸렸을지 알 수 없다.

이 사건이 진행될 당시만 해도 나 역시 성전환자의 삶을 깊이 들여다본 적이 없었다. 그들은 불편한 존재였다. 그러나 이 사건 선고를 즈음해 관련 자료를 읽거나 성전환자들의 삶을 다룬 다큐멘터리를 보면서 생각이 바뀌었다. 처음 영상을 볼 때는 외모의 작은 차이가 두드러지게 와닿았다. 외모에 그럭저럭 익숙해지자 목소리가 거슬렸다. 여성의 몸에 남성의 목소리라니. 난감했다. 하지만 그들의 인생역정과 이런저런 세상살이 이야기를 듣다 보니 어느 순간부터 거슬림이 사라졌다. 그 영상에는 더 이상 남성도, 여성도, 성전환자도 없었다. 그저 우리와 동시대를 살아가는, 밥벌이가 힘겨운 고단한 인생들이 있을 뿐이었다. 혐오는 대부분 관념에 정주한다. 혐오의 대상을 관찰하고 그들의 삶 속으로 조금만 들어가보면 혐오가 얼마나 터무니없는 편견에 근거한 것인지 금방 깨닫게 된다.

살다 보면 모든 일에 변곡점이 찾아온다. 시대적 소명일 수도 있고 개인적 변화일 수도 있다. 변곡점의 세찬 파동이 인생을 드높게 쏘아올릴지, 바닥으로 처박을지는 알 수 없지만, 분명한 것은 인생이라는 함수의 변곡을 예감하고, 그 파고에 기꺼이 몸을 맡겨야 한다는 것이다. 수평 그래프로 사는 삶이 평온한 것 같지만 어쩌면 그런 삶은 삐 소리와 함께 벌써 생의 종지부를 찍은 상태인지도 모른다. 살아 있는 것은 고유의 파동이 있기 때문이다.

인생의 변곡점을 생각하면 영화 〈라라랜드〉가 떠오른다. 특히 이별 이후, 재즈바에서 우연히 미아를 조우한 세바스찬의 상상 속에서 펼쳐지는 두 사람의 아름다운 파노라마는 압권이었다. 그 장면을 보며 세바스찬과 미아가 헤어지지 않았더라면, 하는 아쉬움을 느끼지 않은 사람은 없을 것이다. 그러나 생각해보면 그 장면은 그저 두 사람 사이의 엇갈린 운명을 아쉬워하는 관객을 달래주기 위한 별책부록 같은 장면이 아니었나 싶다. 별볼일없는 재즈피아니스트와 배우지망생이었던 두 사람이 LA의 정체된 고속도로에서 무감하게 욕만 해대고 스쳐갈 수 있었음에도 기어코 서로를 발견해낸 것, 각자의 존재 자체가 인생의 중요한 변곡점임을 알아보고 서로에게 치열하게 집중한 것, 고달픈 일상과 불투명한 미래를 잊어버리고 최선을 다해 사랑하고 서로를 고무시킨 것. 이 지점에서 두 사람은 이미 성공한 것이다. 그 이후 흘러간 둘의 삶은 부연설명이고 아름다운 후일담일 뿐이다.

지난 삶을 돌아볼 때마다 무감하게 지나쳐버린 순간이 늘 유감스러웠다. 애써 떠올려도 가슴에 남는 순간이 그리 많지 않은 것을 보면, 어쩌면 인생은 중요한 순간들의 단속적 모음집이 아닌가 싶다. 찰나의 순간에 역사를 담아낸 사진작가 앙리 카르티에 브레송의 결정적 순간을 담은 사진집처럼 말이다. 결정적 순간이 다가왔을 때 이를 감지하지 못하고 셔터를 누르지 않으면 그 순간은 영원히 사라진다. 결정적 순간이 반드시 대단한 사건일 필요는 없다. 가족이 저녁을 같이 먹을 때, 엄마가 고등어살을 발라줄 때, 아이가 발라준 고등어살을 연신 받아먹을 때, 생선가시가 목에 걸려 켁켁거릴 때, 아이의 몸이 고등어처럼 푸르게 빛날 때… 그 한때도 결정적 순간일 수 있다. 좋아하는 문학평론가 김현은 동어반복을 끔찍이도 싫어했다. 동어반복을 싫어했다는 것은 삶과 문학을 치열하게 읽었다는 말이다. 인생은 똑같은 말을 되풀이할 만큼 한가하지 않다. 무료하고 권태로운 일상일지라도 치열하게 살아야 하는 이유다.

〈라라랜드〉의 세바스찬처럼 간혹 가보지 못한 길이 떠오를 때가 있다. 그 사람을 사랑했더라면, 그 일을 선택했더라면, 그 길로 갔더라면…. 가정假定적 삶은 늘 아름답고 애틋하게 다가온다. 후회는 가정을 먹고 자란다. 후회는 불만스러운 현재에 기반을 두므로 언제나 처량하다. 타성에 젖어 살다 보면 그때가 결정적 순간이었다는 사실조차 깨닫지 못한다. 세월이 흘러 과거를 회상하다 목에 가시가 걸린 듯 이물감이 드는 시절이 있으면 '그때 무슨 일이 있었던 거지?'라며 잠시 고개만 갸우뚱할 뿐이다.

판사로서의 삶도 다르지 않다. 중요한 사건을 처리하든 사소한 사건을 처리하든, 오랜 기간 판사생활을 하다 보면 결정적 사건이 있기 마련이다. 수많은 사건 속에서 매너리즘에 빠져 사건 처리에만 급급하다가는 의미 있는 사건인 줄도 모른 채 지나가버린다. 넘기는 것은 기록만이 아니다. 사람도, 정의도, 인권도, 고통도, 양심도, 세월도 기록과 함께 모두 넘어간다. 판사로서의 가정과 후회는 애틋하거나 처량하다기보다는 섬뜩하다. 내 결정이 수많은 우주를 비극으로 바꿔놓는 경우가 많아서다. 그때 그 피고인을 석방했더라면 그의 아내가 생활고로 자살하지 않았을 것이고 아이들도 뿔뿔이 흩어지지 않았을 텐데, 그때 그 피고인을 석방하지 않았더라면 추가적인 피살자도 없었을 텐데… 후회로 남은 결정은 판사를 놓아주는 법이 없다. 변제가 불가능한 채무이자 지울 수 없는 화인火印이다.

무사히 재판을 마치고 동료 판사들과 소주잔을 기울이며 대법원 판례에 반하는 하급심 판결이 '의미 있는 시도인지 아니면 기존 법질서를 흔드는 경박하고 튀는 판결인지'를 놓고 열띤 대화를 나눈 적이 있다. 다음 날 복지리로 쓰린 속을 달래다 전날 논쟁이 떠오르면서, 뜬금없이 '복어를 먹고 죽은 사람은 얼마나 많았을까'라는 의문이 들었다. 희한하게 생긴 이 생선을 처음으로 먹다 먼저 죽은 사람들 때문에 이 생선에 맹독이 있음을 알았다고 생각하니, 요즘 말로 조금 '웃펐다'. 선례를 남기는 자들, 가보지 않은 길을 가는 자들은 생명을 걸 만큼 무모하지만 환한 대낮에 꿈을 꾸는 사람들이다.

선례만 생각하면 제목만으로도 마음이 불편했던 문단 내 성폭력을 고발한 《참고문헌 없음》(2017)이라는 책이 생각난다. 책에는 누구도 언급하지 않던 문제를 꺼내는 자의 두려움과 번민이 고스란히 담겨 있었다. 내용의 참담함은 말할 나위가 없었고, 특히 내게는 '참고문헌 없음'이라는 선언이 '참고판례는 있는가, 참고판례조차 존재하지 않는 세상에서 법 밖에 선 사람들이 느끼는 절망감을 상상해보았는가'라는 질문으로 들려 읽는 내내 힘들었다. 한편으론, 성범죄 재판을 다루는 입장에서 문단 내 성폭력 피해자들의 용기 있고 진솔한 진술이 고마웠다. 성폭력 피해자들이 어떤 과정을 거쳐 어떤 마음으로 수사기관과 법정에 서게 되는지, 법정에 서보지도 못하고 기소 단계에서 사라져버리는 사건은 또 얼마나 많은지, 법적 절차가 그들에게 어떻게 2차, 3차 가해를 하는지 좀더 깊이 알 수 있었다. 반면 사회적 관계에서 여성의 호의나 인간적 배려가, 하급자로서의 매너나 문학지망생의 선배 문인들에 대한 존경이 왜 성폭력에서의 동의나 유혹으로 해석되는지 이해하기 어려웠다. 왜 문학적 상상력이 성폭력을 조장하거나 호도하는 방편으로 소비되거나 해석되는지는 더욱 알 수 없었다.

피해자들에게는 가해자를 응징하는 판결이 그 어떤 말보다 강력한 위로겠지만, 때로는 피해자의 고통이 진실임을 알면서도 그런 선언을 할 수 없는 경우가 더러 있다. 내가 과연 위로할 수 있는 처지인지, 판결 밖의 언어로 위로해도 되는지는 잘 모르겠으나, 그럼에도 모든 성폭력 피해자에게 하고 싶은 말은, 설령 법에 가로막힌다 하더라도 가해자들의 악행을 고발하고 기록해야 한다는 것, 법의 언명을 얻지 못하더라도 자신만의 언어로나마 작렬하듯 발화해야 한다는 것이다. 영화 〈굿 윌 헌팅〉에서 유년의 상처로 세상과 불화하는 맷 데이먼의 강철문 같은 마음을 열어준 로빈 윌리엄스의 한 마디, "네 잘못이 아니야It's not your fault"는 자책하는 모든 피해자에게 속한 말이기 때문이다. 여성들의 폭발적 발화에도 불구하고 성소수자의 발화는 여전히 소심하고 더디기만 하다. 그러나 마찬가지다. 당신 잘못도 아니다. 참고문헌 하나, 참고판례 하나 남기지 못한 우리의 잘못이다. 지금도 피해자 B처럼 참고판례 없는 사람들은 정주할 곳 없이 전국 각지로, 일본으로, 태국으로 부유하고 있을 것이다. 참고판례는 이들을 정박시키는 닻이다.

부부강간 사건은 피고인 C가 항소했으나 공소기각으로 즉시 종결됐다. 1심 판결이 선고된 지 5일 만에 C가 스스로 목숨을 끊었기 때문이다. 집행유예 선고를 받고 감사하다며 법정 문을 나선 C는 법정 밖 기자들에 깜짝 놀랐고, 뒤늦게 판결의 의미를 알게 됐다. C는 그날 오후 법원 기자실로 달려가 오히려 자신이 국제 사기결혼의 피해자라며 억울함을 거듭 하소연했다. 그날 그는 목을 맸다. 그러나 C의 불안정한 심리상태를 걱정한 동생이 C를 구했다. 하지만 C는 나흘 뒤 다시 목을 맸다.

파격적 판결의 데미지는 컸다. 이 소식을 들은 재판장과 나는 엄청난 충격에 빠졌다. 재판의 당사자가 자살했다는 소식을 듣는 건 재판장으로서 가장 견디기 힘든 순간이다. 재판 진행이나 결과에 어떤 문제가 있었는지 복기하고 또 복기한다. 이랬더라면, 저랬더라면 이런 결과를 막을 수 있지 않았을까 하는 후회가 밀려든다. 불면의 밤이 이어진다. 식사도 제대로 할 수 없다. 정년을 앞둔 노법관은 법정에 들어가는 게 두렵다고 고백했다. 기자를 상대하는 나 역시 다리가 후들거렸다. 큰 문제 없이 진행된 재판이었다고 몇 번을 되짚어 자위했음에도 자책감을 피할 수는 없었다. 여전히 나는 그 사건의 트라우마에 시달린다. 중요하고 의미 있는 판결이라며 기자들에게 알린 내 책임도 적지 않았다는 생각에서 완전히 헤어날 수 없다.

독실한 기독교인인 고종주 부장판사는 2011년 3월, 28년 6개월의 법관생활을 마치고 부산 지역 최초로 정년퇴임을 했다. 정년퇴임식장에서 그는 '먼저 간 사람의 발자국이 길이 된다'는 내용이 담긴 퇴임사를 했다. 퇴임을 앞둔 어느 날 그는 법관생활을 돌이켜보면 성소수자 사건이 자신에게 운명처럼 찾아왔다고 담담하게 술회했다. 그러나 그런 사건들이 그에게만 간 건 아니었다. 그가 운명이라고 하는 사건이 다른 많은 판사에게는 처리 건수 하나짜리에 불과했다.

이 두 판결에 앞선 2002년에도, 그는 1년여에 걸쳐 당시까지의 국내외 선례와 이론을 섭렵한 후 상세한 논거를 들어 성전환자의 호적상 성별 정정을 허가했고, 이 결정을 근거로 동일한 하급심 결정이 이어졌다. 그로부터 4년 후인 2006년 대법원에서도 같은 취지의 결정이 있었다. 기록이 아니라 인간을, 그중에서도 특히 성소수자를 다감하게 응시한 그의 첫발을 따라 수많은 발자국이 이어지고 있다.

아래 글은 성전환자 강간사건의 판결 이유 일부다.

성전환자에 대한 사정과 법리에도 불구하고 사회구성원들 중에는 사안의 실상을 제대로 이해하려는 진지한 노력도 없이, 자신들과 다르다는 이유만으로, 편견과 오해에 사로잡혀 그들의 존재에 대한 근거 없는 혐오감이나 막연한 불쾌감을 드러내는 사람들도 있다. 심지어 성전환자들은 자신의 가족들로부터 배척당하기도 한다. 이 때문에 그들은 사람들의 눈을 피해 주로 야간업소에서 일하며 평생을 외롭고 고단한 삶을 영위할 수밖에 없는 게 현실이다. 바로 이게 오늘날 성전환자들이 겪어야 하는 불행의 주된 원인이다. 그들에게 발생한 성정체성의 혼란은 그들의 책임이 아니며, 그들이 새로운 성으로 살겠다는 주장이 공서양속公序良俗이나 사회질서에 반하는 것도 아니다.

보편타당한 원리를 추구하는 사법은 본래 사람에 대한 깊은 이해와 관심을 그 바탕으로 한다. 그런 점에서 사법의 본령은 삶의 현장과 소통하는 것이며, 대상 사건의 영역 내에 있는 모든 사람의 문제와 애환에 진지하게 귀를 기울이는 것이다. 특히 형사사법 절차에서는 피고인의 권리보장 못지않게 범죄 피해자 등 사건 관련자들에 대한 지위와 처지에 합당한 배려와 처우를 소홀히 하지 않는 것도 지극히 당연하고 또 중요하다. 이는 곧 국가가 모든 국민의 인간다운 생활과 행복의 추구를 돕고자 하는 헌법 원리를 실질적으로 구현하는 것이다.

이에 당원은 이와 같은 목표에 입각해 종래의 이론과 선례를 근거로 구체적인 사실관계를 확인한 다음, 성소수자인 피해자의 법률상 지위를 인정함으로써, 이런 배려가 이제 노경老境에 들어서는 피해자가 우리와 다름없는 사회의 보통사람으로서 다른 사람들과 자유로이 어울려, 자신의 성정체성에 합당한 편안하고 명예로운 여생을 보낼 수 있는 하나의 계기가 되기를 기대한다.

덧붙여 재판부는 피고인 A에게 이례적으로 집행유예를 선고하며 다음과 같이 훈계했다. 재판부의 바람처럼 이 피고인이 소수자의 편에 서서 어려운 사람들을 도와주었는지는 알 길이 없다. 그러나 그는 이 판결 이후부터 지금까지 어떤 범행도 저지르지 않았다.

피고인은 타인의 주거에 침입해 돈을 훔치고, 자신의 어머니와 나이가 비슷한 피해자를 칼로 위협해 강간했습니다. 강간의 방법도 대단히 좋지 않습니다. 피고인이 초범이고, 피해자와 합의했다고는 하지만, 법정형이 무거울 뿐만 아니라 죄질이 극히 불량해 엄중한 형으로 다스려야 할 필요가 있는 사건입니다. 그러나 피고인에 의한 범행으로 심각한 후유증에 시달리면서도 젊은이의 앞날을 생각해 부디 선처해달라는 피해자의 법정진술이 있었습니다. 피해자는 강간당한 것보다 칼로 자신의 생명을 위협당한 것이 더 무섭고 고통스러웠다고 거듭 호소하면서도 피고인에 대한 관용을 구했습니다. 어렵고 힘들게 살아가는 사람들이 자신에게 악행을 저지른 다른 사람에게 더 관대한 것을 이해할 수 있습니까? 이는 일종의 신비입니다. 아마 그들은 삶의 진정한 가치가 무엇인지 알고 있기 때문이 아닌가 합니다.

우리 사회에는 피해자와 같은 성소수자는 물론, 많은 분야에 소수자 지위에 있는 사람이 있으며, 여러 형태의 장애로, 질병으로, 가난으로, 고아로 참으로 고달프고 힘들게 사는 사람이 너무나 많이 있습니다. 그런데도 이들은 결코 자신의 운명을 원망하거나 남을 괴롭히며 살지 않습니다. 그저 견뎌낼 뿐입니다. 피고인은 그런 사람들 중 한 사람을 운명적으로 조우했고, 아무런 잘못이 없는 피해자에게 실로 이해할 수 없는 크나큰 잘못을 저질렀습니다. 좋은 부모와 건강한 신체를 가진 피고인이 말입니다. 그럼에도 피해자는 진심으로 피고인에 대한 선처를 바라고 있습니다. 나는 힘들지만 괜찮다면서 젊은이의 앞길을 막지 말라는 취지의 언명을 했습니다. 피고인은 2009년 2월 18일을 기억하기 바랍니다. 이날을 기점으로 삶의 태도와 방식을 바꿔야 합니다. 피고인은 주변을 둘러보기 바랍니다. 어려운 사람이 많이 보일 겁니다. 다가가서 무슨 일이든 좋은 일을 행하세요. 도움이 필요한 사람들에게 도움을 주세요. 소수자의 곁에 서세요. 신은 그러라고 피고인에게 좋은 신체와 건강한 정신을 주신 겁니다. 이 말이 그냥 허공을 치지 않고, 피고인의 가슴에 새겨지기를 바랍니다. 피고인이 그렇게 마음먹고 행동하기 시작하면, 바로 그 지점에서 세상은 조금씩 변화할 겁니다.

다음 글은 부부강간 사건의 판결 이유 일부다. 부부강간은 이 사건 판결을 근거로 한 다른 하급심 판결의 상고로 43년 만에 종전 대법원 판결이 변경됐다(대법원 2013. 5. 16. 선고 2012도14788, 2012전도252 전원합의체 판결).

부부 사이의 성性은 남녀가 만나 가정을 이룸과 동시에 신으로부터 부여받은 성스럽고도 신비로운 선물이다. 부부는 자유롭고 계속적인 성생활을 통해 자녀 출산과 양육, 삶의 기쁨과 행복은 물론 유한한 인생에서 피할 수 없는 슬픔과 이에 대한 위로를 공유한다. 그러므로 부부는 상호간의 이해와 협력, 사랑과 존중을 토대로 원만하고 편안한 성생활을 유지할 필요가 있다. 이 경우 부부의 성은 축복이 된다. 그러나 부(夫, 이하 편의상 남편이라고 한다)가 구체적인 경우에 처의 사정과 의사를 무시하고, 자기의 주장을 심기 위한 수단으로, 또는 힘으로 상대를 제압하거나 굴복시키기 위해, 성행위 이후에는 자신의 뜻대로 갈등이 해결된다는 망상에 빠지는 등 여러 가지 불순한 의도와 잘못된 판단으로 처를 강간하는 것은 상대를 인격체로 대우하는 것이 아니라 자신의 부당한 욕구충족과 의사관철의 도구로 전락시키는 것이다. 말하자면 자신에게 가장 가까이 있는 사람을 사물화

하는 것이다. 이 경우 부부의 성은 저주가 된다. 성적 결합이 부부 사이를 유지하는 중요한 요인인 것은 사실이지만, 그것이 전부는 아니다. 그보다는 정신과 영혼의 긴밀한 결합이 두 사람의 삶을 받쳐줘야 하며, 결합은 두 인격체의 깊은 사랑과 신뢰에 그 뿌리를 둬야 한다.

부부는 혼인과 동시에 동거의무를 부담하는 관계상, 특별한 사정이 없는 한 처는 남편의 성적 요구에 응할 의무가 있다. 그러나 이 경우에도 처가 자신의 성적 자기결정권을 포기하거나 이론상으로도 같은 권리가 상실된 것으로 볼 것은 아니다. 성적 자기결정권은 그 권리의 성격상 특정인에 대해 이를 포괄적으로 행사하는 것이 아니라 구체적인 경우에 매번 개별적으로 행사하는 것이기 때문이다. 처는 남편에게 성적 자기결정권의 행사를 일단 유보하거나 완화한 것에 불과하다. 이는 혼인의 바탕에 상대가 자신의 의사와 인격을 존중하리라는 기대와 신뢰가 자리하고 있기 때문이다.

그러므로 남편의 성적 교섭 요구는 처의 소극적인 성적 자기결정권의 행사가 시작되는 지점에서 멈춰야 한다. 이때 남편은 현안으로 대두된 갈등 해소를 위해 대화와 설득 등으로 해법을 모색해야 한다. 그래도 여의치 않은 경우에는 동거의무의 불이행을 전제로 한 이혼 청구의 방법으로 사태 해결을 시도해야 한다. 국가가 명백하게 불법으로 규정한 폭력적인 방법 등을 동원해 상대를 굴복시키려는 시도를 부부 사이라고 용인할 것은 아니다.

(중략) 부부강간의 인정이 처에 의해 오용되거나 남용될 가능성이 있거나 입증곤란의 사정을 들어 그 같은 해석에 반대한다는 취지의 견해가 있으나, 이는 수사와 재판 등 형사사법 절차에서의 사실인정 문제다. 이를 내세워 폭력을 수단으로 한 부부강간을 부정하는 구실로 삼는 것은 본말이 전도된 것이다.

삶이 있는 저녁

벚꽃이 흐드러지던 봄이었다. 국내 굴지의 조선업체에서 한 달 사이에 '드릴십(Drillship, 원유 시추선) 선박 족장足場 붕괴', 'LPG 선박 화재', '안벽岸壁 추락' 사고가 잇달아 발생했다. 세 개 작업장에서 모두 네 명(사망 당시 49세, 39세, 36세 두 명)이 사망했고, 세 명이 중상을 입었다. 조선업체와 피해자들이 소속된 하청업체 등 각 회사의 안전담당자들이 업무상과실치사상죄 및 산업안전보건법위반죄로 무더기 기소됐다.

선박건조 현장은 중량물 취급과 중장비 사용이 많고, 작업장이동이 잦으며, 고소작업장이 산재한 곳이다. 작업공간이 협소하고 화기, 도장, 의장, 용접 등 밀폐된 공간에서의 혼재작업이 필연적임에도 작업과정 통제가 어려워 안전에 세심한 주의가 요구되는 위험한 작업장이기도 하다. 이 사건의 드릴십 선박 족장 붕괴는, 지상 22미터 높이 선박의 끝부분 작업임에도 중량물을 지지하는 비계의 최대 하중조차 모른 채 작업을 하다, 한계 하중의 여섯 배를 적치하는 바람에 족장이 붕괴되어 작업자들이 바다로 추락한 사고였다.

LPG 선박 화재는, 같은 장소에서 여러 차례 화재가 반복되었음에도 원청인 조선업체가 비용을 줄이기 위해 화기감시자를 필요 인원보다 적은 수로 제한했고, 하청업체 역시 경영상 이유로 화기감시자를 증원하지 않았으며, 화기감시 업무 경험이 전무한 노동자를 안전교육조차 제대로 시키지 않고 현장에 투입했다가 출근 하루 만에 발생한 사고였다. 화재시 대피요령에 대한 교육이나 대피훈련도 실시된 적이 없었다.

안벽 추락 역시 불과 보름 정도 근무한 노동자를 가장 위험한 작업에 투입했다가 발생한 사고였다. 안벽은 추락 위험이 크고, 일기가 불안정할 때 바다로 추락할 경우 사망할 확률이 높은 곳이다. 하지만 업체는 노동자에게 구명조끼를 지급하지 않았으며, 작업현장 부근에는 구명환조차 비치되어 있지 않았다.

다른 사건도 있다. 하청업체에 입사한 A와 B는 C중공업과 D중공업에서 방사성 물질인 이리듐Ir이 내장된 감마선 조사기로 비파괴검사(선박, 탱크 등 시험 대상물을 손상하거나 파괴하지 않고 방사선 등을 이용해 대상물의 균열·내부 결함 등을 조사하는 검사) 업무를 수행했다. A와 B는 방사선작업 종사자를 대상으로 약 5년 사이에 시행한 몇 차례 건강진단에서 '빈혈 및 백혈구, 혈소판 감소 – 진료 및 추적 검사 요망' 판정을 여러 차례 받았다. 회사의 안전관리자는 검진 결과를 통보받고도 그들의 작업장소를 변경하거나, 방사성 물질을 이용하지 않는 업무로 전환하지 않았고, 근로시간을 단축하거나 야간근로를 제한하는 등의 조치도 취하지 않았다. 당시 서른네 살이었던 A와 스물아홉 살이었던 B는 방사선 과다피폭에 의한 골수이형성증후군으로 사망했다. 이 사건으로 하청업체와 안전담당자가 산업안전보건법위반죄로 기소됐다.

A와 B는 많은 수당을 받을 수 있는 야간조에 편성되어 저녁 6시부터 다음 날 새벽 6시까지 일하며 하루 50장에서 400장 정도 비파괴검사 촬영을 했다. 하청업체 특성상 적은 인원으로 많은 작업을 하다 보니 기본적인 안전수칙조차 지켜지지 않았다. A와 B는 방사선투과검사 작업 시 방사선 피폭 정도를 알려주거나 안전을 위해 반드시 휴대해야 하는 장비인 필름배지, 포켓도시메타, 서베이메타 등도 없이 방사선 노출을 알려주는 알람모니터만 휴대하고 작업했다. 보호장비는 회사에서 일괄 보관·관리하고 있었다. 원자력안전법 등 관련 법규에는 개인별 피폭 선량을 초과할 경우 일정기간 방사선 관련 작업을 할 수 없도록 규정되어 있다.

A가 사망하기 1년 전쯤 근로복지공단에 제출한 경위서에는 "지금 와서 생각하면 너무나도 후회됩니다. 회사의 이익을 위해 죽어가는 줄도 모르고 왜 그리 억척스럽고 어리석었는지 생각하

면 답답하기만 할 뿐입니다. 치료라도 제때 잘 받아 다시 건강했던 옛날로 돌아갈 수 있도록 제발 도와주십시오"라고 쓰여 있었다. 회사의 안전관리자는 경찰에 "법으로 정해진 개인별 피폭 선량을 초과할 경우 작업자들이 작업을 할 수 없게 된다는 걸 안다. 그렇다고 작업자들이 안전장구 착용을 안 한다고 할 수도 없었다. 그래서 안전기준에 따라 작업하고 있다는 것을 보여주기 위해, 노동자들이 사용하지도 않은 필름배지를 수거해 한 달에 한 번씩 방사선에 노출시켜 방사선안전관리통합정보를 다루는 기관에 보냈다"고 진술했다. 회사는 피해 노동자들이 안전장구를 착용하지 못하고 작업하는 것을 알고 있었음에도 이를 묵인한 것은 물론 감독기관에 허위보고까지 한 것이다.

노동이라는 단어에 담긴 정치적·사회적 의미를 배제한다면 외람되게도 나 역시 판결문을 생산하는 책상물림 노동자다. 대다수 판사는 매주 한두 번 법정에 나가 재판을 하고, 판결문을 작성해 선고하는 것으로 한 주의 업무를 마무리하는 돈내기 노동자다. 판사들이 배석판사가 부장에게 판결 초고를 건네는 것을 '납품한다'고 하고, 재판기일을 '장날'이라고 부르는 데는 이유가 있다.

정신노동이 주이지만 육체노동도 상당하다. 체력이 달리기 시작하면 판사 노릇도 오래하긴 힘들다. 기록이 수천 쪽인 사건이 다반사인데, 눈이 침침해지고 머릿속이 느릿느릿해지는 순간 생산량은 급격히 떨어진다. 생산량을 유지한 채 납기일을 맞추려면 제품의 품질이 저하되어 불량이 속출한다. 여기저기서 원성이 터져나온다. 다른 판사에 비해 능력이 떨어진다는 지적이 들리는 순간 머리만 믿고 자존심 하나로 버텨온 인생에 치명상을 입는다. 불량을 줄이고 납기일도 지키려면 시간을 더 쓸 수밖에 없다. 야근과 휴일근무를 밥 먹듯 한다. 이마저도 힘에 부친다면 옷을 벗거나 눈 질끈 감고 세평에 귀를 닫아야 한다.

판사들 역시 직업병에 시달린다. 압도적 분량(일주일에 스무 건 정도의 형사단독사건을 처리한다고 보고, 사건당 기록이 평균 200쪽 정도라 쳐도 한 주에 4,000쪽은 읽어야 한다)의 활자를 읽는 직업이다 보니, 대개는 눈이 가장 먼저 상한다. 에너지의 대부분을 뇌가 사용해서인지 머리도 빨리 센다. 배석판사로 출발해 10년 정도 지방법원 근무를 끝내고 고등법원으로 올라가 2~3년 근무를 마칠 즈음이면 대개 머리는 반백이 된다. 허리나 어깨, 목 같은 근골격계 질환은 둘 중 하나꼴로 있고, 증거가 없으면 믿지 못하고 회의하는 의심병에 시달린다. 법정 안팎을 구분하지 못해 법정 밖에서도 모든 일에 주재자가 되어 결론을 내려야 직성이 풀리는 강박증을 앓는 경우가 허다하고, 새파란 나이 때부터 뒷짐 지던 습관은 점잔 떨고 무게 잡는 '후까시병'(더 적절한 단어를 찾을 수 없었다)으로 발전한다.

개인적으로 판사 혹은 법관이라는 호칭이 마음에 들지는 않는다. 판사라는 호칭은 왠지 세속적 욕망으로 범벅된 것 같고, 법관이라는 호칭은 영국 판사의 가발처럼 덧씌워지고 조작된 권위의 냄새가 물씬하다. "이런 권위는 '나는 권위 있으니까 권위이다!'라

고 말하는 동어반복일 뿐이다."(김현,《행복한 책읽기》, 문학과지성사, 1992)

호칭에 담긴 사회적 평가를 무시하고 기능만 담아 표현하자면 법관도 판결공이나 재판공에 다름 아니다. 석공이나 용접공, 미장공이나 미싱공, 시계공과 하등 다를 바 없다. 불신과 비아냥거림에서 비롯된 것만 아니라면 나는 판결공이나 재판공이라는 호칭이 더 마음에 든다. 판사로 욕먹느니 재판공으로 칭찬받고 싶다. 재판공이나 판결공에는 재판이나 판결문 작성에는 전문가라는 의미가 담겨 있는 것으로 읽힌다. 재판도 못하면서 믿음마저 못 줄 바에야 차라리 이 호칭이 낫다. 장황하지만, 기실 하고 싶은 이야기는 우리 모두 노동자라는 사실이다.

노동은 신성한 행위고, 직업에는 귀천이 없으며, 사람의 생명은 하나같이 고귀하다는 말은 정치적 레토릭이거나 환상이거나 마땅히 그래야 한다는 당위일 뿐이다. 현실은 그렇지 않다. 아니, 오히려 정반대다. 노동의 강도가 세고 위험할수록 현장은 더럽고 아슬아슬하며, 직업은 그 숫자만큼이나 귀천에 차이가 있다.

생명도 직업에 따라 다른 값이 매겨진다. 민사재판에서 판사의 주된 일 중 하나는 생명이나 신체에 값을 매기는 일이다. 사람이 누군가의 잘못으로 죽거나 다쳐 손해배상청구 소송이 제기되면, 법원은 신체감정을 통해 노동능력을 얼마나 상실했는지, 그 사람의 월수입이 얼마인지를 조사하고, 정신적 고통까지 계량한 다음 몸값이나 목숨값을 산정한다. 많은 수입을 올리던 사람은 당연히 거액을 배상받는다. 1마력에 빗대 표현하자면 1인력의 물리력밖에 가진 게 없는 사람은 도시일용노임이나 농촌일용노임으로 계산된 최저 배상금을 받는다. 그러니 회사가 가장 값싼 사람을 가장 위험한 일에 투입하는 것은 당연하다. 그 사람이 죽거나 다쳤을 때 가장 적은 배상금만 지급하면 되기 때문이다. 모든 노동자는 프로야구 선수처럼 몸값이 낮을수록 죽어서 아웃될 확률이 높다. 아니, 쉽게 아웃되고 대체될 수 있어 몸값이 낮은지도 모르겠다.

윌리엄 포크너는 "가장 서글픈 사실 중의 하나는 사람이 하루에 여덟 시간씩 매일 할 수 있는 일이란 일밖에 없다는 사실이다. 우리는 하루에 여덟 시간씩 계속 밥을 먹을 수도, 술을 마실 수도, 섹스를 할 수도 없다. 여덟 시간씩 할 수 있는 일이란 일밖에 없다"(김현,《행복한 책읽기》에서 재인용)고 말했지만, 세상 아버지들이 쉬지 않고 일하는 이유는 단지 일할 수 있기 때문만은 아니다. 가진 것이라고는 1인력에 불과한 세상 모든 아버지는 오롯이 자신의 노동으로 가족을 부양한다. 두꺼운 팔뚝이, 빠른 머리회전이, 성실함이, 튼실한 다리가, 온갖 모멸을 견디는 뚝심만이, 그의 소박한 자본이다.

몇 년 전 EBS 다큐 〈극한의 땅〉에서 히말라야의 꿀사냥꾼Honey Hunter, 빠랑게를 본 적이 있다. 그는 수백 미터 절벽에 대나무 줄사다리를 걸치고 꿀을 딴다. 그 꿀이 있어야 그의 딸이 카트만두로 공부를 하러 갈 수 있다. 지금 우리 주위에도 생계와 부양이라는 숙명에 맞서 절벽을 오르는 빠랑게가 얼마나 많은가. 크레인기사 영식 씨는 골리앗 타워크레인으로, 용접공 철수 씨는 드릴십 선박 족장으로, 비계공 갑수 씨는 초고층 주상복합 건축 현장으로 간다.

한 번 더 억지를 부리자면 나 역시 빠랑게다. 나는 매주 두 번 신들의 영역이라는 해발 8,000미터 벽대에 올라 아래를 굽어본다. 나는 위험하고 오만한 빠랑게다. 나는 몇 번을 헛디뎌도 털끝 하나 다치지 않지만, 내 헛디딤의 대가 역시 참혹하다. 세상 모든 부모의 이야기는 빠랑게나 허삼관 이야기의 변용이다. 그들은 가족을 위해 절벽에 몸을 맡기고 벌떼와 싸우는 빠랑게거나 아픈 아들을 위해 피를 파는 허삼관이다.

언젠가 KBS 〈동행〉이라는 프로그램에서 본 75세 아버지와 45세 아들의 사연도 애달프다. 아버지는 폐지를 줍는다. 폐지 160킬로그램은 16,000원이다. 심장병에 뇌졸중에 하반신이 마비된 어머니는 21년째 창밖을 보며 부자를 기다린다. 마흔다섯 아들의 지능은 다섯 살에 멈춰 있다. 그는 여전히 세상 누구보다 아빠가 최고인 다섯 살이다. 그들의 입성은 한없이 초라하고, 세월은 그들의 얼굴에 제멋대로 길을 냈지만, 그들은 여전히 서른다섯 아버지와 다섯 살 아들의 눈부신 미소를 갖고 있다. 아빠를 졸졸 따르며 응석을 부리는 마흔다섯 아들의 지적장애와 아내의 하반신마비는 75세 아버지가 40년 동안 늙지 않은 이유다. 가난한 아버지는 함부로 늙어선 안 된다. 가난한 아비를 둔 아이도 더위나 추위를 모른다. 머리카락도 자라지 않는다. 가난은 제철 옷을 모르고, 어쩌다 자르는 머리는 항상 빡빡이다. 눈물겹도록 아름다운 인생들이지만, 방송을 보며 궁금했다. 왜 이들의 삶은 늘 이처럼 눅눅하고 비장해야만 하는 것인지.

주 52시간 근무 시대를 맞아 이제야 저녁이 있는 삶이 왔다고 다들 호들갑이다. '워라밸'이니 '소확행'이니 정체 모를 말들이 떠돈다. 크레인기사로, 선박 용접공으로, 족장 비계공으로 허공을 떠돌고, 택시운전사로, 화물차 운전사로 양화대교를 건너고, 서울과 부산을 오가는 이들과 그 가족들의 소소하지 않은 유일한 행복은, 일하다 죽거나 다쳤다는 이야기가 그저 저녁 뉴스에 나오는 남의 이야기고, 일 나간 아빠와 엄마가, 장남과 둘째가 오늘도 무사히 돌아오는 것이다.

앞서 언급한 두 사건을 처리하던 무렵 우리나라에서는 하루 평균 다섯 명이 직장에서 일을 하다 목숨을 잃었다. 지금도 별반 차이가 없다. 오늘도 하루 대여섯 명의 가장이 귀가하지 못하고 사진 속으로 걸어갔을 것이다. 오늘도 대한민국에서는 어김없이 몇몇 하늘이 무너져내렸고, 그 하늘 아래 대여섯 가족이 묻혔을 것이다.

하늘이 무너져도 솟아날 구멍이 있다고 함부로 위로해선 안 된다. 적금이니 종신보험이니 연금 같은 솟아날 하늘이 없는 이들에겐, 그저 몸이 하늘이고 '박카스' 한 병이 보험이다. 과로사나 산재사망사고 재판을 하다 법정에 오도카니 웅크린 유족들을 보면, 문득 하늘이 무너져 이들을 덮치는 장면이 떠오른다. 나도 놀라 덩달아 올려다본다. 내 하늘은 온전하다. 나는 홀로 높고 푸르다. 하늘이 무너져도 솟아날 하늘을 가진 나 같은 자들은 제 머리통만 한 하늘을 이고 삐죽삐죽 솟아오른다. 내일도, 모레도 여기저기서 누군가의 하늘이 무너질 것이다. 뻥 뚫린 하늘마다 비치는 햇살이 정녕 고울까? 내 하늘은 그대로여서 평안할까? 일과 삶의 균형 속에 소소하지만 확실한 행복이 넘치는 저녁을 먹고 아이스크림을 빨다가, 나는 목이 메었다.

과거 산업안전보건법(약칭 산안법)은 원청업체 책임자보다는 하청업체의 안전관리자를 처벌하기 쉽도록 되어 있었고, 도급을 준 원청업체에 대한 벌금형의 상한을 고작 1,000만 원으로 정하고 있었는데, 2018년 말 태안화력발전소 비정규직 노동자 고故 김용균 씨의 사망사고를 계기로 법이 개정되었다(일명 김용균법, 시행 2020년 1월 16일). 개정 산안법은 안전조치를 위반한 원청업체의 벌금형 상한을 3,000만 원으로 상향했고, 하청 노동자가 사망할 경우 도급인의 처벌을 하청 사업주와 같은 수준으로 높였다. 한편, 중대재해에 대처하기 위해 2022년 1월 27일부터 산안법과 별도로 사업주 또는 경영책임자에게 무거운 형사책임을 부과하는 중대재해 처벌 등에 관한 법률이 시행 중이나, 이에 따른 기소 사례가 미미할 뿐 아니라 처벌 기준이 모호한 졸속 입법이라는 사업주 측의 거센 비판에 직면하고 있다.

나는 김용균법 시행 이전 산안법 규정에 따라 앞서 든 첫 번째 사건에서, 하청업체들에게 1,000만 원, 원청업체에게 1,500만 원의 벌금형을 선고했고, 검찰의 벌금 구형에도 불구하고 각 회사의 안전담당자들 전원에게 금고 4개월에서 징역 8개월 형에 집행유예 2년을 선고하고, 산업안전 예방강의 수강도 명령했다. 두 번째 사건에서도 하청업체에게는 벌금 1,000만 원을 선고했다. 첫 번째 사건에서는 검찰의 노력으로 드물게, 당시 원청인 대기업의 대표이사까지 기소되어 법정에 출석했지만, 현행법상 유죄를 인정하기 어려웠다. 그에게는 무죄가 선고되었다.

강만 낮은 곳으로 흐르는 것이 아니다. 산재사건에서는 형벌도 낮은 곳으로만 흐른다. 기업이 크면 클수록 그 기업의 최고책임자에게까지 산재사고의 책임을 묻는 것은 불가능에 가깝다. 산업안전보건법은 정말로 고래는 빠져나가고 피라미만 걸리는 이상한 그물이다. 그 그물을 들고 있자니 피라미 보기가 참 민망했다.

그나마 첫 번째 사건의 원청인 대기업에 벌금 1,500만 원을 선고할 수 있었던 건 경합범 가중을 했기 때문이다. 형법상 여러 범죄를 한 번에 재판하는 경우를 경합범이라고 부르는데, 경합범은 가장 중한 죄의 법정형에 절반까지 가중할 수 있다. 벌금 상한이 1,000만 원인 죄가 여러 개면 그 절반인 500만 원을 더해 1,500만 원까지 선고할 수 있는 것이다. 실제 재판에서는 죄가 여러 개라도 가장 무거운 법정형을 초과해 경합범 가중까지 하는 경우는 드물다. 그래서 여러 범죄로 따로 기소된 피고인들은 한 꺼번에 재판해달라고 병합신청을 많이 한다.

물론 연 매출이 46조 원인 회사에 기껏 500만 원을 가중하는 것이 도대체 무슨 의미가 있을까 싶었다. 그래도 가중했다. 당시 나는 그 500만 원에, 부조리한 법률에 대한 원망을, 실정법을 넘어설 수 없는 재판공의 숙명을, 무자비한 자본의 흉포함을, 영정 사진을 받아든 아이들의 눈물을 욱여넣는 심정이었다. 내 판결문의 500만 원은 내 마음속에서는 500억 원이었고, 피고인들에게도 그런 의미로 읽히길 바랐다. 그 사건 이후 나는 산재사고에서 원청업체에게는 악착같이 경합범 가중을 한다. 그래봐야 500만 원이지만.

오래전 연구지만 산재사고에 관한 유명한 연구가 있다. 1931년 보험사에 근무하던 허버트 윌리엄 하인리히Herbert William Heinrich는 산재 사례분석을 통해 통계적 법칙을 발견했다. 산재가 발생해 중상자가 1명 나왔다면, 그전에 같은 원인으로 발생한 경상자가 29명, 같은 원인으로 부상을 당할 뻔한 잠재적 부상자가 300명 있었다는 사실이었다. 이것이 1대29대300의 법칙이라고도 부르는 하인리히 법칙이다. 형사재판의 모든 피해자는 고통스럽고, 모든 죽음은 애달프다. 판사는 냉철함이 생명이기에 특정 사건에 더 감정이입을 해서는 안 된다. 그럼에도 유독 산재사고에 분통이 터지는 이유는 하인리히가 밝혀낸 바로 그 전조 때문이다. 사고가 임박했음을 예고하는 숱한 조짐, 그 다급한 전조에 무심하지만 않았더라면 얼마든지 막을 수 있는 죽음이었다. 그런 생각이 들면 울화가 치민다.

과로사나 산재사고는 전국 법원 어디에서나 흔한 사건이지만, 특히 울산지방법원에서 형사단독재판을 할 때는 가난한 아버지와 아들이 떨어지고, 끼이고, 잘리고, 으깨어지고, 가슴을 부여잡고, 뇌혈관이 터져 다치고 죽는 모습을 참 많이도 봤다. 진저리가 났다. 애석한 죽음이어서만은 아니다. 죽음조차 비용과 편익의 관점으로 분석하는 기업의 비정함에, 그 많은 전조를 깡그리 무시하는 그들의 대범함에, 그 비정을 무정하게 규율하는 산업안전보건법에, 무력하고 성긴 법을 들고 정의의 쪼가리라도 찾아보려는 내 한심한 한계에 신물이 났다.

사람의 생명을 손익계산서와 대차대조표의 숫자로만 파악하는 부도덕한 기업에게는 손해배상과 더불어 징벌적 책임을 물어야 한다. 아무리 현장책임자를 잡아 가둬도 처벌받는 당사자만 바뀔 뿐이다. 대기업 입장에서는 안전담당자 역시 소모품이다. 이윤추구가 지상과제인 기업에게 인명을 홀대하는 것이 종국에는 막대한 불이익으로 귀결된다는 인식을 심어줘야 한다. 우리나라에서 각종 산재사고, 환경오염, 식품범죄, 제조물로 인한 소비자 피해 등이 무한 반복되는 이유는, 아무리 많은 노동자가 죽어나가도, 아무리 많은 살인 가습기살균제를 팔아도, 아무리 차에서 불이 나도, 아무리 많은 배가 침몰해도 형벌과 손해배상이 언제나 남는 장사이기 때문이다.

산재사고는 아니지만 그렇지 않은 나라의 사례를 한번 보자. 1993년 크리스마스 이브였다. 앤더슨Patricia Anderson 부인과 자녀 네 명, 그리고 친구 조 티그너Jo Tigner는 79년형 쉐보레 말리부를 타고 LA에 있는 교회에서 집으로 돌아가는 길에 신호를 받고 대기하던 중 술 취한 운전자가 뒤에서 들이받는 바람에 연료탱크가 폭발하는 사고를 당했다. 그 사고로 앤더슨 부인의 자녀 세 명은 전신이 60퍼센트 이상 화상을 입었고, 나머지 세 명도 2~3도의 중화상을 입어 평생 불구가 됐다. LA 법원에서 10주 동안 벌어진 소송에서 앤더슨 부인 측은 제너럴모터스GM가 수년 전부터 연료탱크가 안전하지 않다는 점을 알고 있었지만 제품회수Recall보다는 재판으로 해결하는 쪽이 비용이 덜 들 것으로 판단했다고 주장했고, GM 측은 끔찍한 사고의 원인은 오직 음주운전에 있다고 맞섰다. 1999년 7월 9일 배심원단은 GM이 원고 측에게 보상적 손해배상금으로 1억 700만 달러, 징벌적 손해배상금Punitive damages으로 48억 달러를 지급하라고 평결했다. 앤더슨 부인 측 주장을 뒷받침하는 GM의 내부 보고서가 공개되어 배심원들의 분노를 산 게 결정적이었다.

참 먼 나라 얘기다. 실제 1심 평결에서 정한 배상금 전액이 지급되었는지는 모르겠지만, 저 먼 나라 사람들이 생명의 가치를 어떻게 평가하고, 부도덕하고 비정한 기업을 얼마나 증오하는지 잘 보여주는 사례다.

가슴이 답답하지만 다시 이 나라다. 위험을 외주화하고 하루 평균 노동자 다섯 명이 사망하는 나라, 하루 평균 노동자 다섯 명이 사망해도 원청업체의 이윤이 늘기만 하면 죽음도 기꺼이 용인하는 나라, 하루 평균 노동자 다섯 명의 죽음을 용인하며 이윤만을 추구하는 연 매출 수조 원의 대기업에 가해지는 형벌이 고작 벌금 1억 원이 전부인 이 나라에서, 일을 마치고 집으로 돌아옴에 가장 적확한 단어는 퇴근이나 귀가일 수 없다. 생환이다. 타인의 희생 위에 축조된 삶이 과연 행복할까. 위험을 외주화할 수 있다. 죽음도 하도급 줄 수 있다. 그러나 행복은 하청 줄 수 없다.

다음 글은 선박건조 현장 산재사건 판결문의 양형 이유 중 일부다. 이 판결이 있은 지 6개월 뒤에도 서울 구의역에서는 컵라면으로 끼니를 때우며 스크린도어를 혼자 고치던 외주업체 직원, 열아홉 살 김군이 쓸쓸히 사망했다. 김군이 사망한 지 2년 7개월이 지난 후, 태안에서도 혼자 컨베이어벨트를 점검하던 또 다른 김군이 사망했다. 그도 역시 유품으로 컵라면을 남겼다.

'저녁 있는 삶'을 추구하는 이 시대 대한민국에서, '삶이 있는 저녁'을 걱정하는 노동자와 그 가족이 다수 존재한다는 현실은 서글프기 그지없다.

우리나라는 인구 10만 명당 산업재해 사망 숫자가 32.9명으로 OECD 국가에서 압도적 1위를 차지하고 있다. 지난 4년간 하루 평균 다섯 명이 직장에서 일을 하다 목숨을 잃은 셈이다. 우리나라에서 이처럼 산재사고가 빈발하는 가장 중요한 원인으로는, '원·하청관계를 통한 산재위험의 전가'와 '법적·제도적 장치 불비'가 꼽히고 있다. 이에 대한 개선책으로는, '원청업체 사업주 처벌 강화를 위한 실효성 있는 수준의 특별법 제정이나 기존 법률의 개정, 양형 강화, 처벌유형의 다양화, 징벌적 손해배상 제도의 도입, 유해위험 업무 하도급 금지 제도화, 하청 노동자들에게 작업중지권 등 기본조치 권한 부여, 사업장의 상시근로자 수 기준에 따른 원청의 안전보건관리자 선임' 등이 거론되고 있으나, 이는 대부분 입법과 제도 정비가 필요한 부분으로 상당한 시간이 소요되므로, 결국 산재사고를 예방하고 줄이기 위해서는 관계 기관의 철저한 관리·감독, 사법당국의 엄정한 처벌과 더불어 기업과 산업현장에서의 뼈를 깎는 각성과 노력이 무엇보다 중요하다 할 것이다. 사정이 이러함에도 굴지의 조선업체로 평가받는 피고인의 사업장에서 비슷한 사고가 계속 발생하고 있다는 점에서, 안전관리 책임주체인 피고인들에 대한 비난 가능성이 크다고 하지 않을 수 없다.

우리나라에서 산재사고 빈발의 가장 큰 원인으로 항상 거론되는 '위험의 외주화'가 이 사건 각 사고에도 여지없이 그 모습을 드러냈다는 점에서 이 부분을 언급하지 않을 수 없다.

대기업이 위험한 작업을 헐값에 사내하청에 넘기고, 하청 업체는 안전관리보다 작업일정에 치중하다 사고를 내는 악순환이 반복되는 기저에는, 경제학적인 비용·편익적 사고방식이 깔려 있는 것으로 보인다. 이윤의 극대화를 추구하는 기업 입장에서 고임금 숙련공을 단순위험 업무에 투입하는 것을 기대하는 것이 무리인 측면이 있어, 비숙련공이나 임시직 등 저임금 노동자를 투입할 수밖에 없는 사정을 이해하지 못할 바는 아니나, 그렇다 하더라도 산업현장에서 발생할 수 있는 각종 위험에 대비해 꼼꼼한 안전매뉴얼을 갖추고, 최소한 이들에게 스스로 사고에 대처할 수 있도록 충분한 안전장구와 장시간의 안전교육을 실시하는 정도의 노력은 다해야 마땅하다.

이 사건 화재사고 현장에서 화기감시를 하다 부상당한 피해자는, 취부공(가용접공)이 뭘 하는 사람인지도 모른 채 단 두 시간의 형식적 안전교육만을 받았다. 안전장구도 전부 챙기지 않은 상태에서 화기감시 업무에 투입된 첫날 부상을 당했지만, 같이 작업하던 취부공이 화기감시자인 피해자에게 화재 사실을 알리고 피할 것을 권유해서 살았다고 한다. 이런 비숙련 노동자들을 산업현장의 고위험 작업장에 마구 투입히는 것은 너무나 비인간적인 처사라 할 것이다.

거듭 강조하지만, 우주상에 사람의 생명보다 귀중한 것은 있을 수 없다. 빈부나 사회적 지위, 근로조건의 차이가 현저한 여명 餘命의 격차로 이어지는 사회는 암울하다. 개별 피고인들 전부에게 예외 없이 금고형과 징역형을 선택해 무겁게 처벌하는 이유는, 생명은 계량할 수 없는 고귀한 것임을 다시 한번 환기하고자 함에 있다.

나는 개가 아니다

A는 위독한 시어머니를 방치해 사망에 이르게 했다는 내용으로
구속됐고, 검찰은 A를 유기치사로 기소했는데, 공소사실은 아래
와 같다.

A는 시어머니인 B와 어느 해 2월부터 자신의 집에서 동거하
며 부양해왔다. 그해 겨울, B는 13개의 늑골 골절상을 입어 호
흡이 곤란할 정도로 매우 고통스러워하며 벽에 기댄 채 꼼짝도
하지 못했다. A는 B가 죽을 수도 있다는 판단을 했다. B가 평소
에도 고령과 치매로 거동이나 의사소통을 할 수 없는 상태였으
므로, B의 생명을 지키기 위해 의사에게 B의 위중한 상태를 알
려 적절한 치료를 받을 수 있도록 조치했어야 했다. 그러나 A
는 다음 날 B를 병원에 데리고 갔음에도 의사에게 B의 상태를

알리지 않고 얼굴 부위 상처만 치료받게 했다. 며칠 뒤, B는 흉부 손상으로 인한 저산소증 등으로 사망했다.

이 사건은 재판이 시작도 되기 전부터 지역언론에서 '패륜며느리 사건'이라고 떠들썩하게 보도해 지역사회의 공분을 샀다. 하지만 공판 내내 A는 담담했고 표정에도 큰 변화가 없었다. 얼굴은 일그러져 잔뜩 화난 사람처럼 보이기도 했다. 말투도 거칠고 어눌하며 조리에 맞지 않았다. 똑같은 수감복임에도 다른 피고인들보다 유난히 입성이 남루해 보였고, 거동마저 불편한 듯했다.

기록을 보니, 누군가 A를 지목하자 이웃들은 기다렸다는 듯 평소 그녀가 시어머니를 때리는 것을 보았다고 진술했다. 목격자가 넘쳐났다. A는 경찰과 검찰에서 순순히 자백했다. 갈비뼈 13개가 부러져 사경을 헤매는 여든의 시어머니를 방치해 사망케 한 패륜며느리 역에 이보다 더 완벽한 캐스팅이 있을까 싶을 정도였다. 그러나 A의 두 딸은 생각이 달랐다. 그녀들은 '엄마는 억울하다'며 눈물로 변호사 사무실의 문을 두드렸다. 무료변론이나 다름없는 수임료 100만 원만 받고 기꺼이 문을 열어준 변호사의 노력으로 사건은 반전되기 시작했다.

A는 범행을 부인했고, 공판이 거듭될수록 한결같던 이웃들의 진술이 하나같이 흔들렸다. 편견에 가려졌던 증거들이 부각됐다. 할머니와 엄마를 함께 사랑한 두 딸과 욕심 없고 눈 밝은 변호사가 그녀를 무죄로 이끌었다. 구속 만기 6개월이 다 되어 선

고기일이 잡혔다. 무죄가 선고되는 와중에도 A는 무표정이었다.

변호인의 전언에 의하면, 공사판을 전전하다 고층에서 떨어져 한쪽 다리를 절고 언어장애마저 겪고 있던, 행색이 초라하고 어눌해 주변 사람 모두가 싫어한, 이웃집 그 여자는 불구가 다 되어 석방됐다. 편견은 막대한 청구서를 잊는 법이 없다. 벌써 10년 전 사건이지만 오늘처럼 생생하다.

개인적으로 이 사건은 소수자에 대한 사회적 편견이 작동한 전형적인 사건으로 기억된다. A는 가벼운 정신 및 언어 장애가 있고, 외모나 태도도 비호감으로 인기 없는 이웃이었다. 자신의 생각을 표현하는 데도 서툴렀고 퉁명스럽기까지 했다. 만일 A가 자신의 입장을 잘 설명할 수 있었다면, 평범한 이웃이었다면, A의 주위에서 그녀의 상황을 설명해주는 누군가가 있었다면 과연 이웃들이 그렇게 쉽사리 그녀를 범인으로 지목했을까? 변호인의 조력을 일찍 받았다면 과연 기소되었을까? 아니라고 본다. 아마 기소조차 쉽지 않았을 것이고, 설령 기소됐다 하더라도 구속되지 않았을 가능성이 크다. 주변 사람들의 편견과 혐오는 A를 불구로 만들었다. 그나마 A에게 다행스러웠던 건 두 딸의 존재였다. 두 딸이 A를 신뢰하고 지지하지 않았다면 헌신적인 변호인도 선임될 수 없었을 것이고 A가 재판에서 적극적으로 무죄를 다투지도 못했을 것이다. 자칫하면 자백사건으로 유죄가 선고될 수도 있었다.

이 사건에서 보는 것처럼 편견은 진영을 만들고, 진영 속에서 강화되어 차별과 혐오를 낳는다. 집단 혐오는 사적 혐오를 정당화하고, 그 집단을 혐오하는 다른 집단을 만들어낸다. A처럼 가장 약한 개인과 집단부터 혐오의 대상이 되고 결국은 차례차례 조리돌림당한다. 요즘 혐오에 대한 논쟁은 뜨겁다. 덩달아 온라인상의 모욕과 명예훼손 사건도 급증했다. 상대를 벌레에 비유하는 네이밍의 천박함과 잔혹함에는 할 말을 잃게 된다.

소수자 보호에 대한 담론은 인류애처럼 거창한 것이 아니다. 대한민국에서 불멸의 신성가족으로 취급받는 나조차 열두어 시간만 날아가면 '노 잉글리시'라고 무시당하는 유색인종일 뿐이다. 다수자의 지위는 불안정해서 시공과 잣대만 슬쩍 바꿔도 바로 역전된다. 우리는 모두 소수자다. 흑백 인종분리 교육의 부당함을 홀로 지적하며 "우리 헌법은 색맹이다Our constitution is color-blind"라고 일갈한 존 마셜 할란John Marshall Harlan 대법관을 소환할 필요도 없다. 우리 헌법 역시 색맹이고 모든 종류의 차별을 부인한다. 우리 헌법은 남성도, 여성도, 이성애자도, 부자도, 중산층도, 크리스천도, 불자도 아니다.

A 같은 사회적 약자들의 사건은 대부분 기록이 얇다. 법정에서 본 이들은 돈 많은 피고인들의 하루치 벌금 노역에도 미치지 못하는 약식 벌금 몇십만 원을 깎으려 정식재판을 청구하고, 외국어보다 더 어려운 말을 지껄여대는 판사의 눈치를 보고 온갖 타박을 받으며 나홀로 소송을 한다. 자신에게는 전 재산일 수도 있는 3,000만 원까지를 소액사건이라 분류해놓은 민사법정에서

5분 재판을 받으려 50분을 기다린다. 그렇게 힘들게 한 소송에서 진다 해도 이유조차 제대로 가르쳐주지 않는다(민사 소액사건은 판결의 이유를 기재하지 않아도 되고, 실제 이유가 없는 판결도 허다하다).

물론 판사 입장에서 할 말이 없는 건 아니다. 약식 벌금을 다투는 형사 정식재판이나 민사 소액사건은 사건이 압도적으로 많기 때문에 한정된 시간 안에 처리하려면 어쩔 수 없다고. 그런 이유로 법이 특별한 절차를 규정한 것이니 판사한테 너무 뭐라 하시지 말라고. 여러분을 온전히 이해하고 싶지만 당신이 누구인지, 얼마나 가난하며, 어떤 고통을 당하고 있는지, 왜 이런 처지에 빠졌고, 왜 이런 범행을 반복하는지 이해하기에는 당신에 대한 자료가 너무 부족하다고. 당신이 우리의 언어를 이해하지 못하듯 우리도 당신이 써낸 서면을 이해하지 못하겠다고. 우리나 여러분이나 설명이 부족하긴 피차 마찬가지라고.

나의 존재는 타자에 의해서만 증명된다. 타자는 나를 설명함으로써 내 존재를 입증한다. 나 역시 나와 관계있는 타자의 존재를 설명할 수 있다. 우리는 누군가의 주석이다. 많은 이에게 언급되고 설명되는 이는 운 좋은 사람이다. 그렇지 못한 사람들도 있다. 누구에 의해서도 거론되지 않는 사람들, 누구도 설명할 수 없는 사람들. 사회의 관심으로부터 멀어질수록 설명은 줄어든다.

간혹 고독사한 사람들의 부검영장이나 노숙인사건을 처리하다 보면, 공부상 기재된 몇 가지 기록 말고는 누구도 이들을 설명해주지 않아 놀랄 때가 많다. 주석 하나 변변히 없는 사람들, 이들이 바로 소수자다. 소수자는 존재하지만 보이지 않는 투명인간처럼 우리 사회 곳곳에 웅크리고 있다. 이들에게는 분명히 이름이 있지만, 공부상 이름과 주민등록번호는 이 사람이 정작 누구인지, 어떤 사람인지 아무것도 설명해주지 못한다. 이들은 무명용사나 무연고 묘처럼 사회적 무명자들이다.

테드 창의 놀라운 SF소설집 《당신 인생의 이야기》(엘리, 2016) 중 〈일흔두 글자〉라는 소설에서는 사회적 적명適名이 사람들을 작동시킨다. 사람들은 적명을 부여받아야만 잠재된 힘을 발휘하는 자동인형 같다. 이들이 게으르고 하자가 있어 길거리에 누워 있는 것이 아니다. 사회적 명칭이 없어 주저앉은 것이다. 노숙인, 동남아인, 동성애자, 성전환자, 난민은 이들의 적명이 아니다. 이들의 적명은 갑수 씨의 장남, 영희 씨의 남편, 무함마드의 아빠이거나 배관공, 무용수, 회사원, 건설노동자, 주방보조, 편의점 직원, 캐셔, 식당 알바다.

왜 이들이 법적으로 특별히 보호돼야 할까? 누구에게나 천부의 인권이 있으며 인간은 모두 평등하고 고귀하기 때문에? 틀린 말은 아니다. 그러나 너무 기계적인 모범답안이다. 이들을 내치지 않는 것이 정의니까? 공리적 관점에서 보면 개인의 불행을 사회적 불행으로 격상시키는 것은 낭비다. 정의란 생각하기 나름이다. 불쌍해서? 노골적이지만 좀 낫다. 그러나 이것도 내가 생각하는 답은 아니다. 인류애나 연민 같은 감정은 즉흥적이고 가변

적이라 믿을 바가 못 되기 때문이다. 물론 누구보다 이런 감정의 고양을 바라지만 소수자 보호라는 목적에서는 이것들의 효용을 믿지 않는다.

이와 관련해 잊히지 않는 경험이 있다. 대학시절 밤늦게 하숙집으로 돌아가다 머리를 도로 쪽으로 해서 몸 절반을 도로에 두고 누워 있던 또래 청년을 봤다. 대로이긴 했으나 어두운 편이라 몹시 위험해 보였다. 그냥 지나칠 수 없었다. 청년을 안전한 곳으로 옮긴 다음 택시라도 태워 보낼 요량으로 그를 부축해 인도 쪽으로 이동시켰다. 그런데 그 친구가 나를 한 번 째려보더니 갑자기 주먹으로 내 턱을 강타했다. 아마 술김에 내가 자신을 해코지하는 거라고 착각한 것 같았다. 황당했다. 술에 취해 몸을 못 가누는 이 친구를 끝까지 바래다줄 것인가, 아니면 위험한 상황은 벗어났으니 그냥 내버려둘 것인가를 고민하던 잠깐 사이 주먹은 연이어 날아들었다. 나는 그에 대한 동정을 즉각 철회했다.

연민으로 내민 손은 이처럼 작은 계기만 있어도 즉시 회수된다. 수전 손택의 말처럼, 연민은 우리의 무능력함뿐 아니라 우리의 무고함까지 증명해주는 윤리적 알리바이에 불과하다(《타인의 고통》, 이후, 2004). 밥차나 노숙인 쉼터나 매달 내는 후원금은 동정이든 연민이든 어떤 이름으로도 시작할 수 있고, 즉흥적인 시도여도 소중하다. 그러나 법의 영역에서 동정이나 연민은 위험하다. 인권은 시혜가 아니기 때문이다. 소수자에 대한 법적 보호를 시혜라고 보면, 그 시선은 언제 철회해도 무방한 것이 된다.

소수자라고 특별히 보호되는 것이 아니다. 법이 보호하기 때문에 보호받는 것이다. 다수가 합의하에 만든 법이 그들도 보호하라고 명령했기 때문에 보호받는 것이다. 소수자를 보호하는 것은, 100만 원을 빌려주고 못 받을 때 법원에 청구해서 국가권력을 통해 강제로 받아내는 것과 완전히 동일하다. 소수자들이 권리를 구걸하는 것이 아니고 떼를 써서 받아가는 것도 아니다. 그러나 아무리 정당한 권리가 있어도 실현은 별개의 문제다. 힘없는 자들에게 장전에 적힌 권리는 그림의 떡이다.

재판을 하면서 늘 하는 생각이지만, 법의 주된 기능은 선긋기에 있다. 적법과 불법을 경계로 국가권력으로부터의 보호 여부가 결정된다. 법의 변방으로 밀려날수록 법 밖으로 추락할 위험이 높아진다는 점에서 법의 핵심으로부터의 거리가 중요하긴 하지만, 그래도 법의 영역 내에 있는 사람들은 비교적 안전하다. 강자와 주류는 아무리 떠밀어도 법 밖으로 밀려나지 않는다. 설령 법 밖에 있다 하더라도 얼마든지 생존이 가능하다. 하지만 경계에 선 소수자는 조금이라도 밀려나는 순간 위험하다. 애니메이션 〈진격의 거인〉이나 영화 〈메이즈 러너〉에서 장벽을 사이에 두고 삶과 죽음이 갈리듯, '법이라는 방벽이나 방주 안에 있는가'는 이들에게 생존의 문제다. 이런 절박함이 사회적 약자의 재판을 힘들게 한다.

법원에 오기 전 막대한 소송금액이 걸린 대기업을 변호한 적도 있지만 심적으로 가장 힘들었던 사건을 들라면, 변호사 초년

병 때 맡았던 시골 노부부 사건이었다. 30여 년 만에 갑자기 나타난 시골 땅의 상속인이 노부부에게 집에서 나가라고 한 사건이었다. 취득시효 주장을 하며 버텼다. 당연히 취득시효가 인정돼야 하는 사건이었지만 경험이 부족한 때라 불안했다. 무엇보다 변호사 잘못 만나 정말 두 노인네가 엄동설한에 길거리로 나앉을지도 모른다고 생각하니 제정신이 아니었다. 무조건 이겨야 하는 소송이었다. 법정에서 상대방 변호사가 날카로운 주장을 해올 때마다 식은땀이 줄줄 흘렀다. 재판 내내 우리 착한 할머니 할아버지 의뢰인이 한겨울에 쫓겨나는 장면이 머리를 떠나지 않았다(이 사건은 1심에서 할머니 측이 패소했으나 항소심에서 승소했고, 대법원에서도 항소심의 결론이 유지되어 할머니가 최종적으로 승소했다).

이제 내 처지는 바뀌었지만 훨씬 더 힘들게 됐다. 우리 착한 할머니 할아버지를 내 손으로 쫓아내게 생겼으니까. 사망진단서 같은 판결문에 서명을 하고, '당신은 법 안으로 들어올 수 없다'고 붉은 도장을 콩 찍어 사회적 사형선고를 내린 날의 심란함이란 마치 난파한 배의 구명보트 위에서 승선하려 들러붙는 사람들을 발로 차고 노로 쳐서 떼내는 심정이다. 못하는 술이라도 한잔해야 잠들 수 있는 날은 대개 이런 날이다.

물론 법이 그렇게 기계적이고 판사들이 생각만큼 냉혈한은 아니다. 법에는 사회적 약자를 보호하기 위한 다양한 장치들이 있고, 실제로 재판에서 적극 활용된다. 민사소송이라면 소송비용을 국가가 지원해주는 소송구조 제도가 있고, 형사재판에는 국선변호인 제도가 있다. 이 제도는 현재 활발히 활용되고 있다. 사실 재판에서 당사자들이 가장 이해를 못하고 불만스러워하는 부분은, 왜 법원에서 알아서 해주지 않는가, 법원은 진실을 가려야 할 의무가 있지 않은가, 하는 것이다. 자신의 고통은 시퍼렇게 펄떡펄떡 살아 있는 실재고, 자신은 너무나 무력하기 때문이다.

여기서 한 가지 이해가 필요하다. 우리 민사소송 절차는 변론주의를 원칙으로 하고 있다. 당사자가 주장하지 않으면 판단할 수 없고, 스스로 입증하지 않으면 법원이 나서서 증거를 찾을 수 없다는 것이다. 형사재판은 이와 좀 다르긴 하지만, 변론주의는 기본적으로 모든 재판에서 통용되는 원칙이라 해도 틀린 말은 아니다. 이는 상식적으로 당연하다. 대부분 소송은 대립구조다. 상대방이 있다는 말이다. 원고와 피고(민사나 가사), 검찰과 피고인 (형사)이 선수고 판사는 심판이다. 페널티킥 수천 번을 지켜본 심판은 선수가 공을 차려는 자세만 봐도 그 공이 어디로 갈지 알고, 이 골키퍼가 왼쪽으로 몸을 날릴 확률이 대략 어느 정도인지 안다. 그렇다고 심판이 약한 팀의 편에 서서 공 차는 방향을 알려주거나 골키퍼가 어느 쪽으로 뛸 가능성이 높은지를 알려줄 수는 없다. 이것이 변론주의다.

문제는 힘의 우열이 극명해서 처음부터 게임이 안 되는 시합이 벌어진 경우다. 소송에는 체급이 없다. 슈퍼헤비급 선수와 플라이급 선수가 맞붙는데, 똑같은 글러브로 싸우라고 하는 것이 정당한가? 대형 로펌과 개인의 싸움은 이보다 훨씬 더 차이가 크다. 이때 저울의 미세조정이나 무기 대등을 위한 제도가 앞서 말한 소송구조나 국선변호인 제도고, 그 외 중요한 수단으로 석명권釋明權이 있다. 소송구조나 국선변호인 제도가 재력 없는 약자를 위해 국가가 비용을 부담하거나 대신 싸워줄 사람을 구해주는 것이라면, 석명권은 사건의 진상을 밝히기 위해 법원이 당사자에게 사실상 및 법률상의 사항에 관해 질문을 하고 입증을 촉구하는 권한이다. 법원이 직접 싸울 수 있도록 약자를 돕는 것이다. 변론주의가 내포할 수 있는 해악, 즉 당사자의 능력 차에 따른 불평등한 결과와 당사자의 진실의무에 비춰 부당한 결과를 해결하기 위한 수단으로서 기능한다.

물론 이런 권한을 실제 재판에서 적용하는 것은 간단한 문제가 아니다. 아마 지금 이 순간에도 변론주의와 석명권으로 골머리를 싸매고 있는 판사가 적어도 10명 이상은 반드시 존재할 거다. 내버려둘 것인가(변론주의), 개입할 것인가(석명권 행사)? 개입한다면 어디까지 할 것인가? 변론주의에 기대어 비정한 심판이 될 것인가, 석명권의 과도한 행사로 불공정한 심판이란 비난을 들을 것인가? 추를 하나 슬쩍 올린다. 기울기가 조금 보정된다. 또 하나 올려본다. 조금 더 보정된다. 하나 더 올릴까 생각하다 이렇게까지 해도 되나, 하는 의문이 들어 주춤한다.

형사재판에서도 비슷한 상황이 발생한다. 분명히 심증은 범인인데 몸값 비싼 변호인을 선임한 피고인은 매우 교활하다. 검찰이 기소의 방향을 잘못 잡고 있거나 유력한 입증 방법을 놓치고 있어 이대로 가다간 무죄가 날 것 같은 경우에 어떻게 할 것인가? 검사에게 공소장을 변경하도록 시키거나 유죄 입증 방법을 암시하는 석명을 할 것인가? 그런 법이 어디 있냐고, 검사는 국가권력이고 피고인은 개인인데 어떻게 판사가 국가권력 편을 들 수 있냐는 반문은 지극히 타당하고 마땅하다. 그러나 만약 그 피고인이 수많은 피해자를 양산한 조희팔이고 연쇄살인마라면? 반대의 경우도 드물지 않다. 이 정도 기소내용과 증거라면 무죄가 선고될 가능성이 높은데도, 피고인은 그저 죽을 죄를 지었다고만 하고, 변호인도 재판이 길어지는 게 번거로운지 심드렁하게 선처만 바란다고 하는 경우에는 또 어떻게 할 것인가? 왜 무죄 주장을 하지 않느냐고, 다투어보라고 할 것인가?

실제 재판에서 이런 경우는 비일비재하다. 변론주의와 석명권 행사의 딜레마가 극적으로 드러나는 경우는 민사소송에서 시효가 문제되는 사건들이다. 10여 년 전에 돈 몇 푼 빌렸다가 상당한 이자까지 갚았지만 채무가 약간 남아 있는데, 그 채권이 추심만을 전문으로 하는 회사에 팔려 피고가 된 사건이 있다고 치자. 시효중단 사유가 없다면, 피고는 채권이 시효로 소멸됐다는 한마디만 하면 재판을 계속할 필요도 없이 바로 이긴다. 그럼에도 피고는 자기가 이자를 얼마나 성실히 냈는지, 그러다 인생에 어떤 불행을 당했는지, 그래서 지금 신용불량자가 되어 전국을 정처 없이 떠돌고 있다고 잔뜩 하소연한다.

이때 판사는 어떻게 해야 하나? 노골적으로 '소멸시효 주장을 하십시오'라고 하기에는 변론주의에 반할 우려가 있고, 상대방 변호사의 서슬 퍼런 눈초리도 부담된다. 에둘러가기로 마음먹는다. "돈 빌린 지가 꽤 되셨네요. 혹시 중간에 변제독촉을 받거나 가압류된 적이 있으신가요(소멸시효 제도의 존재와 시효중단 사유 등에 대해 물어보는 의미다)?" "예, 판사님, 오래되긴 했죠. 빨리 갚으려 했지만, 죄송합니다." 피고는 알아듣지 못한다. 원고 쪽을 흘낏 보며 슬쩍 저울에 추를 하나 더 올린다. "권리 위에 잠잔다는 말은 들어보셨나요(소멸시효 제도의 근거로 거론되는 법언이 '권리 위에 잠자는 자는 보호하지 않는다'이다)?" "네? 누가 잠을 자요?" 더 이상 추를 올릴 수 없다. 재판을 속행할 테니 법률전문가의 조력을 받고 나오시라고, 만약 형편이 어려우면 소송구조 신청을 하시라고 설명한 뒤 재판을 연기한다. 판사가 재판에서 하는 말은 한마디도 허투루 하는 것이 없다.

화끈하게 도와드리고 싶지만 그렇게 하지 못하는 이유를 설명하다 보니 말이 길어졌다. '왜 소수자를 보호해야 하는가'라는 질문으로 다시 돌아와보자. 성인잡지 〈허슬러 Hustler〉를 창간하고 미국 사회의 온갖 위선과 금기에 정면으로 맞선 래리 플린트 Larry Flynt는 "법이 나 같은 쓰레기를 보호한다면 모든 사람을 보호하게 되는 것"이라고 특유의 독설을 날렸다. 얄밉긴 하지만 사실이다. 래리 플린트가 보호된다면 언론과 표현의 자유는 크게 신장

된다. 실제 미 연방대법원의 판결로 그렇게 되었다. 래리 플린트가 밉다고 불도저로 밀어버릴 수는 없다.

법은 표적 항암제가 아니다. 법은 고전적 수술법이고, 판사는 메스를 든 외과의다. 아무리 숙련된 판사라도 핀포인트로 암세포만 골라서 잘라낼 수는 없다. 법은 개개인에게 맞출 수 없기 때문이다. 소수자가 밉다고, 흉하다고, 거슬린다고, 사회나 국가에 아무런 도움이 안 된다고 도려내면 건강한 조직까지 뭉텅 잘려나간다. 우리는 모두 어떤 기준에서건 소수자고, 어떤 이유에서건 사회의 암적인 존재일 수 있다. 법으로 소수자를 제거한다는 건 어떤 기준으로 잘라내느냐, 누가 집도하느냐에 따라 잘못하면 내가 잘려나갈 수도 있다는 걸 의미한다.

누군가는 노숙인이나 노인이나, 난민이나 동성애자나, 성전환자나 이주노동자나, 장애인이나 극빈자들이 사회적 비용만 증가시키고 자신의 저녁 있는 삶을 위태롭게 한다고 생각할 수도 있다. 그러나 이들이 보호된다면 적어도 그 누군가의 권리는 더 두터워진다. 그 누군가는 좀더 법의 보호 아래 놓이게 된다. 이기적이고 계산적으로 보이지만 사실 순진한 인류애보다는 이쪽이 보다 더 좋은 답변이다. 이기심이 솔직하고, 더 견고하다. 연민에 호소한 기부광고보다 소득공제를 해주는 것이 훨씬 더 효과적이다. 무엇이 고상한 답변인지를 가리는 장이 아니다. 무엇이 소수자를, 아니 우리 모두를 더 효율적으로, 더 오래, 더 견고하게 보호할 수 있는가에 대한 질문이다.

정치적·사회적 약자와 소수자를 생각하면 자연스럽게 켄 로치Ken Loach 감독이 떠오른다. 나는 켄 로치 감독을 많이 좋아한다. 그가 던지는 사회적 메시지와 그것을 다루는 방식 모두 좋아하지만, 특히 그를 좋아하는 이유는 한결같음 때문이다. 내가 아는 한 그는 시선을 다른 곳으로 뗀 적이 없다. 낮은 곳에 대한 시선은 부유하면 안 된다. 내가 그들과 동고동락할 수 없더라도 시선만큼은 낮아야 한다. 그 시선은 그곳에 오랫동안 정주해야 한다. 그렇지 않으면 낮은 사건들은 발 아래로 모두 지나가고 나는 그 사건을 무감하게 흘려보낼 것이다.

내가 그를 좋아하는 또 하나의 이유는 신파가 아니어서다. 그는 고통과 슬픔을 과장하거나 증폭하거나 덧칠하지 않는다. 그저 담담하고 건조하게 보여준다. 남을 웃기려면 내가 웃지 않아야 하고, 울리려면 울지 않아야 한다. 한쪽의 물기가 넘치면 한쪽의 물기는 마른다. 물기 총량의 법칙이다. 사회적 약자나 소수자라고 늘 울고 있는 것은 아니다. 켄 로치가 보여주는 것은 울고 있는 약자의 단면이 아니라 웃기도 하고 울기도 하는, 있는 그대로의 모습이다. 그래야 인간이고, 그래야 비로소 동질감을 느끼고 감정이 이입된다. 우리와 똑같은 인간이 깊은 고통에 빠질 때 우리는 기꺼이 그 고통과 슬픔에 동참한다. 그리고 그 상태를 벗어나기 위한 방법을 모색한다. 우리를 정의하는 것은 기억이 아니라 행동이기 때문이다(영화 〈공각기동대〉).

2018년 7월 아파트 차단기가 열리지 않았다는 이유로 시비를 벌인 주민 A씨(49세)는 경비원 B씨(71세)에게 "가쇼가 뭐야, 주민한테. 경비면 경비답게 짖어야지 개새끼야, 아무 때나 짖어? 주인한테도 짖어, 개가?"라고 막말을 쏟아냈다.

이 뉴스를 듣는 순간 켄 로치의 영화가 떠올랐다. 켄 로치의 영화를 모두 좋아하지만 특히 최근의 〈나, 다니엘 블레이크〉는 울림이 컸다. 고령의 실직자 다니엘 블레이크가 질병수당 담당자에게 들려주려고 했으나 심장마비로 사망하는 바람에 직접 읽지 못했던 메시지, "나는 의뢰인도, 고객도, 사용자도, 게으름뱅이도, 사기꾼도, 거지도, 도둑도 아닙니다. 나는 사회보험번호 숫자도 아니고 컴퓨터 속의 한 점도 아닙니다. 묵묵히 책임을 다하며 살았습니다. 이웃이 어려우면 도움을 주었고, 자선을 구걸하거나 굽신대지 않았습니다. 나는 개가 아니라 인간입니다. 이에 나는 내 권리를 요구합니다. 내 이름은 다니엘 블레이크, 한 명의 시민, 그 이상도 그 이하도 아닙니다" 이것이 정답이다. 내가 틀렸다. 입장을 수정한다. 왜 소수자를 보호해야 하는가? 내가 개가 아니듯 다니엘 블레이크도, 경비원 B씨도 개가 아니기 때문이다. 우리는 개가 아니다. 개가 아닌 인간은 똑같이 존중받아야 한다. 다니엘 블레이크의 "I'm not a dog"이라는 말이 내게는 자꾸만 "I'm not a doc"으로 들렸다. 그는 개가 아니고, 서류나 기록도 아니다.

판결을 쓰다 말고 창밖을 바라볼 때가 있다. 시골 할머니 취득시효 소송이나, 13년 전 학자금 대출 채무를 아직도 추심당하고 있는 김씨 사건이나, 임금 한 푼 못 받고 두들겨맞은 채 쫓겨난 블랑카 씨 사건과 같은 판결을 쓸 때 주로 그렇다. 창밖으로 파릇파릇한 잎들이 서로 어깨를 부딪치며 살가운 소리를 낸다. 나는 내가 쓰는 판결의 할머니와 김씨와 블랑카 씨가 나무 이파리와 비슷하다고 생각한다. 흔하고 별볼일없고 언제 나무에서 탈락해버릴지 몰라 늘 파들거리며 자글자글 불안에 떠는 연약한 존재지만, 나무는 이파리의 광합성으로 생명을 유지한다. 소수자는 보이진 않지만 우주의 4분의 1을 구성하는 암흑물질dark matter이거나 우리 사회의 가장 변방에서 호흡하는 피부 같은 사람들이다. 왜 소수자를 보호해야 하냐고? 사실 이 질문은 처음부터 잘못됐다. 잎이 없고 피부가 없으면 유기체가 죽고, 암흑물질이 없으면 우주가 존재하지 않듯, 다수가 소수자를 보호하는 것이 아니다. 소수자가 그들을 보호한다. 아니, 그저 서로가 서로를 도우며 살아갈 뿐이다.

혹한에 박스며 신문지로 겨울을 나는 사람들이 있다. 한겨울 눈을 털며 들어선 지하도가 생각보다 훈훈하다면 겨울밤 지하도를 온 몸으로 덥힌 사람들을 한번 떠올려봐야 마땅하다.

다음 글은 앞서 든 사건 판결문의 무죄 이유 일부다.

123

피해자가 늑골이 13개나 골절되어 이로 인한 호흡곤란으로 생명에 지장이 있을 정도로 위중한 상태에 있었음을 직접적으로 증명할 증거는 아무것도 없다. 평소 피고인이 수시로 피해자를 구타해 늑골 골절을 발생시켰거나 피해자의 위중한 상태를 알고도 이를 방치하였으리라는 정황을 추론케 하는 증거로는, 피해자의 사망 이틀 전 얼굴이 심하게 부어 있었고 매우 위중한 상태로 보였으며, 피고인이 평소 피해자를 때리고 학대하였다는 취지의 W1, W2, W3의 법정진술 및 수사기관에서의 진술이 있을 뿐이다.

기록에 의하면 W1, W2는 피고인이 피해자를 구타하거나 학대한 사실을 직접 목격한 바가 없고, 피해자가 한 번씩 며느리인 피고인에게 맞아서 상처가 생겼다고 이야기하거나, 피고인의 눈치를 보며 무서워하는 듯한 태도를 보였고, 피해자의 멍이 든 것 같은 얼굴이나 사망 이틀 전의 상태 등을 보고서 피고인이 평소 피해자를 학대했을 것이라고 추측하게 됐다고 진술하고 있다.

그러나 피해자는 고령으로 평소에도 얼굴에 검은 반점이 많았고 눈두덩이 부은 것처럼 약간 튀어나와 있었으며, 피고인이 피해자를 대동해 꾸준히 교회에 갔던 사실로 볼 때, 만약 평소 피고인이 피해자를 폭행하고 학대한 것이 사실이라면, 위와 같은 사실을 은폐하기 위해서라도 많은 사람이 모이는 공개된 장소에 피해자를 노출시키지 않았을 것으로 보인다. 또한 피해자는 평소 치매증세가 있어 손녀들이나 집주인에게 '며느리한테 맞았다, 며느리가 구박한다'와 같은 이야기를 계속한 점 등에 비추어볼 때, 이들의 진술만으로 피고인이 피해자를 구타 등의 방법으로 평소에도 학대했다고 인정하기는 어렵다.

피고인의 이웃인 W3은 법정에서 '피해자가 피고인의 집으로 왔을 때 건강상태는 괜찮았고 피고인이 계속해서 피해자를 구타하거나 구박한다는 말을 피해자로부터 직접 들었으며, 자신이 직접 피고인이 피해자의 머리를 때리는 것을 보았다'는 취지로 증언하고 있다. 그러나 W3은 경찰진술에서 '피해자가 피고인으로부터 폭행당하는 것을 보거나 맞는 소리도 듣지 못했다'는 취지로 진술한 바 있고, 검찰과의 전화통화에서는 '자신의 집은 피해자의 집과 문을 열면 마주보는 위치에 있고, 그 거리도 몇 발자국 되지 않을 정도로 아주 가까운 거리에 있으므로 사망한 피해자에 대해 잘 알고 있다. 그럼에도 불구하고 며느리인 피고인이 피해자를 폭행하거나 피해자가 폭행당하는 장면을 직접 목격한 사실은 한 번도 없고, 피해자가 피고인으로부터 구타당했다는 소문은 인근에 있는 슈퍼 아주머니로부터 들어서 아는 일'이라며 법정진술과는 상반된 진술을 하고 있다.

피고인은 남편과의 결혼생활이 순탄치 못해 가출한 후 오랜 기간 시댁과 인연을 끊고 살아왔으며, 남편이 사망한 후 동거남과 단칸방에서 기거하며 경제적으로도 상당히 어려운 형편이었기에 사망한 전남편의 어머니인 피해자를 특별히 부양할 수도, 그럴 이유도 없었다. 그런데도 굳이 피고인이 피해자를 피고인의 집에서 모시게 된 이유는, 피해자인 할머니 손에서 자라 피해자에게 마음의 빚을 지고 있다고 생각하는 손녀들, 즉 피고인의 딸들 때문이다. 딸들이 치매증세로 시골집에서 혼자 생활이 불가능해진 피해자를 부양할 수 있는 형편이 되지 않아 피고인에게 피해자를 모실 것을 권유했고, 피고인도 성장기에 어머니인 자신의 부재로 상처받아 관계가 소원해진 딸들과의 관계를 회복하고, 향후 딸들과의 지속적인 소통과 교류를 위해 무리를 하면서까지 피해자를 부양하게 된 것으로 여겨지며, 피고인이 피해자를 모시고 난 후부터 소원하였던 딸들과 내왕하며 지내는 등 실제로 모녀 사이도 개선된 것으로 보인다. 이렇듯 피고인은 힘든 여건 속에서도 피해자와의 계속적인 동거와 부양을 원했던 것으로 봄이 상당하며, 달리 피고인이 피해자의 생명이 위중한 상태를 알고서도 사망하도록 내버려둘 뚜렷한 합리적인 동기를 찾을 수 없다.

담당의사의 소견으로 보아, 피고인이 직접 피해자의 늑골이 13개나 골절될 정도로 가슴 부위를 강하게 폭행하는 등 물리력을 행사한 바 없고, 피해자가 언어 또는 표정으로 가슴 통증을 피고인에게 적극적으로 나타내지 아니한 이상, 피고인으로서도 당시 팔순 고령의 피해자가 경미한 흉골 골절 등으로 기력이 쇠진한 것이 아니라, 늑골 13개가 골절되는 심각한 상처를 입어 생명이 위험한 상태에 있었음을 인식할 수는 없었을 것으로 보인다.

당시 피고인이 피해자의 위중한 상태를 알고 있었고 그 사실을 알면서 의도적으로 피해자를 유기할 생각이었다면, 피해자를 그냥 집에 내버려두면 족한 것임에도, 굳이 119구급차까지 불러 피해자를 응급실로 모시고 간 이유를 설명할 수 없다.

피고인의 경제적 사정이 대단히 곤란하여 피해자를 입원시키는 등 충분한 치료를 받게 하지 못한 것은 사실이고 그 사실이 안타깝기는 하지만, 이틀 전에 이미 같은 의사로부터 흉골 골절 진단을 받아 피고인은 그 의사가 알아서 피해자의 상태를 진단·치료한 것으로 믿고 있었다. 피해자가 문지방에 가슴을 부딪힌 사실을 잊어버리고 의사에게 고지하지 않았다는 주장도, 앞서 본 사정과 119구급차까지 불러 후송하는 등 경황 중이었던 점 등을 종합해서 살펴보면 이를 이해 못할 바도 아니다.

부검의의 부검 결과에 의하면, 피해자의 위에 액상의 내용물이 차 있음을 알 수 있는데, 이 사실은 피고인이 피해자에게 사망 당일에도 저녁식사를 제공하고 피해자가 정상적으로 식사를 했다는 피고인의 변소辨訴에 부합한다. 위 사실에 비추어 피고인이 피해자의 위중한 상태를 알고서도 피해자를 방치했다고 보기는 어려울 뿐 아니라, 당시 피해자가 생명이 위독할 정도의 호흡곤란 상태에 있었고 이를 피고인이 알고 있었다고 단정할 수도 없다.

피고인이 피해자를 피고인의 집으로 모시고 올 무렵, 피해자는 이미 치매와 압박골절 등으로 잘 걷지 못해 정상적인 활동이 불가능한 상태였는데, 피고인이 한 달 가까이 병원을 오가며 통원치료와 물리치료를 받게 함으로써 교회나 친척집과 손녀집을 방문할 정도로 건강이 회복됐던 것으로 보이고, 피고인은 피해자가 다칠 때마다 즉시 병원으로 모시고 가서 치료를 받게 한 것으로 여겨진다.

자신도 성치 않은 몸으로 매일같이 일용노동을 하며 간신히 생계를 꾸렸고, 이미 사망한 전남편의 모母인 피해자는 치매증세와 운신 부자유 상태에 있고, 손위 동서가 둘이나 있는데도 이를 개의치 않고, 동거 중인 남자가 잠을 자러 가끔 찾아오는 단칸방에서 기꺼이 피해자를 모시면서 피고인은 그 보호·부양에 그 나름대로 최선을 다한 이상, 피고인에게 왜 피해자를 죽게 내버려뒀느냐고 이를 따지거나 나아가 그 죽음에 대한 죄책까지 물을 수는 없는 것이다. 피고인에게 이 이상을 기대하는 것은 피고인과 같은 처지에 놓이지 않은 다른 사람들의 기준에서 그를 비난하는 것으로서 이는 온당하지도 않을뿐더러 지나치게 가혹한 처사라고 할 수밖에 없다. 따라서 피고인이 피해자를 유기했다고 보는 것은 사리에 맞지 않으며, 또 그렇게 볼 수밖에 없는 뚜렷한 증거도 없다.

그렇다면 피고인에 대한 이 사건 공소사실은 범죄의 증명이 없는 경우에 해당한다고 할 것이므로, 형사소송법 제325조 후단에 의하여 무죄를 선고한다.

2장

우리를 슬프게 하는 것들

장화 신은 고양이를
위한 변명

지금은 고등법원 근무가 판사 개인의 선택이 되었지만 불과 얼마 전까지 고등법원 근무는 필수였다. 지방법원으로 초임 발령을 받고 배석과 단독판사로 10년쯤 근무하면 고등법원으로 발령이 나는데, 고등법원 근무는 고역으로 여겨졌다. 사건이 훨씬 어려워지는 것은 물론, 대법원은 법률심인 데 반해 고등법원은 증거조사를 통한 사실인정을 하는 마지막 심급이라 부담이 되기 때문이었다. 거기다 지방법원 합의부 판결은 부장이 책임지지만 고등법원 판결은 부장과 배석이 절반씩 책임진다는 말이 있을 정도로 10년쯤 된 판사에 대한 기대치가 높아지는 것도 고등법원 근무를 힘들게 하는 원인이었다.

나는 2006년에 임관되어 부산지방법원 근무를 마치고 2009년 부산고등법원으로 발령이 났다. 변호사생활을 하느라 연수원 동기들보다 한참 늦게 법원에 온 나로서는 남들의 10년 근무를 3년으로 단축하다 보니 부담이 더욱 컸다. 더구나 서울고등법원은 근무기간이 2년이지만 지방은 판사 수가 부족해 3년을 근무해야 했다. 힘든 시절이었다. 특히 고등법원 근무 3년차에는 민사와 행정재판을 절반씩 처리하는 재판부에 배속되었는데, 장기미제가 많아 거의 한 주도 쉬지 않고 매주 어려운 사건들을 처리했다. 야근과 휴일 근무는 익숙한 상태였지만 그 강도가 달랐다. 마른 걸레를 쥐어짜듯 판결문을 작성하며, 번아웃된다는 말을 실감했다.

당시 질병이나 사고가 업무상 재해인지 여부를 다투는 요양불승인처분취소소송 같은 행정재판을 하면서 참 많은 사람이 일을 하다 다치고 죽는다는 사실을 알게 됐다. 나와 비슷한 또래의 노동자가 돌연사하는 경우도 많았다. 나보다 훨씬 건강한 생활습관을 가지고 있고, 나보다 근무시간이 더 짧은 사망자의 기록을 계속 보고 있자니, 불현듯 한쪽 팔에 힘이 빠지고 뒷골이 땅기는 것 같았다. 다음 날 선고할 판결을 새벽까지 쓰고 있자니 가슴이 조여왔다. 새벽에 관사로 들어가 혼자 누워 있는데 방바닥이 빙빙 돌고 어지러웠다. 그럴 때면 별생각이 다 들었다. 기록에서 자주 본 뇌출혈의 전조가 아닌가 싶어 불안해하다 결국 없는 시간을 쪼개 법원 근처 병원에서 정밀진단을 받았다. 서로 쉬쉬했지만 알고 보니 당시 부장도 정밀검사를 받았다.

몸이 버티질 못해 법원을 그만둬야 하나 심각하게 고민하던 2011년 8월 무렵, 갑자기 부산가정법원으로 가라는 인사가 났다.

부산고등법원 창원재판부가 생기면서 본원의 재판부 하나가 폐부됐는데, 배석 중 가장 선임이었던 내가 2년 6개월 만에 고등법원 근무를 마치게 된 것이었다. 고등법원 근무를 마치면 대개 지방법원으로 복귀하는데 정기인사가 아니어서인지 부산가정법원 소년부로 발령을 냈다. 3년을 다 채우지 않고 내려가는 것에 대한 부러움과 소년부 발령에 대한 동료 판사들의 축하가 이어졌다. 개중에는 '소년부는 3대가 덕을 쌓아야 가는 곳'이라는 이해하기 힘든 말도 있었다. 무슨 말인지 반문하자 소년부 재판 경험이 있던 그 판사는 "소년부는 판결을 작성하지 않아도 된다. 아이들을 상대하는 곳이고 소년부 판사의 권한이 막강하기 때문에 맘 편하게 재판해도 된다"고 말했다. 아무래도 좋았다. 고등법원 근무를 마칠 수만 있다면 무슨 업무든 가릴 처지가 아니었다.

소년부는 첫날부터 의아함의 연속이었다. 나이 지긋한 소년원장과 보호관찰소장, 각종 기관이며 단체 사람들의 접견요청이 이어졌다. 다들 판사실로 우르르 몰려와 '폴더 인사'를 했다. 소년재판은 잘 알려지지 않아 외부에서 알기 어렵고, 소년부 근무가 흔한 경우가 아니라 판사들조차 이해가 부족한 경우가 많은데 나 역시 그랬다. 평소 절간 같은 판사실만 봐온 나는 대체 무슨 일인가 의아했지만 소년부 판사의 업무를 알게 되면서 그 이유를 자연스레 알 수 있었다.

소년재판이나 소년범을 조금이나마 이해하기 위해서는 절차나 실무에 대한 설명을 빠뜨릴 수 없다. 소년재판을 한마디로 정의하면, 만 10세부터 19세 미만까지의 소년법상 소년을 대상으로 한 특수한 형태의 형사재판 절차라고 할 수 있다. 형사재판은 지방법원에서 다루고 만 14세 이상의 사람을 대상으로 하며, 유죄로 인정될 경우 형벌(주로 징역형이나 벌금형)을 부과한다(2022년 11월 3일 법무부는 형사미성년자 및 촉법소년의 나이 상한을 만 13세로 한 살 낮추는 내용이 담긴 형법 및 소년법 개정안을 입법예고했다). 소년재판은 가정법원 소년부에서 다루고 형벌 대신 열 가지 보호처분을 부과한다. 1호 보호자 위탁, 2호 수강명령, 3호 사회봉사명령, 4호 단기 보호관찰, 5호 장기 보호관찰, 6호 시설위탁, 7호 치료감호, 8호 한 달간 소년원 송치, 9호 단기(최장 6개월) 소년원 송치, 10호 장기(최장 2년) 소년원 송치가 그것이다. 형사처벌을 받으면 전과가 남는 데 반해, 보호처분은 전과로 기록되지 않는다. 형사처벌을 받을 수 있는 만 14세 이상 청소년의 경우 검찰이나 법원의 재량에 따라 형사재판을 받을 수도 있고 보호처분을 받을 수도 있는데, 현행 법령은 청소년들의 범죄는 형사처벌보다 보호처분을 통한 교화에 중점을 두고 있다.

또 기존 형사재판은 전통적인 재판업무인 데 반해 가정법원은 가정의 행복과 청소년의 건전한 육성이라는 후견 기능에 중점을 두고 있기 때문에, 가정법원 판사는 재판 업무 외에도 여러 후견 업무를 동시에 수행한다. 공공 및 민간기관과 협력하여 각종 상담을 의뢰하거나, 청소년과 위기가정을 위한 캠프를 진행하거나, 보호 여건이 좋지 못한 아이들을 위해 각종 시설을 발굴하고 관리·감독하는 등의 일이다. 소년재판부가 제대로 기능하려면 법원뿐 아니라 지역의 각 기관이나 단체의 협조가 중요한 이유다.

소년재판의 실제 처리 모습은 대체로 다음과 같다. 검찰이나 법원, 경찰이 가정법원 소년부로 사건을 보내면, 사안의 중요성에 따라 신병身柄을 확보할 필요가 있는 아이는 소년원으로 보내 한 달 정도 구금시킨다. 이를 임시위탁이라고 한다. 형사재판으로 치면 구속에 해당한다. 모든 사건은 재판에 앞서 아이들의 가족관계나 성장배경 및 주변환경을 조사하는 일부터 시작된다. 조사는 보호관찰소나 소년원, 법원 조사관이 담당한다. 조사보고서가 올라오면 재판기일을 정한 후 재판 당일에 바로 선고한다. 일반 형사사건의 경우 양형조사는 재판 도중 가끔 실시하고, 즉일선고도 거의 하지 않는 것과 차이가 있다. 소년재판의 특이한 점 또 하나는 보호자가 소년과 함께 법정에 출석해 재판을 받는다는 것이다. 보호자는 대개 소년의 바로 뒤에 앉는다. 재력이나 사회적 지위 여하를 불문하고 소년부에 오는 부모는 한결같이 안쓰러울 정도로 비굴해진다. 부모는 자식으로 위대해지기도 하지만, 자식으로 추해지기도 한다.

일반 형사사건이 판결의 선고와 동시에 해당 판사의 손을 완전히 떠나는 것과 달리, 소년사건은 보호처분을 내리는 날부터 새로운 업무가 시작된다. 법원은 사후적으로 야간외출제한명령이나 상담명령, 사회봉사명령과 보호관찰 준수사항 등을 잘 따르고 있는지 감독하고, 소년이 이를 위반한다는 보고가 올라오면 최초 처분을 변경하는 재판을 열어 뒤늦게 소년원으로 보내기도 한다. 형사재판은 판결 한 번으로 끝나지만, 소년사건은 최종 결정을 변경하는 일이 잦고, 판사가 집행기관의 도움을 받아 보호처분 집행에 깊이 개입한다는 점에서도 큰 차이가 있다. 일반 재판과 다른 이런 업무가 바로 법원의 후견적 역할이다.

이 과정에서 국가기관이 아닌 민간기관과의 협조는 필수적이다. 예를 들면 아이들의 심리상담은 지역 내 청소년상담센터 등과 많이 연계한다. 보호자가 없거나 있더라도 보호 여건이 좋지 못한 아이들의 경우 비행이 중하면 소년원으로 보내지만, 비행이 무겁지 않으면 청소년쉼터(주로 단체가 운영하며 규모가 좀 큰 편이다)나 일반 가정과 유사한 위탁기관(청소년회복센터라 부르고 개인이나 종교단체가 소규모로 운영한다)으로 보낸다. 가정으로 돌아가도 제대로 된 보살핌을 받기 어려워 재범할 가능성이 높아서다. 이들 기관은 비행청소년들에게 적절한 교육과 보호를 제공한다.

소년부 판사는 소년원이나 쉼터, 위탁기관을 한번씩 둘러보며 위탁 상황을 감독하고 아이들을 격려한다. 다른 재판에서는 볼 수 없는 일이다. 소년부 판사는 소년에 대한 모든 처분의 결정권자로서 집행기관의 보고를 토대로 최종 결정을 내린다. 소년부 판사가 어떤 단체나 시설로 아이들을 보내지 않으면 그 기관은 축소 혹은 폐지된다. 기관이나 단체는 이런 이유로 소년부 판사의 눈 밖에 나지 않기 위해 애쓴다.

법원이 아이들을 직접 보호하지는 않지만 보호자 역할을 해줄 사람을 모집하기도 하는데, 이들을 '위탁보호위원'이라 부른다. 이분들 중 법원에 상주하며 관련 업무를 처리하는 분이 새로 부임한 소년부 판사에게 늘 하는 말이 있다. "판사님, 아이들한테 속지 마세요." 나도 첫날 이 말을 들었다. "제가 변호사와 판사생활 다 합하면 12년입니다. 그동안 별사람을 다 만나고 산전수전 공중전까지 다 겪었는데 애들한테 속을 일이 있겠어요? 걱정하지 마세요."

자신 있게 말했지만 소년부 부임 초기 나는 어김없이 아이들한테 속아 넘어갔다. 기록에 드러난 흉포한 범죄사실과 도저히 매치되지 않는 아이들의 순진무구한 모습과 반성문을 보면서 성인들과 달리 얼마든지 교화할 수 있겠다는 생각이 들었다. 책도 주고, 좋은 말도 해주고, 임신한 소녀에게는 태교음반도 사주고, 피자를 싸들고 쉼터에도 들렀다. 재판과 판결로서가 아니라 한 인간의 삶에 인간으로 직접 개입한다는 사실에 책임과 보람을 느꼈다. 방전된 몸과 마음이 완충되는 느낌이었다. 신나서 일했다.

그러나 아이들을 조심하라는 그분의 말이 무슨 의미인지 깨닫기까지 두 달이면 충분했다. 진심으로 걱정하고 선처해준 아이들은 열이면 열 재범해서 다시 왔다. 갖은 변명과 신세한탄, 예의 그 순진무구한 표정이 반복됐다. 뒤통수를 제대로 맞았다는 배신감이 들었다. 곧이어 말할 수 없는 무력감이 찾아왔다. 강도 높은 업무로 인한 번아웃이 차라리 마음 편했다. 고뇌에 찬 결정이 누구의 삶에도 영향을 줄 수 없는 요식행위에 불과하다는 인식은 참 뼈아픈 것이었다. 자연스럽게 아이들에 대한 처분은 엄해지기 시작했고, 시설 방문 횟수와 법정에서의 말수가 줄어들었다. 재판을 준비하며 기록을 읽거나 메모하는 시간도 확 줄었다. 그 무렵 내 재판은 빨리 끝났다.

당시 나는 법정에서 마주치는 아이들의 그 선량한 눈망울이 마치 〈슈렉〉의 장화 신은 고양이 푸스Puss 같다는 생각이 들었다. 사악하지만 곤경에 처하면 두 손을 가지런히 앞으로 모은 뒤 크고 검은 눈동자를 깜빡이며 동정을 호소하는 '푸스 인 부츠Puss in Boots'. 더 이상 속지 말자고 생각하며 신경을 꺼버리자 재판이 그렇게 편할 수 없었다. 왜 소년부가 3대가 덕을 쌓아야 가는 곳인지 알 것 같았다. 무력감은 순식간에 편안함으로 바뀌었지만, 재판이 거듭될수록 쌓여가는 공허함과 찜찜함은 채워지지 않았다. '이렇게 재판해도 되나? 열심히 해도 달라지는 건 없지만, 이런 재판을 하려고 여기 있는 건가?'라는 의문이 계속 나를 괴롭혔다

아이들의 고통을 다시 한번 천천히 읽어봤다. 그 참담한 처지에 압도되어 간과한 것이 있었다. 바로 세월이었다. 고통의 강도와 슬픔의 크기에만 시선을 뺏겨 켜켜이 쌓인 시간을 보지 못했다는 생각에 정신이 퍼뜩 들었다. 자신의 존재 자체가 모든 사람의 불행이라 여기는 아이들을 무슨 재주로 고작 10분 재판을 통해, 두어 달에 한 번 만남을 통해 변화시킬 수 있단 말인가? 순진하거나 무지하거나, 무책임하거나 교만했다는 생각이 부끄러

움과 함께 밀려들었다. 헛바늘 하나 아물고, 서운한 말 한마디조차 잊는 데 시간이 걸리고, 부부싸움을 화해하기까지에도 며칠은 걸리는 법인데, 시간이 많이 지나도 아픈 기억은 불시에 떠올라 이유 없이 가슴이 막 콩닥거리는데, 그 무수한 상처 때문에 그냥 되는대로 막 살아버리고 싶은 충동이 불쑥불쑥 드는데, 그게 사람인데, 나도 그런데, 이 아이들의 환경은 그때나 지금이나 아무것도 달라진 게 없는데, 재범을 하지 않는 것이 오히려 이상한 일인데… 도대체 내가 무슨 짓을 한 거지, 하는 자책감이 밀려들었다. 바보처럼 상처가 큰 만큼 치유의 시간 역시 길어질 수밖에 없다는 당연한 이치를 몰랐다.

어쩌면 내 보잘것없는 성의를 빨리 보상받고 싶은 조급함 때문에 판단이 흐려졌던 건지도 모르겠다. 아이들은 충분한 사랑이 차지 않으면 완성될 수 없는 존재고, 보호자와 세상의 사랑이 차기를 기다리며 세월을 견디고 있다는 사실을 그제야 깨달았다. 평생을 고독과 우울 속에서 지내다 약물 과다복용으로 스물일곱 살에 짧은 생을 마감한 오스트리아 시인 게오르크 트라클Georg Trakl은 "나는 반쯤만 태어났다"고 말했다. 소년부로 오는 아이들을 보면 늘 트라클의 말이 떠올랐다. 아이들을 사회적으로 완전하게 출생시키는 것은 우리의 의무고, 이 아이들을 완전히 태어나게 하는 데 필요한 것은 꾸준한 관심과 지지였다.

그 후로 나는 '사랑과 훈계, 위로와 독려의 효과가 즉각적이지 않다고 실망하지 말자, 조급하게 생각하지 말자'고 거듭 다짐했다. 공허한 희망과 충고의 말도 그만뒀다. 대안 없는 충고와 희망이 아이들에겐 오히려 독이었다. 더 나은 삶을 현재와 대비해 고통을 키운다는 점에서, 변화할 수 있음에도 이런 진창에 머무는 원인이 자신에게 있다고 인식시킴으로써 스스로를 비하하고 학대하게 한다는 점에서 그랬다. 동시에 아이들의 처지가 아무리 암담하고 변화가 미미해도 쉽게 포기해선 안 된다는 사실 역시 깨달았다. 보호자들은 물론 내가, 우리 사회가 이 아이들을 포기하는 바로 그 순간, 바로 그 지점이, 이 아이들의 미래와 희망이 정지하는 시공이었기 때문이다. 우리가 이 아이들을 포기하지 않고, 우리가 건네는 한마디 위로의 말과 사랑의 힘을 회의하지 않는다면, 이 아이들이 언젠가 철이 들어, 상처를 동여매주며 눈물 흘리던 따뜻한 손길을 분명히 기억할 거라고 믿기로 했다. 나는 그저 묵묵히 그들의 과거와 현재를 읽고, 그들의 미래를 같이 걱정해주고, 주어진 상황에서 취할 수 있는 최선의 방법을 찾으려 했다. 아이들에게, 살면서 단 한 번이라도 누군가의 진정 어린 위로와 배려, 걱정 어린 시선이 함께한 때가 있었다는 기억을 주고 싶었다. 물론 그 일조차 버겁고 벅찬 것이었지만, 아이들의 아주 작은 변화만으로도 버거움은 상쇄되고 남았다.

아무래도 쉼터나 센터로 보낸 아이들은 특히 불우한 처지여서 신경이 많이 쓰였다. 대부분의 아이들은 쉼터로 보내도 적응하지 못하고 도망가거나, '쉼터생활 6개월'(법원에서 아이 한 명당 매달 40만 원가량을 지원하는데, 한 번 연장이 가능하므로 법원이 감독할 수 있는 기간은 최장 1년이다)을 마치고 금방 재범해서 온다. 하지만 단기간에 급격히 변한 아이들도 있었다. 특히 몸상태가 놀랍도록 변한다. 아이들 대부분이 쉼터에서 생활하며 엄청나게 먹는다. 그래서 한두 달 지나 들러보면 법정에서 본 아이가 맞나 싶을 정도로 얼굴이 좋아지고 덩치도 커져 있었다. 가출팸을 만들어 거리를 전전하다 밥도 제대로 못 먹고 술이나 담배, 본드나 하던 생활을 그만두고 하루 세끼 밥만 먹었는데도 그랬다.

법원의 보조금은 아이들 밥값으로도 턱없이 부족하기에 쉼터는 만성적인 재정적자에 허덕인다. 법원 보조금 외에 따로 후원을 받아 충당하지만 그마저도 충분치 않다. 특히 겨울철에는 쉼터 운영자들의 걱정이 많다. 난방비가 많이 들기 때문이다. 보다못해 회사를 운영하는 법원 조정위원을 찾아가 사정을 설명해, 겨울 서너 달 동안의 난방비 지원을 약속받은 적도 있다. 당시 나는 판사가 돈이나 걷으러 다닌다는 구설에 오를 것을 각오했고, 문제가 되면 사표를 쓰려고까지 생각했다. 법원장께 보고하고 집행하자고 설득했으나 극구 만류했다. 아무리 설득해도 요지부동이었다. 그해 겨울은 유난히 추웠다.

많은 아이를 관리하고, 캠프며 상담이며 여러 후견 프로그램을 진행하는 부산가정법원의 당시 1년 예산은 11억 원 남짓이었다. 법원도 늘 예산타령이었다. 한번은 협의이혼을 하기 전에 전문가들로부터 상담만이라도 받게 하자는 생각을 가진 가사부 판사와 그 프로젝트를 같이 추진했는데, 예산이 없어 부산시의 도움을 받은 적도 있다. 당시 담당 공무원들을 참 많이도 괴롭혔다. 이 얘기를 가정법원 밖 판사들에게 하면, 판사가 무슨 그런 일을 하고 다니냐며 의아하게 봤지만, 가정법원의 역할은 원래 그런 것이다. 법정과 판사실만 오가며 당사자와 기록만 보는 판사들이 이해할 수 없는 것은 당연했다. 소년부 판사 시절은 법정과 기록을 벗어나 구체적인 고통과 슬픔, 번민과 방황을 마주한 시간이었다. 나는 소년부 근무를 마칠 즈음에야 3대가 덕을 쌓아야만 갈 수 있는 곳이 소년부라고 말한 판사의 말에 동의했다. 물론 그와는 다른 의미에서였지만.

소년부 판사 시절을 떠올리면 가끔 생각나는 에피소드가 하나 있다. 차를 끌고 나선 출근길 횡단보도 부근에서 있었던 일이다. 평상시와 다른 정체였다. 막힐 곳이 아닌데 차량이 줄지어 서 있었다. 운전석 밖으로 고개를 빼고 내다보니 차량 두어 대쯤 앞에 새끼고양이 한 마리가 불안한 시선으로 절뚝거리고 있었다. 이미 차에 살짝 치인 것 같았다. 그 새끼고양이를 피하려는 차량들 때문에 생긴 정체였다.

다들 고양이를 피해 돌아갔으나, 내 앞 차의 청년이 내게 양해를 구하고 차에서 내려 새끼고양이에게 다가갔다. 새끼고양이는 절뚝거리면서도 청년의 손을 피하며 눈치 없이 하악질을 해댔다. 멀리 가지 못하고 청년의 손에 붙잡힌 고양이는 청년에게 구조되었고, 청년은 인근 지구대로 고양이를 데려가려는 것 같았다. 그 연약한 몸으로 출근길 8차선 도로 한복판에서 차에 치이고도 살아남았다는 사실도 경이로웠지만, 새끼고양이의 적대적인 하악질이 더욱 인상적이었다. 본능적인 행동이었겠지만, 내게는 짧은 생애 동안 사람으로부터 그 어떤 호의도 겪어보지 못한 데서 나온 행동으로 읽혔다.

새끼고양이의 모습에서 소년부 아이들이 보였다. "내 방 벽에는 일본제 목제품인 황금색 칠을 한 악마의 가면이 걸려 있다. 그 불거져나온 이마의 핏줄을 보고 있노라면 악할 수 있다는 것이 얼마나 힘든 일인가를 느낄 수 있을 것만 같다"(베르톨트 브레히트, 〈악한 자의 가면〉)는 브레히트의 글을 보면, 악행을 저지르는 것이 선하게 사는 것보다 훨씬 힘든 일임을 알게 된다. 일관되게 악하기는 정말 힘들다. 아이들이라고 악하게 사는 것이 힘든 일임을 모르지 않는다. 안온한 일상 대신 수사기관에 불려다니다 법정에 서고 소년원에 구금되는 것을 원하는 아이들은 어디에도 없다. 그럼에도 비행이 반복되는 것은 자신들의 힘든 처지를 들어줄 사람이 아무도 없기 때문이다. 요즘도 가끔 이유 없는 정체를 만나면, 수많은 차량이 지나다니는 도로 위에서 절뚝절뚝 배회하며 오토바이를 훔치고, 돈을 갈취하고, 가출팸을 만들어 성매매에 나서고… 세상을 향해 하악질을 해대고 있을 그 아이들이 떠오른다.

푸스 인 부츠, 장화 신은 고양이를 위해 변명하자면, 한때 나는 사악한 고양이가 사람들을 속이기 위해 크고 검은 눈망울을 깜빡거렸다고 생각했다. 이젠 그렇게 생각하지 않는다. 원래부터

순진무구한 새끼고양이는 늘 적대적이고 거칠기만 한 이 세상에
서 어떻게든 살아남기 위해 강한 척, 사악한 척 위악을 떤 것일
뿐임을, 비행과 하악질은 자신을 구해달라는 아이들과 새끼고양
이의 간절한 절규였음을, 이제는 알고 있다.

본투비 블루

어떤 재판이든 신건이 접수되면 판사가 가장 먼저 하는 일은 메모를 작성하는 일이다. 메모에는 재판기일과 당사자의 주장, 증거, 특기할 사항, 법리나 판례번호 등을 간단히 적어두고, 결론이나 심증을 적기도 한다. 1년 또는 2년 단위로 업무가 변경되면, 종결되지 않은 사건의 메모는 다음 판사에게 넘겨주고, 종결된 사건의 메모는 그때그때 파쇄하거나 업무가 변경될 무렵 한꺼번에 파기한다. 1년에 수백 건을 처리하다 보니 메모의 양이 상당히 많아서 종결된 사건의 메모를 보관할 여력이 없어서다. 물론 그럴 이유도 없다. 나 역시 종결된 사건의 메모는 파쇄하는데, 버리지 못하고 인사철마다 두 박스 가득 옮겨다니는 메모가 있다. 소년재판 메모다. 내가 이 메모를 버리지 않은 이유는, 아이들의 비행을 기억하기 위해서가 아니다. 어른들의 악행을 잊지 않기 위해서다.

책 서문에서도 언급했지만, 나로서는 재판을 하며 글을 쓰는 건 고행이었다. 그럼에도 책 출판 제안에 응한 이유 중 하나는 스스로 다짐했던 약속을 지키기 위해서였다. 언젠가 기회가 되면 어른들과 우리 사회의 악행에 대해 말하고 싶었다. 나는 내 분노를 그 메모에 잘 재워두었다. 적어도 이 사건들에서만큼은 내가 증거다. 그 무렵 내 일기를 옮긴다.

2012년 7월 19일

한 아이가 사무실에 왔다. 훌쩍거리고 있다. 소년원 안 가려면 쉼터로 가야 한다고 으름장을 놓고 여자아이들 쉼터로 보냈다. 마음이 편치 않다. 혼자 떠돌다 영양실조로 입원했다는 말에 시설로 보내긴 했지만 잘한 일인가 싶다. 불쌍해서가 아니라, 정말 가기 싫어하는 모습을 보니 또 다른 상처가 된 것은 아닌가 싶다. 착잡하다. 자꾸만 소년부 판사 일에 회의가 든다. 이 아이가 과연 행복해질 수 있을까? (결국 이 아이는 쉼터에서 적응하지 못하고 그해 9월 2일 소년원으로 갔다.)

2012년 7월 20일

이○○ : 여기저기 전전, 출산했고 아이는 보육원으로 입양 보냄, 각막손상, 산후통.

최○○ : 할머니, 3남매, 시설로 보내자는 말에 그렇게 하자는 할머니, 우는 아이.

김○○ : 삼촌과 네 식구, 아무 얘기가 없다, 집에 와도 반찬이 없다고 한다.

박○○ : 동생이 백혈병이다, 골수이식도 안 되고 시한부인 듯하다.

이 애절한 사연들, 기구한 인생들, 남 탓, 환경 탓하지 말고 꿋꿋하라고 말하면서, 부둥켜안고 펑펑 울어주고 싶지만 그렇게 하지 못했다. 누가 이 아이들을 이렇게 만들었나? 바로 어른, 바로 우리. 이건 범죄다. 영혼에 대한 린치다. 이 말도 안 되는 유기가 이 시대 대한민국 곳곳에서 자행된다. TV 방송을 보면 유기견, 유기묘 한 마리의 구조에도 온갖 호들갑을 떨어대는데, 정작 버림받은 아이들은 거리마다 널려 있다. 너희의 이야기를 증언하겠다. 이 끔찍한 현실을 고발하겠다.

아래 내용은 내가 썼던 메모들의 일부다. 이름은 전부 가명이다.

오토바이 절도만 10여 차례 한 전력이 있는 열일곱 살 준용이 이번에는 갈취로 왔다. 준용은 할머니와 누나와 함께 산다. 덤프트럭을 몰던 아빠는 작년에 간암으로 사망했다. 엄마는 어릴 때 가출해서 엄마에 대한 기억이 없다. 칠순인 할머니는 직장암을 앓고 있어 더 이상 준용을 돌볼 여력이 없다. 준용은 문장완성검사에서 '내가 가장 가지고 싶은 것은? ─아버지, 어머니 / 내

소원이 마음대로 이루어진다면?ㅡ첫 번째 소원은 아버지가 살 아나는 것, 두 번째 소원은 어머니가 돌아오는 것'이라고 적었다. 준용은 장기로 소년원에 갔다.

음란동영상을 흉내 내 열한 살 아이를 추행하다 온 열세 살 성국은 가족이 없다. 엄마와 아빠 모두 가출했는데, 새엄마가 성 국을 학대해 보육원에서 자랐다. 성국의 형은 미국으로 입양됐 다. 정신적으로 미숙한 성국은 라면만 먹어 발육이 부진하다. 쉼 터로 보냈다.

상습 갈취로 온 열네 살 성민은 엄마와 새아빠와 이부동생과 산다. 엄마와 아빠가 이혼한 후 세 살부터 일곱 살까지는 친조부 모 집에서, 여덟 살부터 아홉 살까지는 친아빠 집에서, 열 살부터 열한 살까지는 외조부모 집에서 살았다. 엄마가 재혼해 동생들을 낳는 바람에 열두 살 때 다시 친조부모 집으로 갔다가, 올해부터 새아빠와 산다. 새아빠는 따뜻하고 이해심이 많다. 성민의 장래 계 획은 '행복한 가정을 조성하는 아빠가 되는 것'이다. 탁구공도 아 니고 아이를 이렇게 키우면 도대체 어떻게 하냐며 성민의 보호자 를 나무라고, 성민을 위로했다. 상담을 조건으로 집으로 보냈다.

차를 훔치다 온 열다섯 살 호준은 아빠와 삼촌과 동생과 산다. 머리가 긴 호준은 귀걸이를 하고 팔찌도 했다. 가족에 대해 쓰라고 하니 '집은 아주 조용하다. 지금은 나, 동생, 삼촌, 아빠 이렇게 넷이서 살고 있다. 삼촌은 일하고 7시에 들어와서 밥 먹고 자고 오전 5시 에 나간다. 동생은 9시에 학원을 마치고 들어와서 바로 자고, 나는

150

11시쯤 들어와서 자고, 아빠는 요즘 집에 들어오지 않는다. 집에서 가족들이랑 얘기를 한 마디도 안 해서 집이 조용하다. 쌀은 많아서 밥은 할 수 있는데, 먹을 만한 반찬이 별로 없다. 반찬이 좀 많았으면 좋겠다. 그리고 가족끼리 얘기를 많이 했으면 좋겠다'고 썼다.

성매매를 하다 온 열여덟 살 숙희의 보호자는 외삼촌이다. 숙희가 태어나기 전 엄마와 아빠는 이혼했다. 가출을 반복한 숙희는 김천, 대구, 서울, 부산을 전전했다. 쉼터에도 갔지만 거기서도 도망쳤다. 6개월 전 출산한 숙희는 아이를 보육원에 맡겼다. 현재 아이 행방은 모른다. 원룸에 거주하며 편의점 알바나 성매매로 생계를 꾸려 온 숙희는 왼쪽 시력이 좋지 않고 출산 후유증으로 허리도 좋지 않다. 몸조리 잘할 것을 당부하고 보호관찰을 붙여 집으로 보냈다.

돈을 뺏다 온 열여섯 살 정숙은 양부모와 산다. 이미 두 번 소년원에 갔다 왔다. 친아빠는 알코올중독이다. 정숙은 초등학생 때부터 부모가 없다며 왕따를 당했고 친아빠에게 맞았다. 소년원에 있을 때는 양아빠가 면회 와주기를 애타게 기다렸다. 양아빠는 정숙을 파양할까 고민 중이라 했다. 10호를 고민하다, 법원 소속 보호자와 보호관찰을 붙여 집으로 돌려보냈다.

상해와 절도로 온 열여섯 살 민재는 누나와 산다. 엄마 아빠와는 따로 산다. 아빠는 가끔 들르고, 엄마는 민재가 찾아가면 쫓아낸다. 소년원으로 면회도 오지 않는다. 내레이터 모델이 꿈인 누나는 민재를 돌볼 여력이 없다. 민재는 성인들이 가는 구치소에 세 달 정도 구속됐다가 소년부로 왔다. 종교단체에서 운영하는 쉼터로 보냈다. 미술에 재능이 있는 민재는 몰라보게 건강해졌고 그림도 곧잘 그린다. 요즘은 검정고시 준비로 바쁘다.

공갈과 절도로 온 열여섯 살 지은은 엄마와 살다 가출했다. 스물한 살 남자친구와 동거하다 임신했다. 엄마가 보고 싶어 자수한 지은을 쉼터로 보냈지만 아이는 유산했다. 쉼터 아이들과 사이가 나빴던 지은은 쉼터 건물 3층에서 뛰어내려 도망갔다.

차량털이로 온 열다섯 살 예준은 아빠와 새엄마와 산다. 가출을 반복했다. 짧으면 이틀, 길면 한 달씩 가출한 것만 스무 번이 넘는다. 아빠와는 전화도 안 한다. 새엄마는 가출했다 돌아오면 들어오지 말라며 카드를 줬다. 예준은 반성문에 이렇게 썼다. "핑계라고 하기엔 뭐하지만 전 초등학교 3학년 때 어머니가 가출을 한 뒤로 지금까지 이렇게 살아왔습니다. 빨간딱지가 집 구석구석에 붙어 있는 것도 봤습니다. 어머니의 카드빚 때문이라더군요. 전 그때부터 먹고 싶은 거 못 먹고, 하고 싶은 거 못했습니다. 아버지가 겨우겨우 벌어오는 돈으로는 먹고살기가 어려워 외상으로 기나긴 세월을 버텼습니다. 어머니가 가출한 건 제 여동생이 생후 3개월 때라 분유를 먹여 키웠습니다. 6학년 때 어머니가 오셨습니다. 미안하단 말 한마디 하셨습니다. 전 어머니를 내쫓고 싶었습니다. 그러나 아버지가 제 뒤에서 소리 없이 울고 계셨습니다. 그날 저녁 가족이 다 같이 울며 잠자리에 들었습니다. 다음 날 아침 김치찌개 맛을 봤습니다. 정말 행복했습니다. 그러나 얼마 뒤 어머니가 또 나가셨습니다. 학교에 갔다 오니 미안하다는 쪽지만 한 장 있었습니다. 너무 억울하고 화나고 원망스러워 아버지와 전 결국 자살을 시도했습니다. 방문을 꼭 잠그고, 창문을 모두 닫고, 연탄 하나 덩그러니 있는 방에 있으니 너무나도 슬퍼서 울었습니다. 다음 날 일어나보니 연탄은 밖에 버려져 있고, 우리 둘은 살아 있었습니다. 그날 이후로 아버지에게 반항하고 화내고…. 아버지를 볼 면목이 없지만 보고 싶습니다." 소년원이나 쉼터로 보낼까 고민하다가, 마지막으로 기회를 주기로 하고, 법원 소속 보호자의 보호 조건으로 집으로 보냈다. 예준은 성인이 돼서도 계속 범행을 반복하고 있고, 여러 번 구속되었다.

피자 배달 중 빗길에 교통사고를 내고 온 열일곱 살 재호는 엄마와 이부동생과 산다. 엄마는 고아고 재호는 사생아다. 엄마는 새아빠와 이혼했다. 재호는 세 살까지 보육시설에서 자랐고, 네 살부터 엄마와 살았다. 엄마는 "나는 고아로 태어나 어렵게 성장했으며, 잘못된 만남으로 재호를 낳았으나 제대로 키우지 못해서 보육원에 맡겼다. 아이 상처를 생각하면 억장이 무너지는 것 같다. 생활고에 시달려 자살 생각을 수없이 했다. 간병인생활을 하면서 마음 굳게 먹고 있다. 전적으로 내 잘못이니 제발 소년원만 보내지 말아달라"고 사정했다. 재호와 엄마를 위로하고 상담을 조건으로 집으로 보냈다.

인터넷 사기로 온 열일곱 살 종수는 팔순인 할머니와 산다. 아빠는 몇 년째 뇌종양으로 투병 중이다. 엄마는 가출했다. 종수가 중학생 때 아빠와 새엄마가 갑자기 나타났는데, 아빠는 할머니의 기초생활수급금을 가져가버렸다. 엄마 아빠 없이도 할머니와 잘 지내던 종수는 아빠가 나타난 뒤부터 사고를 치기 시작했다. 성인이 된 이후에도 종수는 계속 범행을 저질러 인터넷사기로 구속됐다.

유흥주점 업주 오피스텔에서 물건을 훔치다 특수절도로 온 열여덟 살 경숙은 할머니와 아빠와 함께 살았다. 아빠와 엄마는 이혼했고 엄마는 간통죄로 처벌받았다. 경숙은 어릴 때 큰아빠에게 성폭행을 당했다. 할머니는 그린벨트 내 무허가 판잣집에 살았고 경숙은 집 옆 막사에 살다 1년 전에 가출했다. 가출 후 카페 종업원으로 일했다. 이 사건으로 한 달간 소년원에 있는 동안, 경숙은 영어시험 만점을 받아 상점 1점을 받는 등 모범적으로 생활했다. 환경조사 중 경숙은 차분하게 자신의 처지를 설명하며 눈물을 흘렸다. 유흥업소 업주가 보호자를 자처했지만 의심스러워, 법원 소속 보호자의 감독하에 쉼터로 보냈다.

가출한 아이들과 어울리다 갈취, 상해, 강간을 도운 죄로 온 열다섯 살 은경은 엄마와 외할머니와 살았다. 이젠 아빠와 할아버지와 산다. 엄마는 재혼해서 이부동생이 세 명이다. 은경은 새아빠의 눈치를 보며 엄마를 이모라고 부른다. 새아빠가 외국으로 일하러 가면 엄마는 은경을 데리러 왔다. 은경은 조사 도중 자신의 불우한 처지에 눈물을 흘리며 어릴 때부터 신경 써주는 사람이 없었다고 했다. 지금 소원은 정신 차려서 엄마와 함께 사는 것이라고 했다. 쉼터로 보냈다.

사우나 탈의실에서 물건을 훔치고 동전과 화장품을 갈취하다 온 열다섯 살 지현은 보육원에 살다 가출했다. 부모의 행방은 모르고, 할머니가 있지만 할머니는 법원의 연락을 피하며 주소도 알려주지 않았다. 범행사실을 안 보육원 담당자는 지현이 때문에 너무 힘들었다면서 다시는 데리고 있고 싶지 않다고 했다. 소년원에 한 달 보냈다가 이탈하면 장기로 소년원에 갈 수밖에 없음을 경고하고 쉼터로 보냈다.

특수절도로 쉼터로 간 상철은 입소 하루 만에 도망갔다 다시 잡혀왔다. 아빠는 상철이 열 살 때 작업 도중 추락사하고 엄마는 가출해서 조부모 손에 컸다. 형은 소년원에 있다. 쉼터에서 도망갔다 잡힐 때까지 앵벌이를 하며 버텼다. 외할아버지는 상철을 꼭 소년원에 보내달라고 신신당부했다.

갈취하려다 돈이 없다고 하자 아이를 때린 열네 살 은영은 아빠와 산다. 아빠는 고아고, 공공근로를 한다. 엄마는 두 살 때 가출했고, 중학교 3학년인 오빠가 있다. 초등학교 5학년 때까지 10년간 고아원에서 지냈다. 아빠의 월수입은 50만 원이다. 은영은 아빠가 오빠만 좋아한다고 불만이다. 은영은 "우리 가족은 아빠 수입으로 공과금을 내면 남는 것이 없습니다. 돈이 부족해 반찬도 사지 못하고, 전기와 물을 아껴쓰자는 아빠 잔소리도 싫고, 오빠가 날 귀찮게 하는 것도 정말 짜증이 나서 나도 모르게 집을 나갑니다"라고 했다.

친구 집에서 현금 20만 원과 티셔츠 다섯 장, 양말과 고데기를 훔친 열네 살 수민은 15평 아파트에서 할머니와 산다. 엄마는 수민을 낳은 직후 가출했다. 아빠는 수민의 친구를 추행해서 교도소에 있다. 아빠가 교도소로 간 후 충격을 받은 수민도 가출했다.

성매매를 하다 온 열일곱 살 유진은 아빠와 아빠의 동거녀와 산다. 엄마는 유진이 여섯 살 때부터 아빠와 별거 중이다. 중학교 1학년 때 할머니가 돌아가시고 아빠가 교도소를 간 뒤 1년 6개월을 유진 혼자서 지냈다. 아빠는 재작년에 출소했다. 유진은 "아빠는 가끔 욱하지만 않으면 정말 자상한 분이다. 제일 좋아한다"고 했다. 전세가 뭔지 몰라 되물을 정도로 세상물정에 어둡지만, 성에 관해서는 무척 밝다.

공동공갈로 온 열다섯 살 은지는 아빠와 오빠와 산다. 엄마는 은지가 일곱 살 때 아빠와 이혼했고 지금은 돌아가셨다. 아빠는 근무하는 중국집의 두 칸짜리 방에서 지낸다. 은지는 아빠에 대해 "잘 표현하지 않으나 나에 대한 사랑이 많으신 것 같다. 붕어빵이다. 남들이 다들 붕어빵이라고 한다. 내가 살아가는 이유고, 내가 제일 좋아하는 사람이다"라고 했다. 아이들 돈을 뺏은 행동에 대해 "내가 초라하게 느껴진다. 불량학생으로 알려지는 게 두렵다"고도 했다. 2년 전 자살한 엄마에 대해 은지는 "가장 슬펐던 일은 엄마가 돌아가신 일이다. 엄마는 본받고 싶었고 서로 통하는 게 정말 많았다"고 했다. 은지의 아빠는 "이혼과 사업 실패로 남매에게 씻을 수 없는 고통을 줬고, 지금도 형편이 넉넉하지 못해 항상 미안한 마음을 갖고 살고 있다. 목숨보다 소중한 딸을 위해, 앞으로도 최선을 다할 것이다. 밖에서는 잘하는데 가족에게 잘 표현하지 못하는 내 성격이 싫다. 앞으로 사랑한다는 표현을 자주 할 것이다. 은지가 내 직업을 부끄러워하지만 숙식을 무상으로 제공하고 주인이 정이 많아 다른 직업을 구하는 게 어렵다"고 했다. 집으로 보냈다.

초등학교 운동장에서 에어컨 실외기에 장난삼아 불을 지른 열네 살 준호는 누나와 네 살 동생과 산다. 부모님은 없다. 굶고 있는 아이들이 쓰레기더미에 산다는 주민들의 신고로 준호와 누나, 동생은 구조됐다. 준호 부모의 행방은 모른다. 준호는 학교도 가지 않고 보육원에서 산다.

오토바이 절도로 온 열네 살 병철은 조부모와 산다. 아빠는 한 살 때 사망했고, 엄마는 재혼해서 따로 산다. 병철은 제일 좋아하는 사람은 할아버지고, 집 분위기는 화목하다고 했다. 병철의 할아버지는 간암 4기고, 할머니는 당뇨를 앓는데 병철이 사고를 친 충격으로 입원했다. 병철의 할아버지는 자신이 암 투병 중인 사실을 꼭 비밀로 해달라고 했다. 바쁘실 텐데 법정까지 힘든 걸음 하셨다는 내 말에, 할아버지는 "여기 오는 것보다 바쁜 일이 어디 있겠습니까?"라고 말했다.

소년부 판사로 근무한 1년 6개월 동안 나는 1,500건 정도의 소년사건을 처리했는데, 그중 6~7할은 집안환경과 경제적 형편이 좋지 않은 아이들이었다. 더 많은 기구한 사연이 있지만 소년원으로 간 한 아이만 더 소개한다.

절도와 갈취를 반복해 여러 번 소년부로 온 영철은 엄마와 산다. 영철의 어머니는 마트 캐셔다. "이젠 도저히 감당이 안 된다. 꼭 소년원에 보내달라"고 구구절절 편지를 썼다. 그래도 재판에는 출석했다. 나는 법정에서 영철의 뒤에 그녀를 앉히고 영철에게 말했다. "어머니는 누구보다 너를 사랑한다. 아무리 사고를 쳐도 모두 자기 잘못이니 꼭 선처해달라며 내게 애타는 편지를 썼다. 그렇지만 내 생각은 다르다. 어머니가 아무리 사정하고 빌어도 너는 이제 용서받을 수 없다. 네 죗값은 꼭 져야 한다"고 했다. 영철의 어머니는 고개를 들어 천장을 봤다. 영철은 처음부터 짐작한 듯 고개를 떨궜다. 내 말도 믿지 않는 눈치였다. "소년원에 간다고 세상 끝나는 것 아니니 몸 건강하게 잘 생활하라"고 말하고 10호 처분을 했다. 나는 유치감으로 들어가는 영철의 눈을 볼 자신이 없어 고개를 슬쩍 돌렸다. 영철의 어머니는 허리를 숙여 인사하고 법정을 나섰다. 정확하게 보았는지 확신할 수 없지만, 뒤돌아가는 그녀의 어깨가 살짝 떨렸다.

소년들의 강력사건이 발생하면 어김없이 소년범을 엄벌해야 한다는 말이 나온다. 그 말이 전적으로 틀린 말은 아니다. 아이들의 육체적·정신적 성숙이 점점 빨라지는 상황에서 괴물 같은 아이들이 저지르는 강력사건에 적절히 대처할 필요가 있다. 다만 그 몇몇 아이 때문에 나머지 아이들에 대한 처벌이 덩달아 엄해지고, 그나마 턱없이 부족한 사회적 관심과 배려가 줄어들까 무척 염려된다.

보스턴 천주교 사제들의 아동 성추행을 보도한 〈보스턴 글로브〉의 실화를 옮긴 영화 〈스포트라이트〉의 잘 알려진 대사다. "한 아이를 키우는 데 한 마을이 필요하듯, 한 아이를 학대하는 데도 한 마을이 필요하다." 이 말은 소년범을 대할 때 반드시 잊지 말아야 할 말이다. 여기에 한 마디 덧붙이자면, 한 아이가 망가지는 데도 온 집안과 마을이 필요하다. 이 아이들이 모두 엄벌을 받아야 한다면, 아이들을 유기하고, 방치하고, 학대하고, 눈길조차 주지 않은 부모와 가족, 그 아이들 중 누군가와는 같은 마을 사람들인 우리도 함께 엄벌을 받아야 한다.

소년부 판사를 그만둔 지 10년 가까이 흐른 지금도 그 시절만 떠올리면 여지없이 평정심이 무너진다. 그리고 자꾸만 쳇 베이커Chet Baker의 트럼펫과 〈본투비 블루Born to be Blue〉라는 노랫소리가 들리는 듯하다.

Some folks were meant to live in clover
어떤 사람들은 날 때부터 행복하지만
but they are such a chosen few
그건 선택받은 몇몇 이야기지

and clover being green is something I've never seen

초록빛을 띤 클로버라니, 난 본 적이 없어

cause I was born to be blue

왜냐고, 난 우울하도록 태어났거든

2011년 8월부터 2013년 2월까지 부산에는, 날 때부터 우울한 아이들이 있었다. 부모의 학대를 받다 이웃들에게 구조된 후 고아원에서 자란 성진은 얼굴이 무척 밝았다. 그런 일을 겪은 아이의 표정이라고는 도저히 믿을 수 없을 정도였다. 저런 환경에서 저 표정을 지을 수 있는 아이라면, 좀더 나은 환경에서 컸다면 도대체 어떤 표정을 지을까, 하는 생각이 들었다. 성진에게 잠재되어 있을 그 환한 표정을 상상하니 마음이 아팠다. 그때 깨달았다. 우울하게 태어난 아이들이라고 항상 우울하게 살라는 법은 없다는 사실을.

앞서 밝혔지만 여기 실린 이름은 모두 가명이다. 다만 이 짧은 글 속의 당사자가 누구인지 눈치챌 누군가를 위해 법정에서 못다 한 말을 마저 전한다.

이젠 대부분 성인이 되었겠구나. 미안하다, 얘들아. 좀더 사랑 넘치는 판사에게 재판받았더라면 너희 삶이 조금은 더 나은 방향으로 바뀌었을 수도 있을 텐데. 그날 이후 다시 사고를 치지 않은 친구들에게는 존경의 마음을 전한다. 내가 너희였어도 그러기 쉽지 않았을 것이다. 빈말이 아니다. 너희가 정말 자랑스럽고 대견하다. 여전히 범행을 반복하는 친구들에게는 걱정의 마음을 전한다. 그때와 달리 이젠 기회가 많지 않을 것이다. 다만 너희는 아직 젊으니 조금 더 분발하기 바란다. 그때 난 자기가 싼 건 자기가 치워야 한다는 둥 모진 말을 많이 했지. 지금 생각하면 그 말 말고는 해줄 말이 없었나, 하는 후회도 든다. 전부 진심은 아니었다. 너희가 자기연민에 빠져 너희의 불행을 가족과 세상 탓으로만 돌릴까 걱정되어 한 말이었다. 그때 정말 해주고 싶었던 내 마음속 이야기를 전한다. 얘들아, 너희 잘못이 아니다.

"햇볕은 감미롭고, 비는 상쾌하고, 바람은 힘을 돋우며, 눈은 마음을 설레게 한다. 세상에 나쁜 날씨란 없다. 서로 다른 종류의 좋은 날씨가 있을 뿐이다."(존 러스킨) 세상에 나쁜 아이도 없다. 서로 다른 처지의 좋은 아이만 있을 뿐이다.

우리를 슬프게 하는 것들

요즘 부쩍 눈물이 많아졌다. 슬픈 영화나 드라마라면 그나마 이
해가 가지만, 액션영화나 심지어 공포영화를 보다가도 슬픈 생각
이 든다. 어느 순간부터 좀비마저 측은하게 여겨졌다. 자꾸만 가
족을 위해 분투하는 가장으로 보이기 시작했다. 특히 늙은 좀비
의 흉한 얼굴과 기괴한 몸짓을 보면 애틋해진다.

아내는 갱년기라서 그렇다고 하지만, 생각해보면 원래부터
눈물이 많았던 것 같다. 어릴 때는 명절에 고스톱을 치다 돈을 잃
어 울었고, 성적이 떨어져도 울었다. 이사를 할 때마다 점점 작아
지는 집 앞에서 울었고, 영부인과 대통령이 시해당했을 때도 서
럽게 울었다. 그러다 언제부턴가 남들 앞에서는 울지 않게 됐다.
대한민국 남자로 살아가려면 눈물부터 참아야 함을 배웠다. 그래
도 남들이 보지 않는 곳에서는 꾸준히, 쉬지 않고 울었다. 헤어져

서 울었고, 만나서 울었다. 쳇 베이커의 마지막 앨범 재킷을 보다 그의 쉰 목소리를 들으며 울었고, 〈아르페지오네 소나타〉를 들으며 울었고, 위화余華의 책을 읽으며 울었다. 특히 《인생》(푸른숲, 2007)에서 어린 유칭이 죽었을 땐 위화에게 욕지거리를 하며 관사에서 꺼이꺼이 울었다. 그렇지만 다음 날 눈이 퉁퉁 부은 채 재판을 하면서는 아무리 슬픈 사연을 가진 당사자의 이야기에도 흔들리지 않았다. 대한민국 남자라면, 판사라면 그래야만 하는 줄 알았다. 이제야 고백하지만 나는, 재판을 하다, 기록을 읽다 몰래 운 적이 많다. 재판은, 법정은, 아니 어쩌면 인생 자체가 슬프도록 생겨먹은 것 같다. 개인적 슬픔의 자리는 내 가슴속에 있지만, 판사로서의 슬픔은 털어놓아도 뭐 어떨까 싶다. 나도 이제 갱년기에 접어들었으니까.

모든 재판의 시작은 송달이다. 법원의 서류를 당사자가 받아본 이후부터 절차가 진행된다. 당사자가 출석하지 않으면 판사는 맥이 빠진다. 법정에서 아무리 터무니없는 억지를 부리더라도 당사자가 출석해야 판사도 일을 할 수 있다. 수취인불명, 폐문부재閉門不在, 이사불명의 송달불능 상황은 난감하다. 절차를 진행해보려 해도 할 수 없는 상황이 벌어진다.

부재와 불명으로 보고되어 떠도는 삶들이 있다. 처음부터 나오지 않는 이도 있고, 재판 도중이나 선고 즈음에 사라지는 이도 있다. 채권자를 피한 야반도주인지, 벌금을 벌어 노역장 유치를 면하려는 것인지, 날품이라도 팔아 애들 학비를 벌려는 것인지…
구구한 사정은 일절 알지 못한다. 분명한 사실은 법원의 끈질긴
호명에 귀를 막고 어딘가로 떠돌고 있다는 것뿐이다. 간혹 가족
에게 연락이 닿는 경우도 있지만, 한결같이 연락두절을 전한다.
당사자 본인과 연통이 있을 것으로 믿고 전달을 요청하지만 그들
은 결코 나타나지 않는다. 벌금이나 합의금을 다 벌면 초췌한 표
정으로 나타나기도 한다. 그들은 이전 벌금을 벌고 나타났다가,
다시 이번 벌금형을 선고받고, 이번 벌금을 갚기 위해 또 다른 재
판기일에 빠질 것이다. 그렇게 그들은 돌고 돈다.

그래도 그렇게나마 나타나주면 고맙다. 간혹 재판을 준비하
다 떠돌던 생生 하나가 저물었다는 보고를 접할 때가 있다. 죽음
의 이유는 모른다. 사체검안서의 사인死因은 그저 그가 숨을 거뒀
을 때의 상황과 육체적 상태만 건조하게 표시한다. 누구도 그의
진짜 사인을 모른다. 경제적인 이유로 처와 아이들을 일본 처가
에 보내고 아이들이 그리워 은박지에 가족을 그리다 객사한 이중
섭처럼, 그도 가족과 오순도순 살 날을 기다리며 여기저기 떠돌
다 객사했을지도 모른다. 그의 죽음이 확인되면 나는 즉시 그 사
건을 뗀다. '이 사건 공소를 기각한다.' 그의 생전 행위에 대한 공
식적인 최종 확인이다. 그는 공소기각 결정으로 비로소 세상에서
사라진다. 빚독촉에, 미납벌금과 합의금 마련에, 아이들 양육비와
학비를 벌기 위해 전전하던 한 생이 이렇게 저문다.

어머니를 때려 존속상해죄로 기소된 피고인이 있었다. 그는

첫 재판에 나왔다가 선고기일에 나오지 않았다. 얼마 뒤 '목맴사'라는 보고가 올라왔다. 그는 상해죄로 실형을 선고받은 누범이라 징역형을 선택할 경우 집행유예가 불가능한 피고인이었다. 그러나 그의 어머니도 그를 용서했고, 이 글에서는 밝히기 어렵지만 딱한 사정이 있었다. 내 메모에는 '벌금'이라고 적혀 있었다. 그는 내 판결을 기다리지 않고 스스로 판결을 내렸다.

청과물가게에서 30만 원을 훔친 내용으로 기소된 한 피고인 역시 송달불능 상태에서 사망보고가 올라왔다. 철거를 앞둔 가건물 안에서 사망한 지 서너 달이 지나 백골이 돼가는 상태에서 발견됐다. 부검을 했으나 사인은 밝히지 못했다. 유족을 찾아 연락했지만, 유족은 피고인 때문에 너무 힘들었다며 사체인수를 거부한다고 했다. 살아서도 가족 곁을 떠나 있었던 그는, 죽어서도 가족에게 돌아가지 못했다.

부유하는 삶과 수취인불명의 송달보고서는 처음엔 쾌씸하다가 나중엔 불안해진다. 공소기각 결정으로 사라지는 삶 앞에서 나는 숙연해진다.

신병을 다루는 형사재판장들 대부분이 아마 가장 힘든 순간으로 법정구속을 꼽을 것이다. 판사들 사이에는 사람을 가두는 일이 싫어 민사재판을 선호하는 경향이 있다. 여러 판결을 한 번에 선고하다 보면 법정구속 사건이 섞여 있기 마련이다. 법정구속은 불구속으로 재판받고 선고 당일 실형을 선고받아 바로 그 자리에서 구속되는 것이다. 예상하지 못한 경우 피고인과 동행자의 충격은 상상을 초월한다. 자신의 앞 사건 피고인이 법정구속되면 법정은 일순 숙연해지고 불안감은 최고조가 된다. 더러는 법정구속된 피고인의 자동차가 주인을 기다리며 법원에 장기간 방치되기도 한다.

법정구속을 결심한 판사는 선고 전날 구속영장을 만들어둔다. 판사가 "당신은 이 사건으로 지금부터 구속된다"고 고지하면, 처음부터 구속을 예감한 피고인을 제외하고는 어지간한 강심장이라도 당황한다. 그 자리에서 쓰러지기도 하고, 허둥지둥 법정 밖으로 나가려다 제지당하기도 하고, 뒤늦게 합의하겠다며 사정하기도 한다. 구속영장은 선고 즉시 검사의 사인으로 집행된다. 법정 출입문으로 입장한 피고인은 교도관들에게 둘러싸여 유치감으로 퇴장한다.

흔한 경우는 아니지만, 가끔은 만들어간 구속영장을 찢어버리기도 한다. 실형을 선고하지만 법정구속은 하지 않는 경우다. 불구속 상태에서 항소심 재판을 받을 수 있도록 배려하는 것이다. 명절을 앞두고 있거나 가족 중 누군가가 생사의 갈림길에 있거나, '알라 논 지 두 달밖에 안 됐심더. 분윳값이라도 벌어야 합니더'라는 말을 들을 때다.

전세금 사기대출 사건에서 허위 임대인 역할을 한 내용으로 기소된 부부가 있었다. 남편은 법정구속하고 아내에게는 무죄를 선고했다. 옆에서 같이 선고를 듣던 아내는 망연자실한 표정으로 눈물을 흘렸다. 소년재판은 더욱 극적이다. 특히 가장 무거운 10호 처분을 할 때는 돌발상황이 자주 발생한다. 아이들은 법정에서도 솔직하다. 무릎을 꿇고 울고불며 빌기도 하고, 교도관에게 끌려가지 않으려 증인석을 붙잡고 한 번만 봐달라며 떼를 쓰기도 한다. 교도관 두세 명이 달라붙어 아이의 다리를 잡아당겨도 절대 손을 놓지 않는다. 예상했든, 불시이든, 이별은 언제나 서럽다. 피고인은 패닉상태에 빠지고 가족들은 흐느낀다.

이유를 불문하고 헤어짐은 슬픈 일이다. 그 이별이 운명이어서 서럽고, 운명이 아니어서 더욱 서럽다. 나는 기일마다 누군가를 사랑하는 이로부터 갈라놓는다. 그는 내 말 한마디로 생이별을 한다. 내겐 결정이지만, 그들에게 나는, 운명이다. 누군가의 별리를 담당한 내 처지가 나를 슬프게 한다. 증인석을 붙들고 허공에서 버둥거리는 아이의 두 다리를 볼 때, 유치감으로 들어가려는 아이를 돌려세우곤, 와락 껴안았다 왈칵 등 떠미는 엄마를 볼 때, 나는 늘 돌아앉았다.

부산가정법원에서 근무할 때였다. 가정법원 판사들은 돌아가며 협의이혼 사건을 처리했다. 한 번에 몰아서 하는 기일에는 대개 100건 정도를 진행했던 것 같다. 협의이혼실에 들어가면, 인주를 담는 종이 케이스에 신분증이 빼곡히 꽂혀 있고, 책상 앞에는 의자 두 개가 덩그러니 놓여 있다. 대기실에 있는 부부를 순서대로 호명해 진정으로 이혼할 의사가 있는지만 확인하는 절차여서, 본인 여부와 이혼 의사만 물어보고 바로 돌려보낸다. 어떤 판사는 한 쌍씩 의자에 앉히는 시간이 아깝다며 몇 쌍을 일렬로 죽 세우고, 선 채로 의사를 묻기도 했다. 5분 사이에 열 쌍 정도 이혼시키는 것은 예사였다. 나는 차마 그러지는 못하고, 아무리 짧은 시간이라도 부부만 들어오라고 해서 의자에 앉혀 몇 마디라도 물었다. 그래서 늘 협의이혼 담당 직원에게 눈총을 받았다.

협의이혼 자리까지 와서도 다투거나 화를 내며 외면하는 부부도 있었고, 아직도 미련이 남는지 자신 없게 대답하는 부부도 있었다. 손을 꼭 잡고 들어왔다 웃으면서 손을 꼭 잡고 나가는 부부도 있었는데, 이런 경우는 대개 채권추심을 피하려는 가장이혼이었다. 황혼이혼도 드물지 않았다. 할아버지들은 성난 표정이나 멋쩍은 표정이 많았고, 할머니들은 단호했다. 가끔은 힘들게 결정한 이혼이 이처럼 허무한 절차로 종료된다는 사실에 어이없는 표정으로 쭈뼛거리며 돌아가는 부부도 있었다. 후련한 얼굴, 부끄러운 얼굴, 아쉬움과 회한에 젖은 얼굴이 있었고, 중병을 앓는 남편이 이혼을 요구했는지 병색이 완연한 남편 옆에서 연신 훌쩍이는 아내도 있었다. 간혹 지적장애가 있는 사람이나 이주여성의 경우 의사 확인에 다소 시간이 걸렸지만, 나처럼 천천히 진행해도 한두 시간에 100쌍을 이혼시키는 건 일도 아니었다.

판사들은 협의이혼 확인절차를 '이혼주례'라 불렀다. 이혼주례는 슬프다기보다 쓸쓸하고 어이없는 일이었지만, 협의이혼신청서에 미성년 자녀들이 기재돼 있으면 느낌이 달랐다. 이미 합의한 양육비를 다투거나, 아이들에 대한 면접교섭권을 포기하겠다는 부부도 심심찮게 있었다. 협의이혼신청서에 기재된 아이들 중 상당수는 얼마 지나지 않아 다시 가정법원으로 왔고, 나는 그 아이들을 데리고 소년재판을 했다. 지금도 협의이혼 기일에 보았던 젊은 부부와 그 신청서에 기재된 어린아이들만 생각하면 가슴 한편이 시큰거린다.

소년재판을 할 때 내 아이들에 대한 생각이 많아졌듯, 협의이혼 기일을 마치고 집으로 가는 길이면 결혼에 대한 별생각이 다 들었다. 결혼을 하고 시간이 흘러 깨달은 건, 결혼은 사랑해서 하는 것이라기보다는 사랑에 대한 예지豫知로 감행된다는 사실이다. 아무리 오래 연애를 했더라도 그 사람을 완전히 이해하고 사랑할 수는 없기 때문이다. 사랑은 천천히 커지고, 작게 시작해 크게 여무는 것이다. 사랑이 식는다는 것도 이상한 말이다. 확 타올랐다가 식는 것은 사랑이 아니라 욕정이다. 결국 결혼은 저 사람이라면 계속 새롭게 사랑할 수 있을 것이라는 예지에서 결정된다. 그런 점에서 보면 이혼은 그 예지가 빗나간 경우다.

법정에서의 눈물은 역시 피해자와 죽은 자를 기억하는 산 자의 몫이다. 그러나 밝은 표정의 피해자를 보고도 운 적이 있다. 친아빠에게 수년간 강간을 당한 자매였다. 엄마는 돈을 벌고 아빠가 양육을 담당했는데 아빠가 아이들을 강간했다. 임신까지 한 큰딸과는 합의하에 성관계를 맺었다고 주장했고, 작은딸은 강간하지 않았다고 부인했다. 증인으로 두 딸이 출석했다. 작은딸은 법원에 온 게 신기한지 증인석에 나와 이리저리 둘러보고 생글거리며 묻는 말에 답했다. 괴롭다고, 힘들어 죽겠다고 하는 것보다 몇백 배 지켜보기 괴로웠다.

눈에 넣어도 아프지 않을 20대 딸을 잃은 유족도 잊히지 않는다. 유족은 딸을 살해한 전 남자친구의 재판에 검은 상복을 입고 참관했다. 흐느끼고 분노하다 재판을 마치고 유치감으로 들어가는 피고인에게 달려들었다. 교도관이 간신히 유족을 떼어내 피고인을 데리고 들어갔다. 법정은 소란스러웠지만 누구도 탓할 수 없었다. 그건 차라리 망자를 보내는 제의祭儀에 가까웠다. 유족들은 그렇게 딸을 보냈다.

법원은 수많은 이유의 죽음들이 머물다 가는 곳이다. 언젠가 야간이나 휴일 당직을 할 때 검찰이 신청한 각종 영장에 부검을 위한 압수수색검증영장이 있었다. 기억이 정확치는 않으나 할머니의 유서가 첨부된 영장 신청이었던 것 같다. 자식들에게 짐이 되기 싫었던 할머니는 "무용지물 식충이로 구둘막 신세로 살기 싫어, 다감한 내 엄마 곁으로 간다"는 담담한 유서를 남겼다. 남은 자식과 손자에게 일일이 사랑을 전한 할머니는 간소하게 장례를 치를 것, 없는 아들에게 재산을 좀더 주는 것을 이해해줄 것, 대학에 입학하는 손녀에게 입학축하금을 전해줄 것을 당부했다. 마지막으로 할머니는 의료보험료가 많이 나오니 사망신고를 신속히 하라고 했다. 집주인과 지인들의 연락처, 인터넷 가입처까지 꼼꼼하게 남겼다. 유서를 읽는데 나도 모르게 기록 위로 눈물이 주르륵 떨어졌다. 편지지 두 장짜리 유서를 읽다 법원에서 흘릴 눈물을 다 쏟아버렸다.

재판은 말과 글로 이뤄진다. 피고인에게 진술기회를 자유롭게 준다고는 하나, 실제 형사재판에서 피고인이 편하게 얘기하는 순간은 맨 마지막에 온다. 최후진술이다. 사람들이 제각각이듯 최후진술도 각양각색이다. 신세를 한탄하다 무고함을 호소하기도 하고, 경찰과 검찰을 비난하기도 한다. 할 말이 없다는 피고인도 많다. 그래도 가장 많은 내용은 가족에 관한 것이다. 남겨진 가족에게 자신이 꼭 필요하니 석방해주거나 구속하지 말아달라는 내용이 압도적이다.

크리스마스를 며칠 앞둔 기일이었다. 불법 스포츠도박 사이트를 만들고 관리하다 구속된 피고인이 최후진술을 했다. 그에게는 어린 두 딸과 아내가 있었다. 아내는 필리핀 여성이었다. 법정에는 아내와 처형이 앉아 있었다. 자신의 어리석음을 반성하며 절절히 얘기한 피고인은 한국어가 서툰 자신의 아내에게 영어로 몇 마디 말을 전했다. 이번 크리스마스에는 선물도 못 주고, 이렇게 구속되어 있어 미안하다고 했다. 그리고 울먹이며 인사했다. "메리 크리스마스." 내가 들어본 크리스마스 인사 중 가장 슬픈 인사였다. 그는 그해 크리스마스를 구치소에서 보냈다.

형사부 판사가 증거 다음으로 많이 읽는 글은 반성문이다. 어떤 피고인들은 어린 자녀가 자신에게 혹은 직접 재판부에 보내는 편지를 첨부하거나, 아이들 사진을 붙여 내기도 한다. 속 보이는 짓이라고 야멸차게 넘기다가도 인지상정에 이끌려 아이들 편지와 사진을 본다. 아이들 편지에는 삐뚤빼뚤한 글씨로 '우리 아빠 용서해주세요', '아빠 몇 밤 자면 와? 출장 갔다 오면 같이 놀아'라는 말이 주로 적혀 있고, '하트 뿅뿅'이 그려져 있다.

　반복된 갈취와 오토바이 절도로 정식기소되어 구속된 열여섯 살 아이가 있었다. 그 아이 아빠도 마약으로 구속수감 중이었다. 아이 아빠가 보낸 탄원서에는 아들이 자신에게 보낸 편지가 있었다. 편지에는 재판이 끝난 뒤 결과를 기다리는 초조함과 못난 자신을 지켜봐달라는 내용, 그리고 아빠를 걱정하는 마음이 담겨 있었다. 그 아이의 편지에 있던 한 구절이다. "아빠, 제발 서로 하루빨리 이곳을 나가서 다시는 이런 곳으로 오는 짓은 하지 말고, 엄마와 누나를 봐서라도 정신 바짝 차려 하루하루 열심히 살아갈 수 있도록 노력합시다. 우리는 엄마와 누나에게 아주 큰 잘못을 했으니 진심으로 용서를 빌고, 화목하고 건강하게 살아요. 가난해도 좋으니 제발 앞으로는 우리 식구 흩어지는 일 없도록 해요. 아빠, 이 아들 왜 이리 눈물이 많은지 모르겠네요. 밥맛 없다고 식사 거르지 말고 꼬박꼬박 챙겨드세요." 이런 편지를 받으면 나는 그저 슬프다.

물론 법정에 슬픔의 눈물만 있는 것은 아니다. 간혹 무죄를 선고받거나 도저히 이길 수 없을 것 같던 강자나 국가를 상대로 승소한 당사자는 기뻐서 울음을 터뜨렸다. 그들은 반달 같은 눈으로 울고 있었다. 이런 날을 빼고는 십여 년 판사생활을 돌이켜보니 법원은 슬프지 않은 날이 단 하루도 없었던 것 같다. 눈물 그렁그렁한 눈으로 세상을 보니 온 세상이 울고 있었다.

　　법정구속되는 피고인의 비틀거림, 그를 보내고 돌아서는 아내와 부모, 모가지 떨어진 동백꽃마냥 처참한 죽음, 이를 기록한 부검감정서, 인간이 아닌 짐승들만 가득한 기록, 초점 잃은 피해자의 눈빛, 생을 송두리째 빼앗긴 자의 장탄식, 법의 무력함을 알면서도 일어설 줄 모르는 피해자의 허망한 몸짓, 빚을 갚지 못해 사지로 몰리는 사람들, 부모 없이 떠도는 아이들, 아이 없이 잠 못 이루는 부모들, 가라앉은 배, 제의를 치르듯 앉아 있는 유족, 피고인을 향한 무망한 주먹질, 고문을 당했다고 하소연했지만 종아리 한번 걷어보라고 하지 않는 판사, 이들의 오판을 원죄처럼 떠안은 법관, 수취인불명의 송달보고서, 이어지는 공소기각 결정, 검은 강을 벌써 건넜다고 생각했으나 다시 이어지는 시커먼 강물, 진영을 나눈 무수한 돌팔매, 양쪽에서 날아온 돌을 맞고 있는 판사, 뿌옇게 처리된 TV 화면 속에서 사법농단을 증언하며 울먹이는 젊은 법관, 그 장면을 시청하는 늙은 판사의 모습은, 우리를 슬프게 한다.

　　수돗가마다 기적은 넘쳐나지만, 그 기적의 수돗물이 아래로 떨어지지 않을 때, 호각소리에 맞춰 꽃 피고 진 시절처럼 판사와 재판마저 그렇게 할 수 있다고 여길 때, 간단한 의사표현마저 판사직을 걸고 비장하게 하는 젊은 법관을 볼 때, 내 선의를 이용해 동료와 이간질하는 사람을 볼 때, 날은 새어오는데 아픈 가슴을 부여잡고 판결을 쓸 때, 타인의 고통은 아랑곳 않고 자신의 고통만 구구절절 늘어놓는 당사자를 볼 때, 누군가의 천국이 공고해질수록 누군가의 삶은 지옥이 되어갈 때, 누군가의 삶은 지옥이 되어가는데 누군가의 천국은 더욱 공고해질 때, 그런 결과에 부역해야 할 때, 피레네산맥 저쪽의 정의가 이쪽에선 불의가 될 때, 우리는 산맥 이쪽 불의의 영토에 있을 때, 힘없는 정의마저 사라지고 보이지 않을 때, 나는 슬펐다.

갱년기에 접어들어 좀비를 봐도 측은한 마음이 드는 판사에게 재판은, 대책 없이 흐르는 눈물을 참아야 하는 고행의 연속이다. 내가 원래부터 눈물이 많았던 것인지, 아니면 법원에 와서 많아진 것인지 이젠 나도 헷갈린다. 법원으로 오며 했던 다짐이 있다. 내 판단이 흐려진다고 느껴질 때 주저 없이 옷을 벗자는 것이었다. 그런데 지금은, 내 판단이 흐려졌는지에 대한 판단 자체가 흐려진다. 내 판단이 옳은지 아닌지를 잘 모르겠다. 다짐을 수정할 때가 된 것 같다. 슬픔이 사라지고 눈물이 마를 때 그만두자. 이건 쉽게 판단할 수 있을 것이다.

우리 자기

우리를 키운 8할이 바람의 몫이듯, 판사를 키우는 8할은 사실이다. 기자만 팩트에 목매는 게 아니다. 팩트, 즉 사실관계를 확정하는 일이 재판의 8할이라 해도 과언이 아니다. 겨우 2할 남짓이 해석의 영역이다. 일반 국민이 유무죄를 가리는 참여재판이 가능한 이유다.

사건과 관계있는 모든 사실이 다 의미 있는 것도 아니다. 법률요건과 관계있는 몇 가지 사실만 중요하다. 배우자의 간통을 이유로 하는 위자료 청구소송에서는 부정행위 여부만이 중요하다. 그들 관계가 어떻게 파국에 이르렀는지, 유책 배우자와 파트너가 어떻게 교감했는지는 중요하지 않다. 그들 관계가 사랑인지 따위는 안중에도 없다. 인정의 기미나 세상물정에 어둡다면 사실관계를 제대로 확정하기 어렵고, 잘못 확정된 사실관계는 바로 오판으로 이어진다. 그날 그 시각에 무슨 일이 있었는가?

　사실관계는 증거를 통한 추론으로 확정된다. 주요한 증거로 인증과 서증이 있다. 요즘 들어 디지털 증거가 중요하지만, 그래도 여전히 사람과 서류가 가장 중요하다. 사람은 진술을 통해 증거가 된다. 특히 법정증언은 무엇보다 중요한 증거다. 재판과 기억은 떼려야 뗄 수 없다. CCTV나 DNA처럼 객관적 증거가 없는 재판은 기억을 재구성하는 과정과 다르지 않다. 기억은 법적 사실이라는 존재의 집이다. 기억이 없으면 사실도 없다. 기억하지 못하고, 기록되어 있지 않다면, 적어도 재판에서는 그날 그 일은 벌어지지 않은 것이다. 나의 실감만으로 내 존재를 입증하지는 못한다. 누군가 나를 기억하고 언급하지 않으면 나는 존재하지 않는다. 사회적 존재는 물질이 아니라 기억과 이야기로 이뤄진다.

　문제는 기억이 믿을 게 못 된다는 점이다. 기억의 불명료함에 대한 수많은 연구와 논증이 있다. 기억은 빠르게 소멸되고, 기꺼이 왜곡된다. 현실과 상상을 구분하는 것은 아주 얇은 막 하나다(엘리자베스 로프터스Elizabeth F. Loftus). 법정에서 비일비재하게 발생하는 위증은 사실과 다른 진술을 처벌하는 범죄가 아니다. 기억에 반하는 증언을 처벌하는 것이다. 위증은 재판이 실체적 진실에 다가가는 데 있어 강력한 방어막 역할을 한다. 이중, 삼중으로 수비한다. 그러나 허점이 있다. 거짓말이기 때문이다. 기억에 반하는 거짓 진술은 본질적으로 오류를 내포하기 마련이다. 그러나 인간은 영악해서 여기에도 대책을 세운다. 바로 오기억false memory이다. 스스로 조작하고 신뢰해 강화한 오기억은 거짓말의 어수룩함을 덮는다. 강력하다. 위증죄의 혐의마저 벗어버린다.

명망 있고 아주 힘센 공직자의 수뢰사건을 담당한 적이 있다. 기록은 방대하고 논쟁은 치열했지만 사안은 간단했다. 한 고위공직자가 같은 조직의 하위직 고위공직자로부터 금품을 받았다는 것이다. 8,000만 원 남짓이었다. 그 조직의 막강한 힘에 비해 큰 금액도 아니었고, 외부인에게 받은 것도 아니었다. 돈을 가져오라고 했던 것도 아니다. 그저 조직의 관행처럼 받아오던 돈이었다. 그는 무척 억울해하며 인사 청탁을 거절당한 후배의 음해라고 했다. 주위에서는 정치적 음모 얘기가 흘러나오기도 했다.

처음에는 그도 돈을 받은 사실을 분명히 기억했던 것 같다. 하지만 그의 무의식이 나섰다. 그는 기억을 왜곡하고, 심리적으로 완벽히 무장해 법정에 섰다. 아직도 그의 기나긴 탄원서와 법정에서의 절절한 눈물을 잊을 수 없다. 그는 구치소가 너무 추워 페트병에 온수를 담아 수건으로 감싸고 끌어안아야 겨우 잠들 수 있는데 물이 식어 깼을 때의 그 싸늘함과 비참함, 자신의 아내가 구치소 앞에 월셋방을 얻어 옥바라지를 하는 처연함에 대해 토로했다. 덕분에 나는 신영복 선생의 초인적 징역살이와 달리 일반인들의 한겨울 징역살이가 얼마나 힘든지, 옥바라지를 하는 가족은 또 얼마나 괴로운 심정인지 어렴풋이 알 수 있었다.

구속영장이 발부되자 그의 변호인은 즉시 구속적부심을 신청했다. 구속적부심은 기소에 앞서 구속의 타당성을 다시 한번 판단하는 것이다. 판사는 형사재판의 시작 단계에서는 검찰의 증거기록을 볼 수 없다. 증거로 쓸 수 없는 증거가 섞여 있을 수 있고, 시작부터 검찰의 논리에 경도되어 예단할 수 있기 때문이다. 그러나 구속적부심은 다르다. 기소 전 절차라 심문이 종료된 후 24시간 이내에 판단해야 하기 때문에 모든 증거가 드러난다.

돈을 건넸다는 사람의 진술은 확고하고, 빈틈이 없으며, 동기도 분명했다. 그러나 누구도 보지 못했다. CCTV 영상은 파기했거나 은닉했을 것으로 추측했다. 나는 재판에 들어가기도 전에 그가 유죄라는 심증을 가질 수 있었다. 구속적부심 신청이 변호인의 실수인지, 의도인지는 알 수 없었다. 하지만 막상 재판을 진행하며 그가 낸 장문의 탄원서와 굵은 눈물을 보자 심증이 흔들렸다. 사실은 간단했으나 그의 기억과 태도는 완강하게 저항했다. 하지만 그는 결국 수뢰가 인정되어 3년 6개월의 실형을 선고받았다. 당시 재판장은 "내 기억은 '내가 그것을 했다'고 한다. 내 자존심은 '내가 그것을 했을 리가 없다'고 말하며 요지부동이다. 결국 기억이 자존심에 굴복한다"는 니체의 말을 인용하며, 그의 심리상태를 인지부조화cognitive dissonance로 설명했다. 피고인에 대한 일종의 배려였다.

어디 이 피고인뿐이겠는가. 우리는 어쩌면 인지부조화 때문에 하루하루 버티고 있는지도 모른다. 살다 보면 부끄러워 되돌리고 싶은 행동이 얼마나 많은가. 부끄러운 과거 한때를 합리화하지 않고 살아가기란 불가능에 가깝다. 내 이상한 행동에 합당한 각주를 계속 달아야 한다. 그래야 살아갈 수 있다. '그래서 그랬지. 그래, 그게 맞아!' 하다하다 갖다 붙일 이유가 떨어지면 이젠 기억에 손을 대기 시작한다. '아니야, 그때 받은 과일바구니에는 분명 과일밖에 없었어.'

흔히 기억의 왜곡과 관점의 차이에 대한 이야기로 구로사와 아키라 감독의 영화 〈라쇼몽羅生門〉을 들곤 한다. 죽은 사무라이와 아름다운 그의 아내, 그녀를 범한 산적, 사무라이의 시체를 목격한 나무꾼이 각자의 기억을 더듬어 사건을 재구성한다. 각자의 입장에 따라 완전히 다른 이야기가 된다. 재판에서 그들의 진술을 모두 지켜본 승려는 인간에 대한 불신으로 치를 떤다. 사건이 발생한 지 얼마 지나지 않았음에도 사실관계가 많이 다른 점으로 보면, 〈라쇼몽〉은 기억의 왜곡이나 관점의 차이에 대한 이야기가 아니다. 거짓말에 대한 이야기다. 상반된 입장에 선 사람들의 말만으로는 진실을 판단할 수 없다. 인지부조화에 굴복한 기억은 완전히 다른 세계를 창조하기 때문이다. 실제 재판 역시 〈라쇼몽〉 같은 영화와 아주 흡사하다. 과거의 회상, 즉 플래시백flashback이 재판의 본질이다. 당사자들의 기억이 극히 단편적이라면 크리스토퍼 놀란 감독의 〈메멘토〉 같은 영화가 된다. 짧고 단속적인 기억의 플래시백으로 사실관계를 확정하는 재판은 험난하고 위험하다. 그 누구도 진실을 모른다. 심지어 당사자 본인조차.

당연한 얘기지만 나 역시 나를 믿지 않는다. 내게 있어 과거의 나는 완전한 타자다. 과거의 나와 조우하는 상황은 흔히 발생한다. 과거 일기나 사진을 볼 때, 예전 판결을 볼 때 등이다. 자백하는 사건은 놀라울 정도로 싱겁다. 매주 많은 사건을 처리하다 보면, 판사는 잠깐 스쳐간 피고인의 얼굴은 고사하고 이름도 제대로 기억하지 못한다. 비슷한 사안의 양형을 참고하려고 관련 판결을 검색하다 '뭐 이런 양형이 있어' 하고 의아해하는데, 자기 이름을 발견하고 멋쩍어한 판사가 나 말고도 여럿 있을 것이다. 사람이 아니라, 문자만 잠시 머물다 간 사건들을 생각하면 한없이 미안해진다.

기억을 생각하다 정情에 대해 생각해본 적이 있다. 사랑과 달리 정은 기억의 공유라는 생각이 들었다. '미운 정'이란 말도 있기 때문이다. 곱든 밉든 같은 경험과 기억을 공유한다는 사실은 중요하다. 연대감은 같은 일을 겪은 기억에서 비롯되기 때문이다. 몇 년 전 15년 동안 33만 킬로미터를 탄 자동차를 폐차했다. 만삭의 아내를 싣고 살같이 달렸던, 카시트 하나 겨우 채우던 몸이 어느덧 좌석을 꽉 채울만큼 커져버린 아이들의 유년이 고스란히 실렸던 자동차를 폐차하며 나와 아내는 눈물을 찔끔거렸다. 한낱 사물에 대한 기억이 이럴진대 하물며 사람이랴. '그놈의 정 때문에'라는 통속적인 말은 결코 가볍지 않다. 같은 기억은 끈끈이처럼 들러붙는다. 그럼에도 그 모든 기억을 싹둑 잘라내고 법정에 선 대단한 사람들을, 나는 매일 본다.

간혹 사건의 내용보다는 느낌이 더 강하게 떠오르는 경우가 있다. 비슷한 사건임에도 대수롭지 않은 경우가 있고, 깊이 각인 되는 경우도 있다. 기억을 통해 구축되는 사실이 관계나 감정을 포함해 재구성되기 때문인 듯하다. 어쩌면 기억의 대부분은 감정 이고, 감정이 기억을 환기시키는 것은 아닐까. 구체적 상황이 희 미해져도 뺨을 어루만지던 따뜻한 손길, 돌아서던 차가운 눈빛은 결코 잊히지 않으니 말이다. 행복한 기억이든 힘든 기억이든, 의 도치 않은 기억의 소실은 늘 당황스럽다. 아무리 애써 떠올려보 려 해도 흐릿한 영상만 보일 때의 그 허전함이란.

리암 니슨이 출연한 〈더 그레이The Grey〉라는 영화가 있다. 그중 잊히지 않는 대사가 있다. "오늘을 살고 오늘을 죽는다Live and die on this day." 우리는 매일을 망각으로 버티지만, 역시 망각 으로 하루하루 죽어간다. 미국의 저명한 신경학자이자 주옥같 은 저술을 남긴 올리버 색스Oliver Sacks의 여러 책을 보면, 신경 장애를 앓는 수많은 사람이 등장한다. 《아내를 모자로 착각한 남 자》(2006)에 수록된 〈길 잃은 뱃사람〉의 지미는 '치매, 착란, 정체 성 장애'를 앓고 있다. 그는 지능이 대단히 뛰어나고 머리회전이 빠르며 관찰력도 뛰어나지만 그의 기억력은 1분 남짓이다. 게다 가 그의 기억은 1945년에 머물러 있어서 그는 과거의 일을 현재 형으로 말한다. 그는 중증 코르사코프증후군 환자다.

나는 지미를 비롯한 여러 환자의 사례를 읽으며 혼란스러웠다. 우리가 보고 듣고 기억하고 사고하는 것과 완전히 다른 체계로 세상을 인식하는 사람들의 삶은 어떤 모습일까 상상되지 않았다. 마치 살아 있는 죽음을 보는 것 같았다. 이에 대해 색스는 같은 책에서 루이스 부뉴엘Luis Buñuel의 글을 인용했다. "기억을 조금이라도 잃어버려봐야만 우리의 삶을 구성하고 있는 것이 기억이라는 사실을 알 수 있다. 기억이 없는 인생은 인생이라고조차 할 수 없다는 것을. 우리의 통일성과 이성과 감정, 심지어는 우리의 행동까지도 기억이 있기 때문에 존재한다는 것을. 기억이 없다면, 우리는 아무것도 아니다." 색스는 덧붙였다. "이 끝없는 망각, 이 가슴 아픈 자기 상실을 지미는 알았다고도 할 수 있고 몰랐다고도 할 수 있다(우리는 다리나 눈을 잃으면 다리가 없고 눈이 없다는 사실을 의식한다. 그러나 자기 자신을 잃어버리면 그 사실 자체를 모른다. 왜냐하면 그것을 깨달을 자신이라는 존재가 없어졌기 때문이다)."

그러나 색스는 성당 미사에 참석하며 처음으로 무언가에 장시간 집중하는 지미를 보며 일말의 희망을 보았다. 색스가 인용한 루리야Aleksandr Romanovich Luriya의 말이다. "인간은 기억만으로 이뤄진 존재는 아닙니다. 인간은 감정, 의지, 감수성을 갖고 있는 윤리적인 존재입니다. 신경심리학은 이런 것에 대해 언급할 수 없습니다. 그렇기 때문에 심리학의 손길이 미치지 않는 이 영역에서 당신은 그의 마음에 영향을 미쳐 그를 변하게 할 수도 있지 않을까 생각합니다." 루리야의 말대로라면, 사건과 존재가 머무는 곳은 기억 말고 어디일까?

몇 해 전 장인이 작고하셨다. 대구에서 나고 자란 분이다. 자기주장을 굽힐 줄 모르는 완고하고 강한 분이셨다. 하지만 기억을 잃어가며 성격도 바뀌어갔다. 생전 누구 보고 싶다는 말은 입밖에 꺼내지도 않으시던 분이, 딸들이 보고 싶다고 말씀하셨다. 장인은 올해가 몇 년도인지, 아이들은 몇 학년인지를 묻고 또 물었다. 갑자기 사소한 질문이 많아지는 것이 치매의 징후라는 것을 그전에는 잘 몰랐다. 날짜와 사소한 일상은 사라져갔지만, 딸과 손자는 용케 끝까지 기억하셨다. 남은 사람들에게 그 사실은 한편으론 위로가 됐지만, 한편으론 더 가슴 아픈 일이었다. 알츠하이머를 다룬 〈노트북〉이나 〈스틸 앨리스〉, 〈아무르〉 같은 영화를 보면, 한 사람의 임종을 최대한 느린 배속으로 틀어놓은 것 같다는 생각을 하곤 했다. 기억의 점진적 소실로 인한 초저속의 죽음은 본인이나 주변 사람을 극한으로 힘들게 한다. 알츠하이머가 특히 두렵고 고통스러운 것은 사랑하는 이의 스러짐 때문만은 아니다. 그이의 기억에 존재하는 나와 우리의 사멸을 함께 천천히 지켜봐야 하기 때문이다.

팔순 할머니가 이웃집 노인의 바지 뒤춤에서 5만 원을 절취한 사건의 즉결심판을 한 적이 있다. 피고인을 호명하니 한 할아버지가 할머니를 부축해서 나왔다. 할머니는 거동도 불편했지만 인지능력에 더 큰 문제가 있었다. 이름과 생년월일을 묻자 '뭔 일이래'라는 표정으로 딴청을 피우셨다. 법정은 대기 중인 피고인

들로 만원인 상황이었다. 속으로는 경찰을 원망했지만 할아버지
의 도움을 받아 어떻게든 재판을 마치기로 마음먹었다. 할아버지
를 할머니 뒤편에 앉히고 다시 물었다. "할머니, 뒤에 계신 분은
누구세요?" 한순간의 망설임도 없는 명랑한 답변이 날아들었다.
"응, 우리 자기!"

　알베르 카뮈는 《이방인》(1980)에서 "생의 저녁에 이르면 얼
마나 가졌느냐가 아니라 얼마나 사랑했는가를 놓고 심판받을 것
이다"라고 했지만, 생의 어느 지점에 서 있든 사랑받고 사랑한 기
억보다 더 의미 있는 것이 또 있을까? 나 역시 사랑하는 이와 힘
들었던 시절, 서로의 마음을 뭉근하게 졸이고 졸였을 때, 분노와
원망은 날아가고 한 줌이라도 남는 감정이 오직 사랑이기만을 얼
마나 희망했던지. 그거면 충분했다. 그러나 안타깝게도 법정에는
사랑의 기억이 소송에 방해만 된다고 여기는 사람들 천지다. 서
로의 악행을 발고하기 바쁜 이들도 한때는 뜨겁게 사랑하는 사이
였겠지만, 사랑의 기억을 지우고 지워 완벽한 적이 되어 만나는
곳이 바로 법정이다.

　중증의 치매로 보이던 할머니가 할아버지를 온전히 기억했
는지는 알 수 없지만, 한 가지 분명한 건 두 분 사랑의 내력이 보
통은 아니었을 것이라는 점이다. 할머니의 생은 이제 거의 저물고
아름다운 기억도 대부분 사라졌지만, 삶이 다 졸아든 자리에 사랑
하는 이에 대한 기억이 남아 있다면, 그나마 견디실 만하지 않을
까. 내 장인이나 그 할머니는 기억을 잃으면서도 사랑을 지켰지

만, 멀쩡한 우리는 사랑의 기억을 애써 지우며 살아가곤 한다. 어쩌면 사랑에 관한 한 우리가 알츠하이머 환자일지도 모른다.

벌금 5만 원을 선고유예하며 말했다. "할머니, 우리 자기하고 조심해서 가세요." 나는 다음 사건도 잊은 채 서로를 의지해 천천히 떠나시는 두 분의 모습을 물끄러미 바라보았다. 존재의 진짜 집은 기억이 아니라 사랑일지도 모른다는 생각이 스쳤다.

습설

2018년 가을 서울고등법원에 근무하던 동료 판사 한 분이 작고
하셨다. 부모님과 남편과 두 아이를 남기고 먼 길을 가셨다. 기록
을 갖고 퇴근하기 위해 평소 배낭을 메고 다녔다는 그 판사님은
일요일 저녁에 출근해 월요일 새벽까지 판결을 작성한 후 자택에
서 쓰러지셨다. 그분의 책상에는 주인 잃은 기록과 도장자국 가
득한 인주, 메모를 위한 뾰족한 연필과 지우개, '눈에 좋은 비타
민' 한 통이 남아 있었다.

황망함에, 고인에 대한 추억에, 남은 가족에 대한 안타까움
에 모처럼 법원은 한마음으로 비통에 잠겼다. 다들 말을 아꼈지
만 남 일 같지 않다는 생각에 더욱 충격으로 와닿았다. 잊을 만하
면 판사나 법원 직원들의 비보가 들려온다. 판사가 출근을 하지
않아 관사로 가보니 쓰러져 있었다는 얘기는 아주 드문 사건도

아니다. "이러다 내가 쓰러지면 누가 날 발견할까 하는 생각이 든다." 작고하신 판사님이 생전에 남긴 글이다.

판사는 기록 넘기기의 달인들이다. 익숙해지면 단 한 번에 오차 범위 다섯 페이지 안쪽으로 해당 쪽을 펼친다. 진짜 달인들은 수백 쪽 기록 중 해당 부분을 정확히 펼친다. 법원은 이렇게 많은 서류를 넘기는 판사들을 위해 파란색 골무를 지급한다. 판사에게 필수품인 골무는 고무재질이라 땀이 잘 차고, 쓰면 쓸수록 녹아 늘어져 약한 부분은 끊어진다. 수시로 골무를 바꾼다. 녹아내려 녹진녹진해진 골무를 보면, 내 정신도 눅눅해진다. 노곤한 머리로 판결을 써서 출력하고, 그 판결의 잉크가 채 마르기도 전에 다른 판결을 쓴다. 판결을 쓰는 동안 앞선 판결문 안에서는 내가 욱여넣은 당사자들의 고통이 꾸덕꾸덕 말라간다. 그 판결문을 들고 법정에 들어가 피고인을 법정구속한다. 교도관이 피고인을 데리고 들어가는 사이에 다음 사건을 호명한다. 앞선 피고인의 슬픔이 채 수습되기도 전에 또 다른 사건을 진행한다. 선고된 사건은 내게 없는 사건이다. 나 또한 선고 즉시 1심 판사가 되어 그의 관심에서 사라진다.

도대체 대한민국 판사들은 일을 얼마나 하기에 사건이 많다고 죽는소리를 할까? 나도 궁금했다. 우리가 얼마나 많은 일을 하고 있는지. 그래서 찾아봤다. 대법원 사이트에 공개된 최근 사법통계 자료다. 2020년 전국 법원에 접수된 사건은 총 18,838,150건

(소송사건 6,679,233건, 비송非訟사건 12,158,917건)이었다. 소송사건은 본안사건(민사, 가사, 행정, 특허, 형사공판 등)과 본안외사건(민사조정, 집행, 신청, 비송, 형사약식, 즉결, 영장, 소년보호 등)으로 구분되는데, 그중 본안사건은 1,448,551건, 본안외사건은 5,230,682건이었다. 소송사건중 민사 72.3퍼센트, 형사 22.7퍼센트, 가사 2.6퍼센트, 소년보호 1.7퍼센트, 행정 0.7퍼센트였고, 비송사건은 95.4퍼센트가 등기 업무였다. 수치화하고 보니 사건이 많긴 하다. 소송 건수에 비해 판사 수는 현저히 부족하다. 판사의 정원은 3,214명인데('각급 법원 판사 정원법'에 특정되어 있다), 대법원장과 대법관, 사법연수원 교수 등을 포함한 전체 법관의 현원은 2,872명이다(2020년 10월 기준). 휴직 등으로 법관의 결원은 계속 증가하는 추세다. 2019년 법관 1인당 사건 수는 연 464.07건으로 독일의 약 5.17배, 일본의 약 3.05배에 이르렀다. 특히 대법원의 업무 부담이 심각한데 2020년 대법관 1인당 사건 수는 연 3,234건이었다.

　일이 많다고 징징대려는 것이 아니다. 정확한 통계는 알 수 없으나 어깨 너머로 본 바에 의하면 검찰이나 경찰 역시 법원보다 일이 적지는 않았다. 두꺼운 수사기록에 놀란 적이 한두 번이 아니다. 어디 이쪽뿐이겠는가. 정부나 공공기관, 회사, 공장, 자영업자는 어떤가. 아내의 가사노동보다 내 노동이 더 많다고 말하기도 어렵다. 과로사회의 고단한 일상에서 자유로운 사람은 대한민국에 별로 없다. 그나마 판사는 정년이 있고, 신분이 강하게 보장되며, 공무원연금도 있다. 신기루 같은 전관예우의 면류관을 쓰고 변호사를 할 수도 있다. 변호사는 정년도 없다.

다시 말하지만 격무를 하소연하는 게 아니다. 재판의 부실화에 대해 말하려는 것이다. 개인적 업무가 지체되면 한 기업과 가정이 피해를 입는 데 그치지만, 사법기관의 업무량이 충실한 업무 수행을 힘들게 할 정도에 이르면, 온 국민이 피해를 본다. 정의가 망가지고 자유와 평등에 기초한 기본권이 침해된다. 인생이 무너지고 사회가 병든다. 판사의 권한이 막강할수록 피해는 상상을 초월한다. 물론 격무가 엉터리 재판을 가려주는 '치트키'가 될수는 없다. 다만 현재 우리 사법시스템에 이런 문제가 있다는 사실 정도는 알아야 제대로 된 비판을 할 수 있다.

실무관이 끙끙대며 카트에 실어오는 많은 기록을 보다 보면 도대체 이걸 언제 다 읽나 한숨이 나온다. 10분이나 20분 단위로 여러 건이 잡힌 기일표를 보면 오늘은 또 얼마나 많은 말을 잘라야 할지 걱정이 앞선다. 당사자들은 어떻겠는가. 저놈의 판사가 내 서면을 읽기나 하는지 걱정돼 죽는다. 패소해도 좋으니 정성껏 쓴 서면이라도 꼼꼼히 읽어주면 원이 없겠다는 당사자도 흔히 본다. "판사님, 제발 이 말만 하게 해주십시오"라고 사정하는 당사자를 두고 말을 자르는 판사는 거의 없다. 다만 앞 사건 당사자의 말이 길어지면 뒤 사건 당사자가 불안해한다. 자신의 시간이 줄어들기 때문이다. 나도 불안하다. 뒤 사건 당사자가 불안해하기 때문이다. 법정은 판사의 내밀한 한숨과 당사자의 공공연한

189

불안이 교차하는 곳이다.

정을병은 단편소설 〈육조지〉(1974)에서 "형사는 때려 조지고, 검사는 불러 조지고, 판사는 미뤄 조지고, 간수는 세어 조지고, 죄수는 먹어 조지고, 집구석은 팔아 조진다"고 썼다. 사건처리 얘기만 나오면 법원이 사건을 '미뤄 조진다'는 비판을 참 많이 듣는다. 다른 말은 웬만하면 수긍하지만 이 말은 좀체 인정하기 어렵다. 물론 사건이 지체되는 경우는 많다. 특히 판사의 3분의 1에 가까운 1,000여 명이 전보되는 정기 인사철에는 사건처리가 지연된다. 당사자와 후임자를 위해 처리하던 사건을 어떻게든 종결하려고 용을 쓰지만 부득이한 경우가 생긴다. 하지만 판사가 놀면서 사건을 처박아놓거나 나쁜 의도로 처리를 지연하는 경우를 나는 보지 못했다.

법정은 그야말로 전장이다. 밀려드는 사건의 처리를 형의 집행을 유예하듯 유보할 수 없다. 각각의 사건에는 무수한 질문과 애타는 간청이 있다. 나는 최대한 빨리 답해야 할 의무가 있다. '정의란 무엇인가'라는 질문에 마이클 샌델처럼 질문으로 답해서는 안 된다. 철학교수와 판사는 하늘과 땅 차이다. 판사는 딱 부러지게 답해야 한다. 오답이라도 줘야 한다. 간청을 들어주는 이유와 들어줄 수 없는 이유 역시 명쾌해야 한다. 그게 판결이다. 군인이 기계적으로 전투에 임하듯, 판사는 본능적으로 사건을 처리해야 한다. 이게 재판의 모습이다.

믿기 어렵겠지만 대한민국 법원처럼 사건을 빨리 처리하는 법원은 많지 않다. 빨리 처리하니 수준이 엉망일까? 더욱 믿기 어렵겠지만 대한민국처럼 판사 개인의 사건처리 역량(정확성)이 높은 나라 역시 흔한 편은 아니다. 사건처리도 빠르고 정확한데 무엇이 문제인가? 솔직히 말하면 사법의 수준, 그 기대치가 너무 높게 설정되어 있는 것은 아닌가 하는 생각이 든다. 국민들 탓이 아니다. 법원이 솔직하지 못한 탓이다. 속도를 얻으면 품질을 잃고, 품질을 얻으면 속도를 잃는 게 당연하다. 빠른 속도에 품질까지 얻으려면 막대한 비용을 잃고, 많은 돈을 아끼려면 속도와 품질을 잃는다. 자유시장경제 체제에서는 당연한 이치다. 문제는 공공부문도 다르지 않다는 사실을 제대로 알리지 않았다는 것이다. 아니, 대한민국 판사들의 능력이 탁월하니 법원이 전부 감당할 수 있다고 착각했다. 아니, 능력은 뛰어나지만 조직의 결정에 어지간하면 불평하지 않는 판사들의 습성을 이용해 판사들을 쥐어짜면 어지간하게는 해결되었다. 그렇게 죽 이어져왔다. 이게 누적되어 감당 못할 지경까지 온 것이다.

현재 대한민국 판사는 진퇴양난이다. 당사자의 말을 자르며 5분, 10분 재판으로 사건을 쳐내야 하는 판사는 잘려나간 50분, 100분 동안 했어야 할 말의 무게에 가위눌린다. 버스에 우산을 두고 내리듯, 당사자들은 자신의 기록 속에 희구와 원망과 저주를 두고 내린다. 양심을 지키자니 몸을 못 지키고, 몸을 지키자니 양심이 부서진다. 이렇게 어정쩡한 재판을 하고 있다. 재판과 사생활의 절묘한 균형은 오롯이 판사 개인에게 달려 있다. 대충 재판해도 견딜 만큼 멘탈이 강한 판사는 좀더 적은 시간을 쓰고, 멘탈이 약한 사람은 많은 시간을 쓴다. 멘탈이 약하지만 몸마저 약한 사람은 어쩔 수 없이 재판시간을 줄이고, 체력이 받쳐줌에도 멘탈이 강한 사람은 정시퇴근을 하고 다시 운동으로 체력을 키운다.

구체적 통계를 찾아보진 않았지만, 우리보다 재판이 충실한 나라들을 보면 이유가 있다. 시간과 돈을 많이 쓰거나 판사를 많이 쓴다. 사실 인종에 따른 체력 차이를 배제한다면, 깡으로 버티고 과로에 적응하는 능력은 우리가 제일이다. 배달문화로 상징되는 절차의 신속함은 두말할 것도 없다. 로펌에 근무할 때 외국 기업과의 분쟁을 몇 번 본 적이 있다. 우리나라 기업은 분쟁이 생기면 십중팔구 일전불사, 임전무퇴를 외친다. 붙어보자, 외국 법정이라는 전장으로 달려가고 싶어 안달한다. 기업이 우리에게 묻는다. "전투는 언제 시작되나요?" 우리도 외국에 물어보고 말해준다. "소장이 접수되면 보통 1년 6개월에서 2년 후에 첫 심리first trial가 열린다네요." 기업은 흠칫 놀란다. 뭐야, 그게. 전의가 흔들린다. "다른 방법은 없나요?" "그 나라는 어지간하면 소송으로 가지 않고 합의settlement로 끝낸다네요." "어떻게 합의하죠?" "보통 양측 법률대리인attorney at law이 법률적 검토를 끝내고 그 내용을 서로 교환한 후 밀당을 한다네요." "그건 또 얼마나 걸리죠?" "소송보단 훨씬 빠르다네요." "그럼 합의합시다." 뭐 이런 식이다. 신속함에 길들여진 우리는 오랜 시간을 견딜 수 없다.

시간도 시간이지만 결론이 늘어질수록 비용도 감당할 수 없을 정도로 불어난다. 타임차지time charge 약정이 많아서다. 타임차지는 시간당 인건비에 시간을 곱하는 방식을 말한다. 1999년 당시 로펌에서 주니어 변호사였던 나는 시간당 150불 정도를 받았고, 시니어 변호사는 300불 정도였다. 스태프들도 타임차지가 있는데 노련한 사무장은 100불 정도였던 걸로 기억한다. '무한상사'가 법적 분쟁에 휘말려 타임차지로 사건을 의뢰했다고 치자. 로펌은 무한상사 업무를 담당할 변호사와 스태프를 정하고, 무한상사의 폴더를 만든다. 무한상사의 일을 하는 사람들은 관련 업무를 할 때마다 각자 타임시트time sheet를 작성한다. 서류 작성 1시간, 미팅 0.5시간, 법원 출입 2시간, 자료 검토 1.5시간… 이런 식이다. 무한상사 폴더에 묶인 타임시트를 모두 모아 각자 책정된 시간당 비용을 곱하면 청구할 금액이 계산된다. 대개 한 달 단위로 청구서bill를 클라이언트에게 보낸다. '시간이 돈이다'라는 말은 격언이 아니다.

변호사를 하면서, 그리고 판사인 지금까지도 정말 의아하다. 변호사 숫자는 폭발적으로 늘어났음에도 국민들의 법률서비스 접근비용은 좀처럼 낮아지지 않아 법정이라는 전장에 변변한 무기 하나, 지원군 한 명 없이 맨몸으로 서는 사람이 너무도 많다. 대부분 민사분쟁은 계약서나 영수증 같은 서면 하나만 잘 써도 절반은 미리 막을 수 있다고 보는 법률전문가가 많다. 하지만 그 큰 계약을 하는데 백지에 손으로 찍찍 갈겨 약정서를 작성한다.

그나마 이 정도는 양반이다. 아예 구두로 약정하는 경우도 비일 비재하다. 계약의 주요 내용이 도중에 달라졌음에도 추가 약정을 하지 않아 발생하는 분쟁은 셀 수 없다. 한 문장, 문구 하나, 조사 한 음절, 콤마 한 개 차이로 몇억 원이 왔다갔다 할 수도 있다. 무엇이 문제일까?

한국의 법률문화나 법의식을 원망하는 분도 많다. 어릴 때부터 법교육을 제대로 못 받았다는 것이다. 틀린 말은 아니다. 그러나 나는 이 문제의 핵심이 잘못된 수임료 구조에 있다고 본다. 한국의 변호사 선임료 방식은 타임차지가 아니라 소송사건당 일정 금액 (의뢰할 때 받는 착수금과 소송에서 이겼을 때 받는 성공보수)을 받는 식이다(다만 2015년 7월 대법원은 형사사건에서의 성공보수 약정은 무효로 보았다). 그런데 법률문제는 소송만 있는 게 아니다. 소송은 최후의 전장이다. 일상에서 발생하는 법률수요의 대부분은 계약서를 쓰거나 법률자문을 받는 등 생활과 밀접한 영역에서 발생한다. 손해배상이나 이혼소송처럼 소송 결과가 변호사의 역량에 따라 크게 좌우되지 않는 경우도 있고, 사건이 조정되어 예상보다 훨씬 빨리 끝나는 경우도 있다. 반대로 간단한 소송인 줄 알았는데 2~3년이 훌쩍 가는 경우도 많다. 사건이 싱겁게 끝나거나 변호사가 한 일이 없다고 생각하는 의뢰인은 거액의 성공보수를 받는 변호사를 도둑놈이라고 욕하고, 2~3년이 걸린 사건에서 패소한 변호사는 착수금보다 훨씬 많은 일을 했음에도 한 푼도 더 받지 못하고 욕만 진탕 먹는다. 불합리한 방식이다. 변호사가 넘쳐나지만 변호사 사무실 문턱이 높은 결정적 이유다.

작은 일을 하면 작은 보수만 받는 방식이 도입돼야 한다. 계약서 한 장 검토하는 데 한 시간 걸렸으면 10만 원만 받으면 된다. 나는 변호사 초년 시절 도대체 왜 변호사 사무실이 법원 근처에 몰려 있는지 이해할 수 없었다. 병원과 약국, 공인중개사 사무실과 빵집처럼 그냥 사람들 틈에 있지 못하는 이유를 알 수 없었다. 세입자인 황씨 노인이 지나가는 길에 들러 "박변, 집주인이 뭐 이런 걸 보내왔네. 이거 한번 봐주소" 하고 물어오면, 나는 차라도 한잔하시라고 말씀드리고 내용증명을 들여다본다. 적절히 조언을 하고, 필요하면 집주인에게 보낼 내용증명을 작성해드린다. 나는 그분과 상담하고 내용증명을 보내는 데 든 시간을 그분 장부에 적어둔다. 한 달쯤 지나 그분에게 청구서를 보낸다. '동네변호사 조들호'처럼 거창한 정의를 구현하는 것은 아니지만, 나는 오래전부터 동네변호사를 꿈꿨다. 물론 타임차지만이 정답은 아니다. 이 방식은 긴 시간이 소요되는 경우 소송비용이 크게 증가하는 측면이 있고, 변호사 유사 직역職域(법무사 등)과 충돌하는 문제가 있기 때문이다. 그럼에도 소송업무 위주의 일시불 선임료 구조는 개선되어야 한다.

잠깐 얘기가 다른 곳으로 새버렸다. 다시 원래 질문으로 돌아오자. 그럼 도대체 어떻게 해야 사건 폭주로 인한 재판의 부실화를 막을 수 있을까? 제시되는 몇 가지 안이 있다. 판사의 증원,

사건처리 속도를 늦추는 방안, 소송비용을 높이는 방안 등이 그
것이다. 사건처리를 늦추거나 소송비용을 높이는 방안은 국민의
신속하고 공정한 재판을 받을 권리나 재판청구권을 침해할 측면
이 있어 쉽게 취할 방법은 아니다. 가장 유력한 건 판사의 증원
이다. 그러나 이 역시 쉽지 않다. 판사 수는 법률사항이라 일거에
많이 늘릴 수 없다. 또 판사만 늘린다고 해결될 문제도 아니다.
법정도, 재판부 구성원도 같이 늘려야 한다. 돈이 많이 든다. 그런
데 법원은 돈이 없다(사법부 독립을 저해하는 가장 큰 요인이 무엇인가라고
물으면, 나는 주저 없이 독자적 예산편성권이 없는 것이라고 답하겠다).

　　법원이 신뢰받아야 하는 이유는 판사들이 잘나서가 아니다.
그 신뢰가 고스란히 좋은 재판으로 국민에게 돌아갈 확률이 높기
때문이다. 재판 잘하는 어떤 판사 한 분이 '판사 노릇 편하게 하
려면 MC만 하면 되지'라고 해서 뜨끔한 적이 있다. 내가 MC 판
사였던 것이다. 분쟁을 정확하고 깨끗이 해결하면서도 절차적 만족
감까지 주는 좋은 재판을 하기보다, 절차를 진행하고 사건을 떼내
기 바쁜 판사. 귀한 손님에게 '3분카레' 같은 즉석식품을 내놓으며
미안해하는 호스트처럼, 오늘도 5분 재판을 하며 자책감에 시달
리는 많은 MC 판사가 있다. 우리는 덫에 걸렸다. 사법부에 대한
불신이 재판의 부실화로 이어지는 악순환의 덫이다. 물론 불신의
주된 책임은 법원에 있다. 국민이 지지하지 않으면 법원은 아무
것도 할 수 없다. 안타깝다.

무수한 희구와 간청에 둘러싸인 판사의 처지를 생각하면 늘 떠오르는 이미지가 하나 있다. 운문사 반송盤松이다. 경북 청도 운문사는 크고, 반듯하고, 적요하며, 정갈한 사찰이다. 특히 세월의 풍상을 견뎌내며, 눈부시게 푸른 하늘을 풍성하게 받치고 있는 처진 소나무의 자태는 압도적이다. 그 넓은 가지로 만들어낸 광대역의 그늘은 경이롭기까지 하다. 이전에는 무심히 지나쳤지만 법원에 있으면서 나이를 먹기 시작하자 운문사의 처진 소나무가 달리 보였다.

어느 저녁, 법고와 목어 소리 둥둥 탁탁 퍼져나가고, 앳된 비구니가 힘겹게 저녁 예불을 알리는 타종을 하는 동안, 나는 처진 소나무를 한참 동안 바라봤다. 산사의 한 자락 하늘을 받들고 앉아 수많은 대중의 기원과 한숨의 무게에 짓눌려 가지가 아래로 퍼질러 주저앉았나 보다고 생각했다. 가지가 넓게 처지면 처질수록 비구니들은 해탈에 다가가고, 대중의 시름은 깃털처럼 가벼워질 것이다. 묵묵히 서서 많은 얘기를 다 들어주는 나무의 도력을 조금이라도 닮고 싶었다. 처진 소나무 같은 판사가 되고 싶었다. 그러나 애석하게도 나 같은 나무는 그 도력을 흉내 내는 것조차 버거웠다. 모진 비바람에도 끄떡 않던 아름드리나무들도 사뿐사뿐 내려 쌓이는 하얀 눈에 꺾이는데(법정 스님, 〈설해목〉, 《무소유》, 범우사, 1999), 하물며 실가지 무성한 잡목이 그 무게를 어떻게 감당할 수 있을까.

대설주의보가 내린 어느 날이었다. 눅눅한 눈이 펑펑 쏟아졌다. 습기를 머금은 눈은 보통 눈보다 세 배 정도 무겁다. 습설濕雪이었다.

보기와 달리 난분분 난분분 팔랑이는 눈발은 조용하지만, 젖은 눈은 소란스럽다. 챠르륵 챠르륵 우산을 두드리며 이야기를 건넨다. 습설은 사연 많은 눈이다. 큰눈 내린 날, 우산을 받치며 법원을 들어서다 사람들과 눈이 마주쳤다. 눈도 제대로 털지 못하고 아침부터 법원을 드나드는 이들 역시 사연 많은 사람들이다. 각자의 이야기를 품 안 가득 안고, 각자의 법정으로 뿔뿔이 흩어진다.

잿빛 얼굴의 저 남자는 한동안 집으로 돌아가지 못할 것이고, 눈이 퀭한 저 여자는 한참을 잠 못 이룰 것이다. 볼이 움푹 팬 저 노인은 벌금을 못 구해 노역을 살 것이고, 아들을 잃은 저 노파는 재판이 끝나기를 하염없이 기다릴 것이다. 눈물과 고통마저 계량하여 일일이 값 매기는 비정한 법정에서 슬프고 가슴 아픈 이야기를 꺼내고 또 꺼낼 것이다. 그들이 준비한 사연의 반의반도 못다 얘기했음을 알면서도, 뒤 사건으로 채근하며 8시쯤 겨우 사무실로 올라왔다. 창밖에는 눈이 계속 내리고 무거운 이야기들은 무겁게 법원을 다시 나선다. 충실히 듣겠노라 매번 다짐하지만 빽빽한 기일표를 보면 늘 한숨이다. 성의껏 들었다는 말도 해선 안 된다. 그들의 성의는 언제나 내 성의의 백만 배 이상이다.

오늘 밤에도 어디선가 습설에 풀썩풀썩 함석지붕이며 비닐

하우스 주저앉는 소리가 들릴 것이다. 재판을 마친 나도 갖가지 사연의 무게에 다리가 꺾이는 것 같다. 늦저녁 법원을 나서며 받친 우산 위로 눈이 다시 이야기를 시작한다. 뒷눈에 쫓기지 않고 우산 한 개의 사연에만 집중한다. '먼저 간 사람의 발자국이 길이 된다'는 답설踏雪의 경구를 마음에 품고, 후배들을 위해 반걸음조차 조심히 걷던 분의 모습이 보인다. 늦게 법원으로 와 여러모로 마음이 어지러울 때, 무작정 따라 걸었던 선배 법관이 계셨다. 내가 잘 따라 걷고 있는지 늘 궁금했는데, 어느덧 나를 따라 걸을 누군가를 걱정할 처지가 되었다.

재판 뒤 밀려드는 상념처럼 눈이 멈추지 않는다. 한 움큼 꾹꾹 눌러 뭉치면 눈물이 주르륵 흐를 것만 같은 그런 눈이다. 법원 주위에 내리는 눈은, 언제나 습설이다.

얼어버린 어깨

잠 못 이룬다. 얼핏 잠든다. 어둠 속에서 무언가 다가온다. 꼼짝할 수 없다. 발버둥을 쳐본다. 놓아주지 않는다. 가위에 눌렸다. 아내에게 깨워달라는 마음을 담아 비명을 지른다. 아무리 외쳐도 깨워주지 않는다. 손가락 한 개부터 간신히 움직이기 시작한다. 몸을 뒤집는다. 겨우 잠에서 깼다. 주위엔 아무도 없다. 관사다. 새벽녘 비명소리에 놀란 오피스텔 사람들이 문 앞에서 웅성인다. 민망하다. 그들이 돌아간다. 다시 잠들지 못한다. 중요한 사건의 선고를 앞두고 있거나 끔찍한 기록을 보거나 이런저런 결정 사이에서 뒤척이다 잠들 때면, 간혹 가위에 눌린다. 관사에서 그럴 때면 참 난감하다.

운전을 즐기는 편은 아니지만, 한 몇 년 동안 어쩔 수 없이 출퇴근 때문에 부산과 울산을 오갔다. 한 시간 남짓 거리인데 이런저런 생각을 하다 보면 금방 목적지에 도착했다. 당시 커브길을 달리다 든 생각을 그날 일기에 적어두었다.

2009년 12월 15일
길이 살짝 왼쪽으로 몸을 틀면, 나는 살짝 오른쪽으로 몸을 틀고, 길이 급하게 몸을 꺾으면, 나도 급하게 몸을 꺾는다, 대책 없는 흔들림, 어김없는 쏠림
나의 천국은 너의 지옥, 너의 천국은 나의 지옥, 우리의 천국은 어디에도 없지만, 우리 모두의 지옥은 아니라는 사실에 안도한다
나는 늘 너와 반대다
이윽고 사랑이 멈추자, 삶이 고꾸라졌다
대책 없는 쏠림, 쏠림

법원에 온 지 4년쯤 지났을 무렵의 일기다. 당시 나는 판단하는 자로서의 흔들림과 쏠림에 대한 고민이 많았다. 판단과 결정의 어려움이 끊임없이 나를 괴롭혔다. 지금도 그 실체를 잘 모르지만, 정의의 여신은 옷자락 하나 볼 수 없었다. 변호사일 땐 겪지 못한 일이었다. 변호사는 일방의 이익만을 위해 뛰므로 적어도 이런 고민은 없었다. 나는 그날 일기에서 원심력과 관성의 법칙에 빗대 판사의 흔들림에 대해 얘기하고 싶었던 것 같다. '핸들을 돌린다고 한쪽으로 쏠려선 안 된다. 당긴다고 끌려가서도, 민다고 밀려서도 안

된다. 뻘 깊숙이 법률지식과 법관의 양심이라는 쇠말뚝을 박는다. 어떤 파도에도 굳건하다. 나는 완강한 방파제다. 나는 법이다'라는 강박이 있던 시절이었다. 판사는 자연법칙 위에 서 있어야 하는 존재라고 생각했다.

타성에 젖어 무감각해지는 것의 무서움도 잘 몰랐다. 법원 경험이 짧았고, 나름대로 열정이 넘쳤고, 사생활을 마음 편히 누릴 만큼 멘탈이 강하지 못했고, 주 80시간을 근무해도 체력이 버텼기 때문이었다. '사느냐 죽느냐To be, or Not to be'의 처지에 선 사람도 괴롭지만, '죽이느냐 살리느냐To kill, or Not to kill'의 처지에 선 사람에게도 선택은 괴로운 문제다. 소송은 타협의 지점 없는 일도양단의 장이다. 모 아니면 도, 승소 아니면 패소, 유죄 아니면 무죄, 정의 아니면 불의로 갈린다. 물론 민사소송에서는 일부 승소, 일부 패소가 있기는 하지만, 한 가지 쟁점에는 오로지 하나의 결론만 존재한다. 재판은 양자역학의 세계가 아니라 고전 물리학의 세계다.

그 무렵 나는 늘 우유부단하고, 결정을 미루고, 고민하고, 뻔해 보이는 사건조차 들고 앉아 뭉개고, 버티고 버티다 선고 직전에야 겨우 판결을 납품했다. 최선을 다한 숙고의 결과라고만 말할 수도 없었다. 미적거림의 상당부분이 판결 작성에 서툴고 법리에 어두워서였다. 법리와 판례를 꿰고, 사람들의 속내와 세상 물정에 통달한 부장들을 선망의 눈으로 보았다. 나는 언제 저런 식견이 생기나 부러웠다.

우유부단함이 판사의 덕목일 리는 없었다. 내 무지와 줏대 없음을 원망했다. 간혹 나보다 더 심한 판사들도 있기는 했다. 그들은 결정장애가 있는 사람들처럼 보였다. 결정장애는 판사로서 악몽이다. 그러면 판사로서의 운명이 길지 않았다. 그나마 중대한 이익이나 심오한 가치가 충돌하는 사건은 결정의 어려움이 당연하다고 여겨져 내 우유부단함이 가려졌지만, 아주 사소해 보이는 사건조차 판단에 어려움을 겪을 때면 내가 결정장애가 아닌가 의심스러웠다.

민사 소액재판을 담당할 때 사건이다. 한 예식장에서 예식비용을 내지 않는 신혼부부에게 물품대금 청구소송을 제기한 사건이었다. 신혼부부인 피고는 예식실 대여, 예식 행사비, 사진 촬영 등의 비용으로 4,655,000원을 지급하기로 했고, 예식장 업주인 원고는 부부가 제공하는 사진과 야외촬영 사진 등을 편집해 영상으로 제작한 후 예식 전에 틀어주기로 했다. 신혼부부는 각자 열 장씩 필름사진을 제공했는데, 업주가 사진을 분실해버렸다. 그 사진들은 부부가 커가며 찍은 사진들 중에서 선별한 것들로, 학창시절과 군생활 당시 찍은 사진들도 포함돼 있었다. 결혼식은 예정대로 치러졌으나, 부부는 사진 분실에 따른 손해배상을 주장하며 예식비용 중 일부만 지급했다. 업주는 잔금 3,095,000원 중 사진 분실에 따른 책임으로 50만 원을 제한 2,595,000원을 지급하라고 했고, 부부는 사진 분실로 인한 정신적 고통이 예식비용을 초과하므로 줄 돈이 없다고 다퉜다. 쟁점은 간단했다. 분실한 사진의 가치가 얼마냐 하는 것이다. 사진의 사본은 존재하지 않았다.

나는 알 수 없었다. 물건을 잘 버리지 못하는 소심한 성격의 나는 과거 사진 한 장도 잃어버리는 게 아까워 애지중지한다. 혹 날아갈까 싶어 디지털 파일은 여러 군데 백업을 해둔다. 한번은 아이들 사진이 날아가 파일을 복구하는 데 몇십만 원을 쓰기도 했다. 그래도 절반 정도만 복구되었는데, 당시 심정으로는 몇백만 원을 달라고 해도 줄 수 있을 것 같았다. 신혼부부의 주장이 이해됐다. 장당 20만 원으로 계산해도 스무 장이면 원고가 청구한 금액을 초과한다. 주위 판사들에게 물어봤다. 가정적이고 섬세한 성격의 판사는 내 견해에 동조하며 청구를 기각하라고 했다. 반대로, 시니컬하고 현실적인 성격의 판사는 과거 사진을 살면서 몇 번이나 보냐고, 업주는 주된 의무를 다 이행했고, 동영상 상영은 서비스로 해주는 것인데, 예식비용을 뭉텅 떼이는 건 부당하다며, 장당 적당히 계산해서 일부 인용하라고 말했다. "그럼 장당 얼마?" 내가 물었다. "한 5만 원 하면 되지 않을까?" 나는 당시 같이 근무하던 판사들에게 사진값을 물어보러 이 방 저 방을 돌아다녔다. 결국 사진 스무 장의 가치를 200만 원으로 산정해서, 신혼부부는 업주에게 100만 원 남짓을 지급하라고 판결했다.

어떤 판사가 〈법률신문〉에 기고한 사연●에 고개를 주억거린 적도 있다. 판사라면 누구나 공감하는 내용이었다. 사연은 이랬다. 피고가 운전을 하다 원고와 함께 횡단보도를 건너던 삼순이를 치어 사망에 이르게 한 사건이었다. 삼순이는 망인亡人이 아니라 망견亡犬이었다. 그 판사는 사건 메모 쟁점란에 '개값'이라고 적었다. 첫 기일에 "얼마짜리 개예요, 비싼 종種인가요?"라고 물었는데, "판사님, 제 자식이 죽었어요"라며 원고가 펑펑 울었다는 것이다. 삼순이를 잃은 원고의 고통은 돈으로 위자되기 어려워 보였고, 주인이 개를 가족처럼 여기면 큰돈을 물어주고, 그냥 개 취급을 하면 개값만 물어주는 것도 공정해 보이지는 않는다는 생각에 많이 고민했다는 내용이었다. 깊게 공감했다. 과연 삼순이의 적정한 값은 얼마일까?

나 역시 개와 얽힌 잊히지 않는 사건이 있다. 조정신청재판(본격적인 소송으로 가기 전 서로 합의를 시도하는 절차다. 합의가 되지 않으면 소송으로 넘어간다)을 할 때였다. 사건명은 '강아지소유권분쟁'이었다. 사업차 캐나다로 이민을 가게 된 신청인이 지인에게 키우던 강아지 두 마리를 잠시 맡겼는데, 지인이 강아지를 잃어버렸다. 신청인은 캐나다에서 인터넷을 샅샅이 뒤졌고, 유기견 보호소 공고란에서 잃어버린 강아지들을 발견했다. 한 마리는 우여곡절 끝에 캐나다로 데려갔지만, 한 마리는 입양되어 데려갈 수 없었다며, 자신의 강아지를 돌려달라는 내용이었다.

난감했다. 우선은 피신청인의 주소가 없어 신청서를 송달할

● 정재헌 부장판사(수원지법), "개값 재판", 〈법률신문〉, 2017. 3. 9.

방법이 없었고, 강아지의 동일성이 문제될 경우 이를 확인할 방
법도 쉽지 않아 보였다. 강아지 유전자 검사를 해야 하나, 주소보
정을 명하고 보정이 안 되면 사건을 각하할까 하다가, 유기견을
입양시킨 구청이 기재돼 있어 입양한 사람의 신원을 물어보기로
했다. 결국 주소를 알게 되어 조정기일이 잡혔다.

　신청인은 캐나다에서 대리인을 보냈다. 입양자는 한 할머니
였는데, 할머니 대신 할아버지가 출석했다. 신청인의 대리인은
비슷한 강아지를 사드리고, 위로금 500만 원도 드리겠다고 제안
했지만, 할아버지는 일언지하에 거절했다. 할머니가 우울증을 앓
고 있는데 예전에 기르다 죽은 강아지와 신청인의 강아지가 비슷
해서 할머니가 강아지를 많이 의지한다고 했다. 애견인들에게 물
어보니 유기견을 입양했더라도 개의 원래 주인이 나타나면 돌려
주는 것이 관례라고 했지만, 할머니가 완강했다. 신청인의 대리
인도 곧 캐나다로 돌아가야 했다. 조정기일을 2주 뒤로 다시 잡
고, 그사이 신청인의 대리인에게 할머니 댁에 가서 강아지 상태
를 보고, 할머니도 만나본 후 다시 얘기해보자고 했다. 개를 진정
으로 사랑하는 분들이라면 어떻게든 합의가 될 거라고 생각했다.

　이건 내가 결정할 수 있는 사안이 아니었고, 2주 뒤에 합의가
성사되었다. 대리인에게 강아지 상태와 할머니 이야기를 들은 신청
인이, 할머니 외에 다른 사람이 키우지 않을 것, 보고 싶을 때 보여
주고, 기타 사항들은 서로 연락하며 협의하는 조건으로 강아지를
포기하기로 했다. 강아지 이름은 '럭키'였다. 이름처럼 훈훈하고 운

좋게 마무리되었던 '럭키사건'은, 불행하게도 그 이후 분쟁이 이어졌다고 들었다. 과연 럭키는 누가 키우는 것이 맞았을까? 나는 여전히 모르겠다.

도대체 왜 이런 결정들이 어려운 것일까? 우유부단해서? 나의 줏대 없음은 부정할 수 없지만, 오랜 기간 재판을 해본 끝에 내린 결론은 허무하게도, 이런 결정은 원래 어렵다는 것이다. 절대적 잣대가 없기 때문이다. 한 사람에겐 잊을 수 없는 추억이지만, 한 사람에겐 그저 낡은 사진 한 장에 불과하다. 한 사람에겐 그냥 개지만, 한 사람에겐 가족이다. 가치는 상대적이고, 중요하지 않은 하찮은 가치란 없음에도 소송은 추억이나 생명 같은 계량할 수 없는 것을 형량衡量해야 한다.

사법연수원에서는 실제 사건기록을 약간 각색한 시험용 기록을 주고 시험을 쳤다. 다양한 쟁점이 있긴 하지만 법리와 판례에 익숙하다면 답을 찾는 것이 크게 어렵지 않은 시험이었다. 그러나 이와 흡사한 사건을 실제 재판에서 마주치면 얘기가 달라진다. 판단이 훨씬 어렵다. 거기 사람이 있기 때문이다. 시험용 기록은 구체적 인간이 사상捨象되어 있어 법적 정합성만 문제되지만, 실존하는 사람이 기록에 중첩되어 보이면 정답이 흔들린다. 모든 사안을 법대로 공평하게 처리해야 한다는 법원칙이 법적 안정성의 문제라면, 유사해 보이지만 다를 수밖에 없는 각 사건에서 개별 사안에 따라 거기에 맞는 최선의 결론을 도출해야 하는 것은 구체적 타당성의 문제다. 어떤 법관은 법적 안정성이 정의의 영역이라면 구체적 타당성은 사랑의 영역이라고 말하기도 했다.

어쩌면 판사는 사정없이 굽이치는 길을 달리는 차에 앉아 이리저리 균형을 잡으려 애쓰는 사람인지도 모르겠다. 삶의 무게중심을 맞추는 게 결코 쉬운 일이 아니듯 재판도 마찬가지다. 흔들리는 배 위에서는 몸을 이리저리 움직여야 중심을 잡을 수 있다. 흔들리지 않는 삶은 주위 여건이나 환경이 흔들릴 때 여지없이 넘어진다. 레미콘 차량 속 콘크리트는 끊임없이 돌려야 응고되지 않는다. 멈추면 굳기에 흔들려야 한다. 나를 이리저리 흔들어대는 그 상반되는 손길에 몸을 맡겨야 하고, 그들이 이끄는 곳까지 기꺼이 가봐야 한다. 정반대 지점에 서봐야 한다. 강 건너의 풍경은 같은 편에서가 아니라 강 건너편에서 더 잘 보인다. 극과 극은 통한다는 말이 있듯, 아이러니하게도 극단적으로 서로 다르기 때문에 서로가 더 잘 보인다.

문제는 강 건너에 설 수 있는가이다. 나는 그 자리에 섰다고 생각하지만 턱도 없다. 공감하려는 자세와 공감할 수 있는 능력은 차이가 크다. 의도만 있고 능력이 못 따르면 '빵이 없으면 케이크를 먹으면 되지 않느냐'라는 말처럼 되기 쉽다. 굳건한 중심, 지조, 투철한 가치관은 투사나 혁명가의 덕목이지 판사의 것이 아니다. 판사는 체 게바라가 아닌 햄릿형 인간이다. 짜장면인가 짬뽕인가, 부먹인가 찍먹인가, 저축인가 욜로인가, 클래식인가 트로트인가, 개 주인인가 입양한 사람인가, 병역의 의무인가 양심적 병역거부인가, 자유인가 평등인가, 판결인가 조정인가, 법적 안정성인가 구체적 타당성인가, 무엇이 정의에 부합하는가, 무엇이 좋은 재판인가라는 질문에 정답이 있을까? 이런 질문을 앞에 두고 흔들림이 없다면 과연 제정신인가? 칼 포퍼Karl Raimund Popper의 지적처럼, 반증 가능성 없는 과학은 사이비이고 닫힌 사회가 곧 전체주의이듯, 화석화된 판사는 그 자체로 해악이다.

몇 해 전부터 좌우 어깨가 돌아가며 말썽을 부리기 시작했다. 병원마다 진단이 제각각이다. 이런저런 치료를 받았지만 차도가 없어 그냥 내버려두었다. 당시 한 병원의 진단서에는 '오십견frozen shoulder'이라고 적혀 있었다. 오십은 어깨도 얼어 굳을 나이다. 넉넉한 뱃살과 어깨 탓이겠지만, 해가 갈수록 일상이 점점 더 아크로바틱해진다. 고개를 돌려 거울을 보거나 등을 긁거나 발톱을 깎는 일 따위가 이젠 곡예에 가깝다. 모험은커녕 일상마저 버겁다.

나이를 먹어간다. 숱한 가치와 입장들이 첨예하게 부딪치며 강렬한 파열음을 내는 현장에 있은 지도 제법 되었다. 나름대로 혜안이 생길 법도 하지만 아직도 '나'라는 '노爐'는 이를 녹여내기 역부족이다. 녹지 않은 쇳조각들이 사정없이 찔러댄다. 나이가 들수록 생의 시원始原으로부터 멀어져간다는 근원적 두려움은 말할 것도 없거니와 일상에서 마주치는 크고 작은 선택조차 부담스러워진다. 마흔을 즈음해 좌고우면할 일이 산처럼 쌓이기 시작했고, 흔들리지 않는 나이가 마흔이라는 말에 의문이 들었다. 그 무렵 나는, 차라리 불혹不惑은 마흔쯤 되었으니 더는 흔들리지 말라는 명령이 아닐까 생각했다. 그 후로도 한참을 쉼 없는 흔들림에 대해 고민했으나, 어깨가 얼 무렵부터 생각이 조금씩 바뀌었다.

흔들리며 피었듯이, 흔들리며 꽃은 지고, 법관은 법 앞에 선 사람의 출입을 막고 선 요지부동의 문지기(프란츠 카프카)가 아니라, 뾰족한 바늘 위에 엎드려 정의라는 자북磁北을 가리키는 지남철(신영복)이어야 한다고. 지남철인 법관은 법 앞에서 길을 묻는 사람들 앞에 누워 파르르 떨어야 한다고. 이해와 공감, 떨림과 감응은 동어반복이다. 이해나 공감이 경험에서 비롯된다면, 떨림과 감응은 정성에 달린 문제다. 이해하고 공감하되 불 좋은 연탄마냥 뜨겁게 반응하지 않는다면, 쇳조각은 고사하고 '달고나' 한 국자 녹여낼 수 없다.

특별한 치료 없이 오십견은 좋아졌지만, 무심코 처리해온 사건들마저 갈수록 어깨를 짓눌러온다. 매주, 엉뚱한 방향을 가리키는 것은 아닌지 두렵다. 어깨처럼 감각도 얼어버려 떨림마저 사라질까 봐, 그래서 결국에는 용도를 다한 지남철이 될까 봐, 나는 매일 두렵다.

3장

부탁받은 정의

회전문 집사

112에 대학병원 응급실에서 필로폰 양성반응이 검출된 환자가 있다는 신고가 접수됐다. 이 환자를 이송한 구급대원이 환자의 말을 기록한 응급일지에는 "신고 한 시간 전에 죽고 싶어 페니드 40알을 복용하고 고시원에 들어와 침대에 누웠는데, 손발에 마비가 오자 소리를 질렀다"고 적혀 있었다. 그는 필로폰 투약으로 기소되었다. 마약 범행으로 이미 네 차례 처벌받은 전력이 있었고 그중 세 번은 실형이었다. 출소 직후 재범이니 누범이었다. 누범은 금고 이상의 형을 받고, 그 집행이 끝난 후 3년 이내에 또다시 금고 이상에 해당하는 죄를 저지른 경우를 말한다. 누범은 형을 가중할 수 있고 무엇보다 집행유예가 불가능하기 때문에 피고인에게 무척 불리한 규정이다.

흔한 마약사건이라 생각하고 기일을 정한 뒤 피고인이 제출한 의견서를 보았다. 그에게는 팔순 노모와 대학생인 스무 살 아들이 있었다. 구구절절 선처를 바라는 내용은 없었다. "아들이 곧 군대를 가는데 몸이 불편한 어머니가 걱정됩니다. 조금 선처해 주시기 바랍니다"라고 적혀 있었다. 담백하고 건조한, 짧은 의견 서였다. '조금'이라는 말이 가시처럼 눈에 걸렸다. 많이도 아니고, 최대한도 아니고, 법이 허용하는 한도 아니고, 조금 선처해달라 니. 뻔뻔스럽기보다는 삶을 달관한 듯한 말에서 여느 피고인처럼 느껴지지 않았다. 그는 의견서 말미에 "출소 이후 자괴감과 우울 증으로 자살시도를 했는데, 아들과 어머니가 눈에 밟혀 죽지 못 했습니다. 죄송합니다"라고 적었다. 각성제를 한 움큼 입에 털어 넣고 자살을 시도했으나, 몸이 굳어오자 가족들이 생각나 비명을 지르며 구조를 요청했고, 응급실로 실려갔다 의사의 신고로 기소 된 것이었다. 1회 공판기일에 자백했지만, 단순 투약이었고 무엇 보다 그가 삶을 끝내려 했다는 사실이 마음에 걸려 그에 대해 좀 더 알아보고 싶다는 생각이 들었다.

스무 살 아들의 진솔한 탄원서도 마음을 움직였다. 아들은 탄원서에서 "지난 20년 중 19년은 아버지가 저나 할머니께 떳떳 한 사람이 아니어서 아버지를 미워했지만, 최근 1년은 마약을 끊 고 열심히 살려고 하셨습니다. 이젠 아버지를 용서합니다. 퇴근 하고 오시는 아버지를 따뜻하게 안아주고 싶습니다"라며 선처를 호소했다. 갓 스물이 된 아들은 아버지의 신원보증인으로서 경찰 서를 들락거린 것 같았다. 선고를 미루고 보호관찰소에 판결 전

조사를 의뢰했다. 재활의지가 강한 것으로 조사되면 벌금형을 선고할 생각이었다. 재판기일을 몇 주 뒤로 미루자 그는 놀라는 눈치였다.

재판 며칠 전에 조사보고서가 올라왔다. 그 보고서에는 그의 성장과정과 생활환경, 인생유전人生流轉과 약물에 빠지게 된 경위, 재활에 대한 의지와 가족에 대한 걱정 등이 빼곡히 기록되어 있었다. 그가 다시 반성문을 제출했다. 반성문에는 마약으로 몇 번이나 재판을 받으며 징역을 사는 동안 자신에게 관심을 갖고 기회를 주려는 판사는 보지 못했다며 감사하다는 내용이 적혀 있었다. 단약斷藥의 의지라기보다는 이례적인 절차를 진행하는 내 생각을 읽고 잘하면 교도소로 가지 않을 수 있다는 욕망이 생긴 것 같았다. 아무래도 좋았다. 지금 그를 다시 교도소로 보낸들 무슨 의미가 있겠는가. 변화한 그의 모습을 가족이 진심으로 지지하고, 예상과 다른 판결로 뒤늦게나마 단약의 의지를 보인다면 그를 치료받게 하고 가족에게 돌려보내는 것이 그에게나 사회에나 훨씬 좋은 일이었다.

그런데 얼마 지나지 않아 그에 대한 사건이 한 건 더 올라왔다. 이 사건 투약이 있은 지 석 달 뒤 필로폰을 판매했다는 내용이었다. 피고인을 잘못 봤나, 하는 생각과 함께 벌금형으로 선처하기 어렵겠다는 낭패감이 들었다. 그는 다시 반성문을 써냈다. 사실 1회 공판기일에 추가 사건 얘기를 꺼내고 싶었지만, 내가 실망할까 봐 차마 그 얘기를 할 수 없었다며 죄송하다고 했다.

선고 직전까지 고액의 벌금형을 선고할까, 실형을 선고할까 고민했다. 검찰은 3년을 구형했지만 징역 8개월을 선고하고 법정 구속했다. 추가로 기소된 필로폰 판매 범행이 결정적이었다. 벌금형을 선고할 경우 비슷한 마약 누범과의 양형 차이가 너무 컸다. 검찰의 항소도 불 보듯 뻔했으며, 항소심에서 형이 뒤집어질 가능성이 클 거라 판단했다. 항소심을 설득할 충분한 논리나 뾰족한 대책도 없었다. 항소심에서는 내 판결을 1심 판사의 자의적 재량이거나 낭만적 기대 혹은 온정주의로 볼 가능성이 높았다. 희망을 주었다 다시 빼앗는 것은 그에게나 가족에게나 더 큰 충격일 터였다. 다만 재활의지와 아들과 노모를 생각해 형을 최대한 낮췄다. 마약전과가 많은 그는 법정구속을 면하기 어렵다는 점을 처음부터 잘 알고 있었지만, 끝까지 기대를 버리지 않았는지 아쉬운 표정이었다.

나는 이 피고인만은 최대한 재판을 미루고 싶었다. 그가 스스로 마약을 끊고 성실히 살아가는 모습을 확인한 뒤 그 과정을 양형 자료로 삼아 그에게 벌금형을 선고하고 싶었다. 그랬다면 항소심에서 납득할지도 모를 일이었다. 필요하다면 그가 받는 치료를 격려하고 재활과정을 감독하고 싶었다. 그러나 그럴 수 없었다. 우리나라 형사절차는 그런 방식을 허용하지 않는다.

한번은 이런 피고인도 있었다. 어떤 사람과 그 일당이 자신을 미행하고, 자신이 살고 있는 건물 엘리베이터를 부수고, 집 앞

천장을 그을리게 한다는 내용의 고소장을 계속 접수해 무고죄로 기소된 사람이었다. 그녀는 법정에 출석한 다른 사람들이 자신의 개인정보를 들을 수 있으므로, 재판을 비공개로 진행해달라고 거듭 요구했다. 한눈에 봐도 문제가 있어 보였다. 나는 그녀의 상태를 감안하여, 방청객을 모두 내보낸 후 조심스럽게 재판을 진행했다.

그녀는 십수 년 전 가족과 떨어져 대학원을 다닐 무렵 이유를 알 수 없는 피해망상이 생겼다. 지금은 진료를 거부하고 병원에서 처방받은 약도 제대로 먹지 않아 가족조차 치료를 포기한 상황이었다. 그녀는 중증의 망상장애를 앓고 있었다. 그녀가 무고한 내용은 그녀에게는 사실상 일어난 일이었으므로 허위고소라고 볼 수 없었다. 법원의 전문심리위원인 의사의 진단을 거쳐 그녀에게 무죄를 선고했다.

어느 날 퇴근시간을 넘겨 법원 후문 쪽으로 걸어가고 있었다. 주위에는 아무도 없었지만, 법원 내 도로 맞은편에서 모자를 푹 뒤집어쓴 여자가 법원 청사 쪽으로 천천히 걸어오고 있었다. 그녀는 나를 힐끔 보더니 도로를 가로질러 내 쪽으로 왔다. 섬뜩한 느낌이 들어 지나치려는데 그녀가 내 앞을 가로막더니 얼굴을 들어 인사했다. 깡마르고 초췌한 얼굴의 그 피고인이었다. 나는 잔뜩 긴장하며 인사했다. 대부분 사람들은 법정에서 법복을 입은 판사의 모습을 긴장한 상태로 보기 때문에, 사복을 입으면 잘 알아보지 못한다. 그런데 그녀는 나를 멀찌감치 보고서도 한눈에 알아봤다. 무슨 일이냐고 묻자, 그녀는 대뜸 고맙다고만 했다. 뭐가 고맙냐고 되묻자, 재판할 때 개인정보를 비밀로 해줘서 고맙다고 했다. 나는 알았다며 볼일 잘 보시라고 한 뒤 가던 길을 서둘렀다. 관사로 가는 내내 그녀가 혹시 뒤따라올까 싶어 계속 힐끔거렸다. 앞으로도 그녀는 누군가 자신을 괴롭힌다며 경찰서와 검찰청, 법원을 계속 서성거릴 거라는 생각도 했다. 그 일이 있고 얼마 지나지 않아 항소심 재판장과 우연히 그녀 얘기를 하게 됐다. 항소심 재판장도 무죄를 선고했다고 했다. 그분이 한마디 덧붙였다.

"무죄가 무슨 의미가 있겠어, 그 피고인은 무죄가 더 불쌍해."

마약, 알코올, 도박 같은 습벽 때문에 반복되는 범행이나, 정신질환이 있는 피고인들 사건은 상당히 많다. 이런 사건을 접할 때면 마음이 답답해진다. 이들과 그 가족뿐만 아니라 사회방위 측면에서 봐도 이들에게 진정으로 필요한 것은 일시적 구금이 아닌 적절한 치료, 지속적 관찰과 감시, 배려임에도 판사로서 할 수 있는 일이 많지 않기 때문이다. 곧 다시 볼 것이 확실한 피고인들은 형사부 판사를 좌절시키고, 급기야 판결기계로 만들어버리는 무시무시한 빌런villain이다. "두려움의 원천은 미래에 있다. 미래로부터 해방된 자는 두려움이 없다"《느림》, 민음사, 2012)는 밀란 쿤데라의 말처럼, 이들이 정말 무서운 이유는 미래를 신경 쓰지 않기 때문이다. 법정은 이런 빌런으로 넘쳐난다.

A는 중학생 때부터 알아주는 싸움꾼이었다. 체구는 작았지만 다부졌고, 강단이라면 누구에게도 뒤지지 않았다. 어느덧 육십에 접어든 A는 폭력전과 16범이다. A는 재판이 너무 익숙했다. 죄책감 같은 감정은 불필요했고, 무죄 주장은 피차 피곤한 일이라 요식행위 치르듯 매끈하게 재판을 끝냈다. 상해죄로 1년 6개월을 선고받고도 깍듯이 인사한 뒤 씩씩하게 나간 A는 머지않은 봄에 출소할 것이고, 필시 그해 여름에 재수감될 것이다(출소 후 평균 3개월을 넘기지 못했다). A는 마일리지 쌓듯 전과를 쌓으며 갈수록 더 무거운 처벌을 받고 더 오래 교도소에 머무른다.

A가 여덟 번 나섰던 문은 회전문revolving door이다. A는 연어처럼 법정을 거슬러올라 교도소로 회귀한다. A는 리볼버에 장전된 총알이다. 격발되어 누군가에게 상처를 입히고 재장전된다. 이제 누구도 A에게 직업을 구하라거나, 알코올중독 치료를 받으라거나, 가족을 돌보라고 충고하지 않는다. 비밀이지만, A의 사회복귀를 신경 써준 사람은 애초부터 없었다. A 뒤로 마약전과 6범 B가, 조울증을 앓는 C가, 도박전과 8범 D가, 여성 속옷만 훔치는 E가, F가, G가 장사진을 치고 있다. 이들도 앞서거니 뒤서거니 되돌아올 것이다. 그들 앞에서 무표정하게 출소와 입소 시기를 결정하고 절차를 안내하는 P가 있다. 그가 바로 회전문 집사다.

J도 마약사범이다. 열여섯 살 때부터 헤로인에 중독되어 교도소를 들락거리던 J는 스물한 살 때 임신 8개월의 몸으로 다시 법정에 섰다. 2년 동안 J는 법정에 스물여섯 번을 나와 W에게 치

료과정을 확인받고 보호관찰을 끝마쳤다. 약물을 끊은 스물네 살 J는 2017년 10월 7일 천사 같은 아기 앞에서, 마약처럼 하얀 드레스를 입고 결혼식을 올렸다. 결혼식 주례는 W였다. P는 울산지법 형사부 판사고, W는 미국 미네소타 스콧 카운티의 약물법원Drug Court 판사, 크리스 윌턴Chris Wilton이다.

치료사법therapeutic jurisprudence은 예방사법preventive law, 회복적 사법restorative justice 등의 이념과 더불어 현재 미국 사법제도 전반의 개혁을 주도하는 사법이념이다. 치료사법 절차는 전통적 사법절차와 달리, 분쟁의 사후적 해결보다는 문제해결을 통한 분쟁 예방을 목적으로 하고, 당사자주의적 경쟁절차보다는 협동적 절차를 중요시하며, 사건보다는 사람을 지향하고, 소송보다는 소송 이후와 대체적 분쟁 해결(alternative dispute resolution, ADR)을 핵심 절차로 여기며, 심판자보다는 코치로서의 판사 역할을 강조하는 등의 특징이 있다. 법정에 출두하는 사람들은 스스로 해결할 수 없는 문제들을 안고 있기도 하다. 그런 당사자에게 문제해결의 책임이 있다고 치부해 기계적 처벌을 반복하는 것은 문제해결을 위한 합리적 방법이 아닐 뿐 아니라 문제를 심화시킨다는 것이 치료사법의 현실인식이었다. 이런 이념 아래 도입된 것이 문제해결법원Problem-solving Court이다.

미국은 1980년대 심각한 약물남용으로 인한 재범률 급증, 과밀수용으로 인한 교정시설의 한계 봉착 등 여러 사회문제로 1990년대부터 약물법원을 시초로 지역사회법원Community Court, 정신건강법원Mental Health Court, 가정폭력법원Domestic Violence Court, 총기법원Gun Court, 사회재진입법원Re-entry Court, 재향군인법원Veterans Treatment Court 등 다양한 문제해결법원을 운영하고 있다. 법원과 검찰, 보호관찰소, 사회 내 치료시설 및 지역사회가 연계해 습벽 있는 특정범죄자 치료에 초점을 두고 후견적 관리를 한다. 문제해결법원이 재범률을 획기적으로 떨어뜨리고, 범죄자를 교도소에서 관리하는 것보다 훨씬 적은 비용이 지출되는 것으로 연구되자(최초로 약물법원을 운영한 마이애미주에서 초기 4년간 재범률을 조사한 결과 30퍼센트에서 3퍼센트로 떨어졌고, 1년 교도소 수감비용은 1인당 3만 달러인 데 비해, 약물법원의 1인당 비용은 700달러로 조사되었다), 미국 전역에서 그 수와 종류가 급격히 증가했다(2022년 기준 미국 내 약물법원은 3,800개가 넘는다).

일반 형사법원이 마약사범의 구금 여부나 기간을 정하는 데 초점을 맞추고 있다면, 약물법원은 판사와 검사, 변호인, 보호관찰관, 사회복지사, 전문상담인, 의사 등이 한 팀을 구성하고, 개별 피고인에게 맞는 치료 계획을 수립한 후, 피고인의 치료와 재활을 위해 노력한다. 피고인은 사법당국의 면밀한 감독하에 놓이고, 정기적으로 판사에게 계획 수행 여부를 보고한다. 잘 따라오지 못하면 일반 형사법원으로 사건을 보내고, 잘 따르면 처벌을 면하게 해준다. 형사절차를 이원화해서 운용하는 것이다. 이처럼 공식적 사법절차로부터 이탈해 사회 내 처우 프로그램에 위탁하는 절차를 다이버전diversion이라 부른다.

이와 관련해 뉴저지주 뉴어크의 형사2부 판사인 빅토리아 프랫Victoria Pratt의 테드TED 강연은 무척 인상적이었다. 할렘에서 태어난 도미니카 이민자의 딸인 프랫 판사는 "판사가 된다는 건 중간 광고시간도 없고, 시즌 종영도 없는 비극 리얼리티쇼를 예약석에 앉아 보는 것과 비슷하다"며 너스레를 떨었다. 나 역시 이 말에 전적으로 동의한다.

전체 강연이 감동적이지만 그녀가 강연 도중 든 사례들이 특히 기억에 남는다. 프랫 판사가 30년간 마약에 중독되었던 60대 남자에게 묻는다. "아저씨, 얼마나 오래 중독되셨어요?" "30년입니다." "자녀분은 있으신가요?" "서른두 살인 아들이 있습니다." "약물중독 때문에 아버지 노릇을 한 번도 못해보셨겠네요?" 남자는 울기 시작한다. "2주 후에 다시 오시면 도움이 될 만한 약을 드리겠습니다." 남자는 2주 후 법정에 다시 와서 말한다. "판사님이 저보다 저를 더 사랑하시는 것 같아 왔습니다."

공원을 청소하라는 사회봉사명령을 받은 50세 마약중독자 이야기도 있다. "판사님, 사회봉사는 끔찍해요. 공원을 청소했는데 헤로인으로 엉망진창이었어요. 거긴 아이들이 노는 곳이잖아요." 남자는 고백한다. "그게 제 잘못임을 깨달았어요. 판사님이 공원으로 사회봉사를 보내기 전에는 제가 약을 하러 그 공원에 갔어요. 항상 약에 취한 상태여서 아이들이 거기서 노는 줄 몰랐어요." 법정에 있는 모든 약물중독자가 고개를 숙였다.

그 밖에도 프랫 판사는 20대 청년이 법원 구직 프로그램을 통해 근사한 양복을 입고 청소회사에서 면접을 본 뒤 일하는 것을 자랑스러워한 얘기, 40대 약물중독자가 으스대며 "판사님, 뭐가 달라졌게요?"라고 묻고는, 헤로인중독으로 빠져버린 치아를 지역에서 새로 해줬다며 이를 드러내고 웃은 얘기 등을 들려줬다. 정확하지는 않지만, 프랫 판사의 강연에 의하면 약물중독자, 윤락녀, 정신질환자, 잡범을 상대하느라 뉴저지주에서 가장 힘들기로 소문난 뉴어크 형사2부는 문제해결법원으로 보인다.

프랫 판사는 말한다. "저는 꿈이 있어요. 판사들이 이런 도구를 이용해 지역사회를 완전히 바꾸는 것이죠. 이게 만병통치의 기적은 아닙니다. 그래도 그 덕분에 우리가 원하는 곳에 몇 광년은 가까워지겠죠."

현재 우리나라 교정시설의 과밀수용 문제는 심각하다. 안양시 서울소년분류심사원의 경우 53제곱미터(약 16평) 정도 되는 생활실의 원생은 16명이고 붐빌 때는 20명까지 수용한다. 방마다 딸려 있는 화장실은 하나뿐이다. 아이들은 2~3일에 한 번씩 가렵다고 몸을 벅벅 긁으며 의무과장을 찾는다. 밖에서는 흔치 않은 '옴'이다.[•] 과밀수용이 가장 심각한 대전교도소는 정원이 3명인 방(10.08제곱미터)에 재소자 6명을 몰아

• 박준용, "'닭장' 같은 소년원… '옴' 걸린 피부 벅벅 긁는 아이들", 〈한겨레〉, 2018. 12. 10.

넣는다.* 2017년 10월 19일 고故 노회찬 의원은 감사원 국정감사에서 "6.38제곱미터에 6명이 수용된다. 1인당 평균 1.06제곱미터에 불과하다. 1.06제곱미터를 숫자로 말하니까 감이 잘 안 오는데, 신문지 두 장 반이 조금 안 된다"며 감사원장 앞에 신문지 두 장 반을 붙여 직접 누워 보였다.

소년부 판사로 근무할 때 예고 없이 소년원에 감독을 나간 적이 있다. 아이들을 한곳에 불러모아 불만사항을 익명으로 자유롭게 적어보라고 했다. 에너지 넘치는 아이들은 운동할 시간이 부족해 너무 답답하다는 것과 물이 차가운 것과 잠자리가 좁은 것 등을 주로 적었다. 제정신인 아이들도 일주일만 있으면 온전하기 어려운 상황이었다. 재소자나 아이들만 힘든 것이 아니다. 법무부 소속 공무원 중 교도소나 보호관찰소 직렬職列은 상대적으로 기피하는 곳으로 알려져 있고, 실제 이들의 업무 여건은 대단히 열악하다.

기본적 인권조차 지켜주지 못하는 시설에 사람을 가두고 무슨 교화나 성행개선을 바랄 수 있겠는가. 물론 법무부도 다양한 재활 및 치료, 교화 프로그램과 보호관찰이나 치료명령 등 여러 제도를 두고 있다. 하지만 미국의 치료사법 같은 발상의 전환이나 문제해결법원 같은 제도의 도입 없이는 사회 내에서 재범 가

● 　윤호진·윤정민·하준호, "강도·강간·절도 10명이 한 방에… 범죄학교 된 교도소", 〈중앙일보〉, 2018. 6. 26.

능성이 높은 습벽범죄를 관리하는 건 역부족이다.

　그나마 소년부는 미국과 유사한 후견적 개입이 허용되는 곳이라 소년원 수용 대신 여러 대안적 조치를 취할 수 있지만, 성인은 이런 절차가 전무하다. 이런 현실이 너무 안타까워 현행 집행유예 취소제도를 미국식 문제해결법원에 접목해, 집행유예 시 부과하는 보호관찰 준수사항에 매달 법원 출석을 명하고, 치료를 소홀히 하거나 보호관찰관 감독에 불응하는 등의 사정이 엿보이면 집행유예를 취소해 수감시키는 방안을 만들어, 검찰과 보호관찰소에 협조를 요청한 적이 있다. 그러나 검찰의 부정적 의견과 보호관찰소의 난색으로 시도조차 할 수 없었다. 현행법상 형 집행은 법무부와 검찰의 영역인데 법원이 월권한다는 오해를 했고, 국가의 후견적 개입에 대한 거부감이 상당했다.

　치료사법에 대한 전통사법 측의 비판 역시 법원이 소극적 판단을 넘어 개인의 삶에 적극적으로 참견하고 간섭하는 후견적·가부장적 역할에 대한 부분이 많다. 그러나 아이가 길을 잃고 방황하며 낭떠러지로 향할 때 아이의 자유의지라고 내버려둘 부모가 있겠는가. 개인의 삶에 국가가 개입한다는 일면만으로, 치료사법을 국가와 법이 개인의 이부자리를 들추고 국기에 대한 경례를 강요하는 일과 혼동해서는 안 된다. 해결할 수 없는 고통에 신음하고, 인생이라는 난바다에서 좌초해 침몰해가는 국민을 내버려두는 것이 맞는가. 국가와 공권력이 나서지 않는 것이 오히려 문제 아닌가. 폭력으로 당장 죽어가는 누군가를 구조하는 것보다 더 보호해야 할 가정사가 있는가. 아이를 구하라고 부모가 있고, 침몰하는 배에서 국민을 구하라고 국가가 존재하는 것 아닌가.

1933년 평양에서 태어나 연세대 의대를 나온 뒤, 서울시립 아동병원과 홀트아동병원에서 50년간 버려진 아이들 6만~7만 명가량을 치료해온 '할머니 의사' 조병국 선생의 인터뷰 기사를 읽은 적이 있다. 그분의 삶 전체가 영웅적이었지만, 특히 인상적이었던 대목은, 아이들 입양 서류에 '어디에서 발견되었음'이라고 기록한다는 부분이었다. 선생의 말씀이다. "'버려진 아이'는 슬프지만 '발견된 아이'는 희망적이잖아요. 미국 사람들한테 배웠어요. 그전만 해도 우리는 정직하게 '기아棄兒'라고 썼는데, 나중에 장성한 아이들이 그 단어를 보고 다시 상처를 받는다는 거예요. 제발 '어밴던(abandon, 버리다)'이란 단어를 안 쓰면 안 되겠냐고 해서 80년대부터 고쳐쓰기 시작했지요." 단지 단어 하나를 치환했을 뿐인데, 의미는 전혀 다르게 와닿는다. 조병국 선생처럼, 피고인과 비행청소년들을 버림받게 만든 불량한 과거만이 아니라 개선 가능성과 무한한 잠재력도 발견해야 하지 않을까. 이것이야말로 진정한 발상의 전환, 다이버전 아닐까.

회전문을 드나드는 피고인들 중 한 명의 재판이었다. 그는 의연하게 실형을 선고받고 유치감으로 들어가며 "판사님, 감사합니다"라고 꾸벅이다 부지불식간에 "또 뵙겠습니다"라고 했다. 그도 흠칫 놀라고 나도 놀랐다. 나는 웃음을 참다가, 판사와 피고인

의 재회를 달가워하지 않는 법을 생각하곤 이내 처연한 심정이
되었다. 그야말로 '웃픈' 상황이었다.

소년부와 형사부를 거치며, 약물법원으로 대변되는 미국의 치
료사법과 문제해결법원에 깊은 감명을 받았다. 부러우면 지는 줄
알면서도, 월튼 판사와 프랫 판사가 부러워 죽을 뻔했다. 피고인의
사회복귀와 재범방지를 위해 대한민국 법관이 지닌 무기는 일회용
칼(형벌)과 일회용 방패(보호관찰)뿐이다. 4차 산업혁명 시대를 사는
지금, 우리 형사법 체계로는 2차 산업혁명 시대의 범죄조차 관리
하기 버겁다.

P도 이제, 회전문 집사가 아닌, '레알' 멋진 판사 노릇이 하고
싶다.

법대 아래에서

이런 이가 있다. 사람을 가둘 수 있고, 죽일 수도 있다. 올라가고 있는 건물을 멈춰세울 수 있고, 서 있는 건물을 허물 수도 있다. 사람 목숨과 사랑과 햇볕에 가격을 매길 수도 있다. 부모와 자식을 떼 놓을 수도 있고, 만나는 날과 횟수를 정해줄 수도 있다. 어떤 사랑은 간통이라 했다가 마음이 바뀌면 사랑이라 하기도 하고, 어떤 사랑은 성폭력이라 질타했다가 어떤 경우는 괜찮다고 허용하기도 한다. 일할 수 있는 나이를 정해주고, 이부자리를 들추고, 양심을 손보기도 한다. 영생을 부여하거나 죽은 자를 살리는 일 말고는 못하는 게 없다. 머지않아 화성이주권을 인정하고, 복제인간을 허락하고, 초인류에게 영생을 부여하는 일도 하게 될 것이다.

우리는 그를 '법'이라 부른다. 법은 실로 못하는 것 빼고는

다 할 수 있다. 그 권한을 일일이 열거할 수조차 없다. 돈이 훨씬 힘세 보이기는 하나, 법은 자본도 통제할 수 있기 때문에 돈과 법 중 무엇이 더 힘이 센지는 논쟁의 여지가 있다. 어찌 되었건 지금은 돈과 법이라는 두 절대신이 지배하는 시대임은 분명하다. 신도 오류가 있을까? 그렇지 않다. 신은 오판도, 후회도 없다. 신의 뜻을 잘못 헤아린 사제만 있을 뿐이다. 신은 막강하나 드러나지 않으니, 간혹 사제 중에 스스로 신이라 칭하는 자도 생긴다. 사람들도 헷갈렸다. 사제가 신인지, 신이 사제인지. 사람들 눈에는 실체 없는 신보다 사제가 더 신에 가까웠다. 법의 충직한 신봉자이자 현현顯現인 재판관은 사제이자 신이다. 나는 사제이고 신이자, 공무원이다. 공무원이 신이 되지 말라는 법은 없다. 아이들의 장래희망이 공무원이라고 타박하지 말라. 공무원 중에 신이라 불리는 사람들이 있다.

은회색 타이를 맨다. 타이에 그려진 무궁화 마크가 중심에 오도록 주의한다. 잘 매지는 날도 있고 그렇지 않은 날도 있다. 한 번에 성공하는 날은 왠지 예감이 좋다. 사제복을 입는다. 나는 배 나온 50대 아저씨지만 법복을 입는 순간 변신한다. 법복 속 나는 '울트라 초사이언'이다. 법복은 아이언맨 슈트다.

법복의 주색은 검은색이다. 다른 색과 섞이지 않는 특성 덕분에 어떤 외부적 영향에도 동요하지 않는 법관의 독립을 상징한다고 한다. 앞단 양면의 수직 주름 역시 법관의 강직한 이미지를 표현한단다. '법관 및 법원사무관 등의 법복에 관한 규칙'은 '법관에게 법복 한 착을 대여하고, 그 대여기간은 재판업무를 수행하는 기간으로 하며, 법관이 대여기간 안에 전직, 퇴직 또는 사망했을 때에는 법복을 반납해야 한다'고 규정한다. 법복은 소유할 수 없다. 빌릴 뿐이다. 국민으로부터 수여받은 권한은 때가 되면 반납해야 한다.

나는 매일 탈속해 법원으로 출근하고, 매주 한두 번 법대라는 무대에 오른다. 재판은 제의고 굿판이며 무대다. 적절한 죗값을 물어 피고인을 정화시키고, 피해자를 위무한다. 법정에 들어서면 일시에 모든 이의 시선이 내게 꽂힌다. 어떤 무대의 주연배우 부럽지 않다. 특히 선고기일에는 몰입감이 절정에 이른다. 그들은 사제의 말 한 마디, 목소리의 떨림, 미간을 찌푸리는 독특한 습관, 머리를 긁적이는 미미한 행위에도 의미를 부여하려 든다. 물론 코도 후비지 못한다. 나는 그 강렬한 눈빛에 포착당한다. 눈조차 제대로 뜨기 어렵다. 유인구나 변화구는 없다. 스트라이크존 한가운데로 꽂히는 시속 100마일의 묵직한 직구 같은 눈빛만 있을 뿐이다. 혼신을 다한 강속구가 온몸에 날아든다. 그 눈빛과 내 몸 사이에는 얇은 법복만 있다. 프로텍터 같은 건 없다. 어쩌면 법복이 프로텍터다. 나는 신이 준 권위를 방패 삼아 그 눈빛을 견딘다. 녹초가 된다.

나는 매번 법복을 입고 살얼음 낀 강을 건넌다. 내 등에는 신이 보호할 것을 하명한 무거운 진실과 정의가 업혀 있다. 거짓과 부정,

사리와 탐욕, 위선과 부조리가 얇은 얼음 밑에서 무서운 눈을 하고 노려본다. 나는 돈도 없고, 힘도 없다. 이젠 '가오'도 없다. 내가 가진 무기라고는 성스러운 법전과 이성과 상식뿐이다. 이 강을 건너야 한다. 검은 강 아래로 온갖 유혹과 협잡이 일렁인다. 한눈파는 순간 내 등에 올라탄 정의와 진실과 함께 지옥으로 떨어진다. 나는 곧 부활하지만 그들은 끝내 돌아오지 못한다.

선방에서의 일과를 솔직담백하게 담아 인상 깊었던 지허 스님의 《선방일기》(2000)를 읽은 적이 있다. 상원사에서 겨울 동안 행해진 동안거冬安居 생활을 써내려간 책이다. 1973년 〈신동아〉 봄호 논픽션 공모에 당선된 작품이니 제법 오래된 글이다. 그러나 내용은 조금도 고루하지 않다. 견성見性하려는 선승의 고뇌에 찬 모습에서 얼핏 내가 보였다. 책에 있던 한 구절이다. "철저한 자기 본위의 생활은 대인관계에 있어서 극히 비정하게 느껴진다. 하지만 이 비정한 자기 본위의 생활에 틈이 생기거나 흠결이 생기면, 수도는 끝장이 나고 선객은 태타怠惰에 사로잡힌 무위도식배가 되고 만다. 자기 자신에게 철저하게 비정해야만 견성의 길이 열리는 것이다. (중략) 비정 속에 비정을 씹으면서도 끝내 비정을 낳지 않으려는 몸부림, 생명을 걸고 생명을 찾으려는 비정한 영혼의 편력이 바로 선객들의 생태다. 진실로 이타적이기 위해서는 진실로 이기적이어야 할 뿐이다."

이 글의 선객을 판사로 바꾸면 그대로 판사의 삶이 된다. 실로 나는 비정 속에 비정을 곱씹으면서도 끝내 비정을 낳지 않으려 몸서리친다. 법관을 성직자에 빗대는 말은 단순한 비유가 아니다. 산사람들은 해발 8,000미터를 신과 인간 영역의 경계라 부른다. 8,000미터 이상은 신이 허락하지 않는 한 오를 수 없다. 법대는 법정 바닥에서 불과 1미터 남짓 높이에 있지만, 그곳은 해발 8,000미터 상공인 신들의 영역이다. 법대는 신계에 있다.

사제는 그나마 신의 권위에 기대거나 신의 옷자락에 숨을 수 있지만, 사제가 아닌 자는 적나라하게 노출된다. 돌이켜보면 같은 법조인이지만 법대 아래 변호사의 삶은 녹록지 않았다. 변호사 초년 시절에는 교과서와 현실세계의 괴리 때문에 힘들었다. 부산에서 로펌 변호사로 일할 때, 오후 마지막 재판을 마치고 여유가 있으면, 용두산공원과 국제시장을 두리번거리며 사무실로 걸어가곤 했다. 용두산공원은 장기를 두거나 소일하는 노인들로 북적였다. 당시는 IMF 직후였는데, 양복을 차려입고 서류가방을 든 젊은 놈이 대낮에 공원을 배회하는 모습이 불쌍했던지, 자신이 먹으려고 아껴둔 빵과 우유를 내주시는 할아버지도 계셨다. 나는 군소리 않고 넙죽 받아먹었다. '힘내!'라며 어깨를 툭 쳐주시던 그 손길을 잊을 수 없다. 나는 그때 위로받고 싶었다.

사제가 되고 싶다는 목표는 처음부터 없었기 때문에 사제가 되지 못했다는 패배감은 아니었다. 꿈을 좇아 힘들게 도착한 곳이 상상과 너무 다르다는 당혹감, 목표를 상실한 공허함을 느꼈던 것 같다. 한때 내가 머문 모든 곳은 변방이고 변두리였다. 한때 내가 마음 준 모든 것 역시 외롭고 소외된 허접한 것들이었다. 나는 세상의 중심에 서고자 이를 악물었다. 배경이 아니라 전경으로 살고 싶었던 나는 사법시험에 합격한 뒤 드디어 중심에 도착했다고 생각했다. 그러나 나를 중심으로 한 모든 것과 내 배경은 각자 스스로의 중심을 찾아 떠나버린 뒤였다. 나는 속절없이 혼자 남겨졌다. 나는 동그마니 홀로 사막 위에 선 한 그루 나무였다. 내가 중심으로 살지 못한 것은 내가 소외되고 외진 곳에 서 있다는 그 마음 때문이었음을 깨달았다. 시선만 바꾸면, 전경과 배경은 서로 뒤바뀐다는 사실이 그제야 보였다. 나는 당신의 배경이고, 당신은 나의 배경이다. 우리는 서로의 배경이면서 전경이다.

현실에 적당히 때 묻기 시작하자 변호사생활도 차츰 익숙해져갔다. 나는 의뢰인의 충직하고 든든한 배경이 되었다. 그러나 소송 상대방이나 의뢰인들은 배경을 적대시하거나 함부로 다루는 경향이 있었다. 교통사고 사망사건의 보험사 측 대리를 할 때는 사망한 스무 살 청년의 아버지에게 넥타이를 잡힌 채 끌려다니기도 했다. 재판 때마다 마주치며 그분의 애끓는 심정을 헤아리게 된 나는, 법정 밖 복도 끝에서 끝까지 질질 끌려다니면서도 그 손아귀를 차마 뿌리칠 수 없었다.

목욕탕 인도 소송의 피고 대리를 할 때는, 겨울 한철만 더 장사할 수 있도록 재판을 가능한 한 오래 끌어달라는 부탁을 들어주지 못하는 무능한 변호사라고 쌍욕도 먹었다. 재판장이 원하는 대로 조정안을 제시하지 않는 데 불만을 가진, 왕년에 한주먹 했다는 깍두기머리 아저씨들에게는, 상대 변호사와 짠 것 아니냐며, 사무실 불 질러버리기 전에 돈 다시 내놓으라는 협박도 받아봤고, 힘든 사정을 호소해 착수금도 거의 받지 못한 채 어렵게 승소했더니 성공보수는 줄 생각도 않고 연락조차 피하는 의뢰인도 많았다. 법원에 오래 근무하다 퇴직한 변호사들은 의뢰인의 거친 언행을 특히 힘들어했다. 그러면 누군가 위로 삼아 말했다. "돈 받은 죗값이라 생각해." 나는 그 무렵부터 사제를 꿈꾸기 시작했다.

변호사의 절대자인 의뢰인으로부터의 탈출 시도는 성공적이었다. 나는 운 좋게 사제가 되었다. 그러나 애당초 신이 부여한 권능을 제대로 담아낼 수 있는 그릇은 없었다. 사제의 삶은 변호사의 삶의 무게와 비교할 수 없을 정도로 무거웠다. 돈 받은 죗값에서는 구원받았지만, 법과 정의 혹은 국민으로 불리는 진짜 신을 만만하게 본 죗값은 지금도 톡톡히 치르고 있다. 문제는 사제가 공익근무요원처럼 매일 퇴근한다는 점과 완전무결하기는커녕 고결하지도 않다는 점이다. 사제는 태생적으로 결함투성이인 지질한 인간일 뿐이다. 신의 말을 혹시라도 잘못 전할까 전전긍긍하고, 어쩌자고 이런 곳에 발을 들여놓았는지 뒤늦게 후회하는 사제도 많다.

고결한 선승이 속세로 내려오거나, 제단을 떠난 사제가 저잣거리를 떠돌듯 나는 탈속과 파계를 반복한다. 신계와 인간계를 오가는 그 아찔한 낙차와 등락에 나는 매번 심한 현기증을 느낀다. 법대에서는 신의 대리인 행세를 하지만, 법대 아래에서의 나는 보잘것없다. 부스스한 머리로 음식물 쓰레기를 들고 투덜대는 동네아저씨에 불과하다. 주문한 식사가 늦게 나온다고 알바생에게 불만을 터뜨리고, 운전이 서툰 사람들 흉보기에 급급하며, 법정에서 폭력의 잔혹함을 꾸짖다가 이종격투기를 보고 환호하며, 아이들에게 무엇이든 꿈을 갖고 성실히 살라며 충고하다가, 성적이 떨어진 아들에게 불같이 화를 낸다. 아이언맨 슈트를 벗고 맨몸으로 거리에 나서면, 나는 조폭 피고인의 한주먹거리도 아니다.

　판사들이라면 누구나 곤혹스러워하는 경우가 일상에서 소송당사자를 만나는 때다. 좁은 지역에서 판사생활을 하면 특히 조심해야 한다. 상대적으로 마주칠 확률이 높다. 가끔 가족들과 시내에 나갈 때, 어디서 봤는지 잘 기억나지 않지만 낯익은 얼굴이 보이면 나는 즉시 그를 피해 우회한다. 간혹 목욕탕에서 누군가 아는 척을 할 때도 급히 자리를 떠야 한다. 그가 눈치 없이 "에이, 판사님 맞잖아요?"라며 계속 쫓아오면 민망한 추격전이 벌어진다.
　민사 소액재판을 하며 공보판사를 겸임할 때, 한 달에 한 번 머리를 자르러 들르던 집 근처 미용실에 갔다. 나이 지긋한 주인 아주머니가 젊은 미용사 두엇을 데리고 일하는 곳이었다. 그날도 손님이 가장 적은 시간에 가서 늘 앉던 자리에 앉았다. 젊은 미용사가 있었음에도 그날따라 유독 주인아주머니가 직접 나섰다. 무슨 일인지 의아했지만 주인아주머니는 대뜸 내 어깨에 보자기를 두르고 물을 칙칙 뿌렸다. 빗질은 거칠었고 가위가 살짝 떨렸다. 아주머니가 조심스레 물었다. "혹시 법원에 근무하시지 않나요?"

주인아주머니의 이 질문은 스파이더맨 슈트를 입지 않은 고 등학생 피터 파커에게 혹시 스파이더맨 아니냐고 묻는 것과 비슷 하다. 내 재판을 거쳐간 사람들의 최소한 절반 이상은 나를 '죽일 놈' 취급할 것이다. 50퍼센트도 채 안 되는 확률에 베팅할 수는 없 는 노릇이다. 나는 평소처럼 아니라고, 사람 잘못 보셨다고 대답 했어야 했다. 그러나 그 무렵 나는 지역뉴스에 공보판사로 얼굴을 몇 번 들이밀었을 때였다. 연예인병이 판단을 흐리게 했다. '아, 방 송을 탔더니 드디어 나를 알아보는 사람이 있구나'라고 순간 착 각했다. "네, 그렇습니다만…." 내 말이 끝나자마자 바리캉이 격렬 하게 떨렸다. 주인아주머니는 민사 소액재판의 피고였다. TV가 아니라 법정에서 나를 본 것이었다. 나는 머리를 깎는 내내 눈물 없이 들으면 혼날 것 같은 그분의 구두변론을 꼼짝없이 들어야만 했다. 머리를 자르는 시간은 하염없이 길어졌다. 나는 연신 땀을 삐질삐질 흘렸다. 끝으로 아주머니가 면도칼을 들었을 때는, 에르 난도 테예스의 단편소설 〈단지 비누거품일 뿐〉(2003)이 떠올랐다. 안타깝게도 나는 또레스 대장처럼 배포가 크지 않았다.

전쟁의 참상을 다룬 영화는 많지만, 로빈 윌리엄스가 주연한 〈굿모닝 베트남〉에서 루이 암스트롱의 〈왓 어 원더풀 월드What A Wonderful World〉가 흐르는 시퀀스처럼 강하게 각인되는 영화는 흔치 않다. 나와 당신을 위해 장미는 피고, 푸른 하늘과 하얀 구름이 축복을 내리며, 아이들 울음소리 우렁찬 이 아름다운 세상 한편에서, 네이팜탄은 작렬하고 평화로운 농촌마을은 불바다가 된다. 이 역설적 상황이 전쟁의 참혹함을 더욱 부각시킨다. 나는 법대를 오르내릴 때마다 이 기이한 역설을 실감한다. 살인재판을 끝낸 뒤 맛있는 점심을 먹고, 강간재판을 마친 뒤 금목서 향기를 맡으며 산책을 한다. 내 아이들은 건강하게 자라고, 다음 날이면 무자비한 학교폭력 사건을 처리할 것이다. 세상이 평온하고 빛날수록 법정은 최소한 그만큼 참혹해진다.

변호사생활을 7년이나 했지만 법원에 오기 전에는 이런 세상이 있는 줄 몰랐다. 법원에 온 이후 한동안 세상이 아름다운지 추한지, 평화로운지 폭력과 살인이 난무하는 곳인지, 살 만한 곳인지 지옥인지 헷갈렸다. 모든 것이 뒤죽박죽이었다. 무엇이 진짜 세계인지 현실감마저 떨어졌다. 그러나 반복되는 일상의 종착점이 권태와 무료함이듯, 재판도 무덤덤해지는 순간이 찾아온다. 살인도, 강간도, 피고인도, 피해자도 그저 활자로만 보이고, 이 흉측한 사건들조차 오직 법원이라는 매트릭스 안에서만 일어날 뿐 내 현실세계에는 손끝 하나 대지 못한다고 인식한다. 그 순간, 거짓말처럼 온 세상이 평온해졌다. 나는 매트릭스와 현실세계를 분리함으로써 겨우 그 혼돈에서 벗어날 수 있었다. 두 세계를 떼어놓고 분리된 인격으로 살아가면 해결할 수 있는 문제였다.

착시이자 도피였다. 장자의 '나비의 꿈' 같은 것이라고 할까.

장자가 꾸는 꿈속 나비인지, 나비가 꾸는 꿈속 장자인지를 구별하기란 불가능하다. 두 세계는 분리할 수 없고, 가상의 매트릭스도 아니다. 나는 장자나비거나 나비장자다. 서로의 현실은 서로에게 영향을 미치기에 분리된 채 살 수 없다. 사제나 선객으로서의 삶도 어렵지만, 사제와 선객임과 동시에 일개 공무원이자 생활인으로 사는 것은 더욱 어려운 일이다. 간혹 사제들 중에는 신의 대리인임을 거부하고 공무원의 소임만을 자처하거나, 공무원임을 거부하고 신이라 착각하는 사람들도 있다. 신성을 거부하는 사람들은 정시퇴근을 하며 평범한 직장인이나 소시민으로만 살기를 원하고, 신이라 착각하는 사람들은 스스로를 불멸의 신성가족이라 여기며 피고인들을 훈계하고 밤새워 일한다.

　둘 다 옳지 못하다. 최선의 길은 사제와 공무원 사이의 간극을 줄이는 것이다. 끊임없이 단련하고 노력해야 한다. 구도求道의 길은 멀고 험하지만, 항상 그 길 위에 있어야 한다. 매번 길을 벗어났다 다시 복귀할 수도 없다. 그건 위선적인 삶이다. 그런 삶을 살면서 감히 신의 이름을 빌려 피고인을 훈계할 수는 없다. 그런 삶은 해리성 인격장애자의 삶이다. 두 세계를 합일시킨 경지에 이르는 것은 언감생심이지만, 선객이 동안거와 하안거夏安居를 반복하며 끊임없이 정진하듯, 판사도 용맹정진을 멈춰선 안 된다. 공무원이면서 사제인 자, 피터 파커이면서 스파이더맨인 자, 클라크 켄트이면서 슈퍼맨으로 사는 자의 숙명이다.

언젠가 사제로서의 소임을 다하는 날이 올 것이다. 그리 멀지 않을지도 모른다. 나는 소망한다. 왜소한 몸과 마음을 가려주던 슈트를 벗어버리고 법복을 반납하면 세상의 중심에서 완전히 벗어나 작고 하찮은 그 무엇이 되고 싶다. 아주 작은 중심들만을 찾아다니고 싶다. 한 마리 여치나 개미, 작은 풀벌레쯤이 되어 꽃그늘에 누워보고 싶다. 향기로운 꽃그늘에서 하늘을 올려다보면, 하늘은 스테인드글라스처럼 부분부분으로 구획되고 경계 지어진 것이 아니라 빨강, 노랑, 초록의 형형색색 그라데이션으로 아련히 빛날 것이다. 때론 벌레보다 더 작은 가랑비나 먼지쯤 되어 사랑하는 이의 발길 닿는 곳마다 적셔주고, 그이의 옷깃에 앉고 싶다. 그 사람 곁에 있을 수만 있다면, 작은 보풀이라도 상관없다. 그러다 나중에는 눈으로 볼 수 없을 정도로 하염없이 작아져, 사랑하는 이의 촘촘하고 외로운 마음속 가장 깊은 곳까지 틈입하고 싶다. 아직 가보지 못한 그곳은 내가 한없이 작아져야만 닿을 수 있는 곳이다. 그런 곳에 꼭 가보고 싶다.

내 기억이 닿는 시원까지 계속 거슬러가보니, 나는 원래, 숨결처럼 작고 하찮은 존재였다.

무지외반증

불필요하거나 과다한 치료를 받아 보험금을 편취했다는 보험사기 사건이 있었다. 진료기록이 포함된 수사기록은 방대했고, 몇년째 이어진 골치 아픈 사건이었다. 피고인들은 실제로 아팠기 때문에 보험사기가 아니라고 했고, 검찰은 피고인들이 아프지 않았거나 아팠다 하더라도 정도에 비해 과다한 치료를 받았으니 보험사기라고 주장했다.

사건을 조사한 보험회사 직원이 증인으로 소환됐다. 그는 50대 남성 피고인의 허리디스크, 무릎 관절염, 무지외반증 등이 거짓이라고 조사한 사람이었다. 특히 무지외반증은 장시간 하이힐을 신는 여성에게 발생하는 병이므로 분명히 사기라고 증언했다. 피고인은 증인이 증언하는 내내 억울한 표정이었다. 무슨 할 말이라도 있는 듯 계속 입술을 씰룩거렸다. 변호인이 피고인을 위해 상세한 반대신문을 했지만, 억울한 표정은 가시지 않았다. 피고인에게 직접 할 말이 있냐고 묻자, 그는 자신은 실제로 병을 앓고 있는데 애먼 사람 잡는다고 증인을 몰아붙였다. 증인은 눈도 깜짝하지 않았다. 증인에게 물어봤다. "증인, 보험사기를 조사할 때 피고인 발을 직접 본 적이 있나요?" "없습니다." "허리나 무릎 쪽은 육안으로 알 수 없으니 그렇다 치고, 무지외반증은 신체 변형이 동반되는데 확인해볼 생각을 안 했나요?" 증인은 말을 하지 못했다.

피고인을 증인석으로 나오라고 했다. "피고인, 신발과 양말 모두 벗어보세요." 피고인은 순간 당황한 표정이었다. 법정에서 냄새나고 험한 발을 보여주기 부끄러웠던지 그는 쭈뼛거렸지만, 곧 낡은 작업화 끈을 풀고 구멍 난 양말을 벗었다. "증인이 피고인의 발을 잘 볼 수 있도록 보여주시고, 법대 쪽으로 와서 재판부에도 보여주세요." 피고인의 양발 엄지발가락은 새끼발가락 쪽으로 심하게 휘어져 있었다. 증인에게 다시 물었다. "증인, 이 상태가 무지외반증의 전형적인 모습 아닙니까?" "그런 것 같습니다."

유무죄 여부에 대한 전체적 판단이 서지 않아 이 사건을 마무리하지는 못했지만, 나는 적어도 무지외반증에 대한 보험회사의 오류를 밝히고, 그 피고인의 억울함을 다소나마 해소시켜줬다. 신발만 벗어보라고 하면 될 것을, 몇 년째 수사와 재판이 진행되는 동안 경찰과 검찰, 법원에서 그 누구도 신발 한번 벗어보라고 하지 않았단 게 이해되지 않았다.

법원에 대한 비난은 언제 들어도 아프지만 그중에서도 과거 간첩조작 등 시국사건에서, 고문당했다는 피고인과 변호인의 주장을 듣고도 재판부가 "바짓가랑이 한번 걷어보라고 하지 않았다"(한홍구, 《사법부》, 돌베개, 2016)는 글을 읽고 받은 충격을 잊을 수 없다. 이 글은 그 어떤 비난보다 아픈 회초리였다.

여덟 명이 농구공을 패스하는 모습을 보여주면서 하얀색 옷을 입은 네 명의 패스 횟수를 세라고 하는 실험이 있다. 사람들이 패스 횟수를 열심히 세고 있는 사이, 사람들 사이로 고릴라 분장을 한 사람이 지나간다. 놀랍게도 상당수 사람들은 고릴라를 보지 못한다. 유명한 '부주의맹inattentional blindness' 실험이다. 인간은 보고 싶은 것만 보려 한다는 부주의맹이나 확증편향confirmation bias은 전문가조차 피해가기 어려운 인지적 오류 현상이다. 그러나 바짓가랑이 한번 걷어보라고 하지 않은 재판은 부주의맹이나 확증편향과 다르다. 이는 의도된 눈감기다. 보지 않겠다고 작심하지 않는 이상 취할 수 없는 행동이다. 피고인과 변호인은 가혹한 고문이 있었다고, 농구공을 패스하는 사람들 사이에 거대하고 시커먼 고릴라가 한참 동안 서 있었다고 줄기차게 주장했기 때문이다. 고문하지 않았다는 서류와 고문당한 종아리를 모두 두고도, 바짓가랑이는 걷어보지 않고 종이만 본 것이다. 보험사기 피고인의 신발은 내게 바짓가랑이였다.

더 부끄러운 사실은 바짓가랑이 한번 걷어보라고 한 적도 없이 판결한 사람들 중 그 누구도 사과한 적이 없다는 것이다. 사죄는 늘 후배들의 몫이었다. 지금도 누군가의 후배인 우리는 사법부를 대표해 누군가의 죄를 대속하고 있다. 사법살인으로 대표되는 사법부의 부끄러운 민낯은 나를 포함한 모든 후배 법관에겐 원죄나 다름없다. 재판을 하는 이상 나 역시 죄를 피할 수 없을 것이다. 나는 언젠가 내 죄를 대속해야 할 후배 법관들에게 미안한 마음을 금할 수 없다. 판사로 있는 동안 가급적 죄의 크기가 작기만을, 기회가 된다면 그 죄를 직접 사죄할 수 있기만을 바랄 뿐이다. 그러나 안타깝게도 그 순간이 벌써 찾아와버렸다.

이 일이 있기 전까지, 대한민국 사법부 역사에 '바짓가랑이 한번 걷어보라고 하지 않았다'는 상황보다 더 치욕적인 사건이 일어날 것이라고는 생각해본 적이 없었다. 그러나 그에 못지않은, 아니 어쩌면 더 큰 사달이 나고 말았다. 이 글을 쓸 무렵, 대한민국 판사는 모두 아팠다. 누구 하나 아프지 않은 사람이 없었다. 가끔 큰일이 생겨 여러 사람이 아파하는 경우는 있었지만, 지금처럼 예외 없이 고통스러워한 적은 없었다. 각자의 위치에서 나름의 이유로 우리는 심하게 앓았다. 이처럼 극심한 통증 역시 처음 겪는 일이었다. 허탈함과 지독한 부끄러움에 모두 심하게 오한惡寒이 들었다.

검은 것을 검다고, 붉은 것을 붉다 하지 못하고, 검붉다거나 불그스름하다거나 심지어 희다고 말하던 시절이 있었다. 꽃들도 호각소리에 맞춰 일제히 피고 졌고, 모두 함께 발맞춰 가면 안 될 일이 없다고 믿던 그런 시절이었다. 그땐 나도 스물이었다. 당시 내가 다녔던 법대 건물은 우골탑牛骨塔이라고 불렸다. 시골 부모들이 소 팔고 논 팔아 부친 돈으로 지은 건물이라는 뜻이었다. 우골탑을 세운 어른들은 우리를 두고 '세상물정 모르는 철딱서니 없는 것들'이라고, '부모가 뼈 빠지게 고생해 대학 보내놨더니 데모나 하고 지랄들'이라고 손가락질 해댔다. '순진해빠졌다'고도 했고, '그런다고 세상이 바뀌냐'고도 했다. 누군 욕하고, 누군 데모했다. 누군가 셔터문을 내리는 동안 누군가 끌려갔다. 한 학생이 구속될 때 한 학생은 사법시험 준비를 했다. 몇몇 학생은 살아서 집으로 돌아가지 못했다. 1987년이었다.

2017년 겨울, 〈1987〉이라는 영화가 개봉했다. 나는 차마 그 영화를 볼 수 없었다. 지독한 개인주의자가 겪어내기에 그해 봄은 너무도 혹독했다. 1987년은 내 모든 울분과 비겁함, 무책임함과 비열함을 가슴 깊숙이 봉인해둔 시절이었다. 나를 포함해 그해 대학에 입학한 모든 이에겐 참으로 원망스러운 때이기도 했다. 대학의 낭만과 자유는 엄혹한 시절의 준엄한 요구에 눌려버렸다. 우리를 짓눌렀던 그 시절은 지금까지도 내게 빚을 갚으라고 요구하고 있다. 나는 큰 빚을 졌다. 30년 동안 계속 갚아오고 있지만, 친구들이 끌려갈 때 비척거리며 우골탑으로 발길을 돌리던 내 그 비루한 양심의 가책에는 처음부터 변제기가 없었다. 내 마음은 여전히 채무를 완납했노라고 자신 있게 선언하지 못한다. 빚을 다 갚을 동안 내게 1987년은 지나지 않은 과거다.

사법농단을 증언하는 젊은 법관의 눈물을 TV로 봤다. 30년 가까이 묻어둔 아주 오래된 부끄러움이 되살아났다. 나는 왜 지금 다시 그 시절을 떠올리는가? 그때나 지금이나 나는 헛된 욕망을 품지 않았고, 성실히 살았고, 분에 넘치는 더 높고 좋은 자리를 탐한 적이 없었고, 그럴 능력도 없었다. 그럴 능력이 없다는 사실도 잘 알았다. 돌이켜보면 내 삶은, 서울 유학만으로도, 판사직만으로도 감당하기 버거운 꽃길이었다. 나는 꽃길에서 벗어나 황량한 벌판에 다시 설까 두려웠다. 말해야 할 때 침묵했고, 행동해야 할 때 발길을 돌렸다. 뭣이 중한지 알았지만, 사법시험 준비와 재판으로 너무 바빴다. 아니, 바쁜 척했다. 그렇게 30년을 살아왔는데, 젊은 법관의 눈물 앞에서 무너져버렸다.

1987년에 적어도 스무 살 이상이었던 사람들, 조금이라도 더 오래 법원에 근무한 사람들, 조금이라도 더 많이 저항할 수 있었던 사람들은, 그렇지 않은 이들이 대신 사죄하도록 내버려둬선 안 된다. 어쩌면 지금의 오욕은 더 빨리 막을 수도 있었다. 작위는 나쁘지만 부작위라고 용서받을 수 없다. 우리의 무관심과 태만과 의도적 묵인이 이 상황을 만들었음을, 너덜너덜한 바짓가랑이를 끝내 외면케 했음을, 우린 30년 전부터 알고 있었다.

나는 사법농단을 야기했다는 동료 법관들의 선의를 의심하지 않는다. 행동이 나빴을 뿐이다. 그러나 모든 악행도 처음엔 다 선의고, 끝까지 선의일 수 있다. 30년 전에 그들도 그렇게 말했다. 선의라고, 좋은 취지라고, 국가를 폭도들로부터 지켜야 한다고. 문제를 제기한 법관들이 사법부의 치부를 낱낱이 드러냈다고 탓해서는 안 된다. 조직의 논리를 내세워 그들이 순진하다고 욕해서는 더더욱 안 된다. 서로에 대한 비난을 자제하고 사태를 수습하자는 또 다른 목소리 역시 함부로 폄훼해선 안 된다. 누군가의 순수함이 정의로운 세상으로 나아가는 배를 띄웠다면, 고루한 반대편은 격랑 속에서 배의 균형을 잡는다. 배가 침몰하는 데 왼쪽 구멍, 오른쪽 구멍을 가리지 않듯 위아래 균열도 의미 없다. 우리는 사법부가, 아니 판사 한 명 한 명이, 누구의 눈치도 보지 않고, 어떤 압력도 없는 진공상태에서, 오로지 법과 정의와 국민만 바라보며, 좋은 재판을 하기를 원하고 있지 않은가? 우리가 바라보는 목표와 지키고자 하는 가치가 같은데, 그곳에 이르는 수많은 에움길에 무슨 차이가 있는가? 같은 목표를 위해 오직 직선의 한길로만 가야 한다는 생각은, 단일대오로 발맞춰 걸어야 한다는 생각만큼이나 위험하다.

때론 억울한 심정을 토로하는 사람도 있다. 독자적 예산편성권이 없는 법원이 잘못된 사법시스템과 제도를 고치기 위해 스스로 할 수 있는 일이 전무하기에 벌어진 사태임에도, 본질적 문제는 거론하지 않고 비판만 하는 것에 대해, 행정처 근처에도 못 가보고 열심히 재판만 해온 대다수 판사가 왜 하나같이 모욕을 당해야 하는지에 대해, 그런 상황에서 어떻게 그런 요구를 거절할 수 있는지에 대해 수긍하기 어려워했다. 그러나 고백하건대, 나는 차마 이런 일까지 벌어지리라곤 짐작하지 못했지만, 문제가 있음을 알고 있었다. 그 문제가 쌓이면 언젠가 사달이 나리라 예상했었다. 변두리 시골판사인 내가 알 정도였다면 우리 모두 알고 있었다고 봐야 한다. 판사를 관리할 수 있다고 믿고, 목소리를 억누르고, 단일대오로 걷게 해서는 안 되었다.

보도마다 줄지어 서 같은 날 핀 꽃은 기이하게 보인다. 꽃은 시도 때도 없이 산천에 흐드러져야 한다. 같은 꽃만 요령 있게 피워서도 안 된다. 다양성이 참된 민주주의의 토양이듯 법원도 다르지 않다. 아니, 법원이기에 꽃은 더욱더 혼자 제각각 피어야 한다. 대한민국 법관이 같은 생각으로 단일대오를 취해야 한다는 것은 불온하고 끔찍한 환상이다.

나는 사법부 전체에 대해 말할 능력도 자격도 없다. 그러나 예나 지금이나 내가 직접 보고 겪은 내 동료들을 절대적으로 지지한다. 그들의 구체적인 삶의 모습은 어려운 판단 앞에서 흔들릴 때마다 나를 지켜준 큰 힘이었다. 사제의 근무성적을 평정하고, 사제를 보기 좋게 줄 세운다고 구원이 뒤따라오진 않는다. '거점법관'을 두고 '동향파악'을 하지 않더라도, 평판이라는 자기암시와 자기검열의 기제를 심고, 연임과 인사상 불이익으로 겁박하지 않더라도, 좋은 보직과 승진이라는 당근이 없어도, 우리는 좋은 재판을 할 수 있다고, 나는 자신한다. 서로를 향한 날선 칼은 이제 거둘 때가 되었다. 그 칼은 다수의 횡포와 불의와 불법, 혐오와 편견, 협잡에 겨눠야 한다. 조사하고 기록하는 건 우리 몫이지만, 비판과 눈물은 우리 몫이 아니다. 어쩔 수 없었다고, 그런 뜻이 아니었다고, 선의였다고, 당신이라면 달리 행동할 수 있었겠냐고 구차한 변명을 늘어놔서도 안 된다. 참된 사제라면 신 앞에 머리 조아릴 뿐이다. 종아리를 때리는 회초리는 붙잡고 항변이라도 할 수 있지만, 뺨을 때리는 눈보라는 잡을 수조차 없다. 묵묵히 맞아야 한다. 그리고 기억해야 한다. 거센 눈보라 속에서도 의연하게 홀로 길 떠난 사제들이 있었다는 사실을. 내가 기억하는 몇몇 이의 이야기를 옮긴다.

칠흑 같은 새벽이었다. 큰 전쟁이 터졌다. 삽시간에 적군이 밀려들었다. 미처 적군을 피하지 못한 사람들 중에는 열네 살 아이도 있었다. 어느 날 동네 관공서 앞을 지나던 그 아이를 적군이 불러세워 이것저것 묻더니 "야, 너 똑똑하구나. 매일 여기 와서 심부름해라"라고 말했다. 아이는 어쩔 수 없이 그곳에서 적군이 시키는 대로 허드렛일을 했다. 하루는 적군이 묻는 몇몇 사람의 집도 가르쳐줬다. 적군은 아이가 가르쳐준 집을 찾아가 사람들을 죽였다. 오래지 않아 전열을 정비한 우군이 아이가 있던 지역을 되찾았다. 정부는 적군 치하에서 부역한 자들을 발본색원해 엄벌하라고 명령했다.

아이는 다음과 같은 내용으로 기소되었다. "피고인은, 적군이 입성하자 그들 내무서에 근무하며 제반 사무를 조력하고, 그들에게 피해자의 가옥을 안내해 동인을 살해케 한 것이다." 법에 의하면 아이의 행동은 사형, 무기징역 또는 징역 10년 이상에 해당하는 중죄였다. 당시 그 나라 정부는 사조직을 동원해 정부에 비협조적인 판사의 집을 습격하는 등 테러를 자행하고, 야당 국회의원들이 탄 버스를 견인하고, 계엄령을 선포하고, 정적을 사형시키도록 재판을 종용했다. 이승만 대통령 시절이었다. 이 전 대통령은 1950년 6·25전쟁 발발 직후 수원과 대전으로 수도를 옮겨가는 급박한 상황에서 '대통령 긴급명령 제1호'로 '비상사태 하의 범죄 처벌에 관한 특별조치령(부역자처벌법)'을 공포했다. 부역자처벌법은 살인, 방화, 강간, 중요시설 파괴 등 강력범죄를 저지른 사람을 사형에 처하고 절도, 강도, 이적행위(정보제공이나 안내 등), 무기나 식량 제공 행위나 이에 가담한 자들에게 사형, 무기 또는 10년 이상의 유기징역에 처하도록 규정하고 있었다.

이 전 대통령을 비롯한 정부 핵심 인사들은 전쟁이 발발하자 국민들 몰래 한강을 넘어 부산으로 안전하게 피신했지만, 피신하지 말고 본분에 충실하라는 정부의 선무宣撫방송을 믿었던 대다수 선량한 국민은 서울에 머물며 몇 달 동안 생존을 위해 불가피하게 부역할 수밖에 없었다. 1950년 9월 서울이 수복된 후 이승만 정부는 부역자처벌법에 근거해 북한에 부역한 국민을 시급히 재판하도록 했고, 검찰은 발 빠른 수사와 공소제기로 화답했다. 적극적으로 부역한 사람들은 대부분 월북한 뒤였지만, 부역자처벌법에 따라 많은 사람이 중형에 처해졌다. 그러나 앞서 본 열네 살 아이는 징역을 살지 않았다. 판사가 무죄를 선고했기 때문이다. 판사는 적법행위에 대한 기대 가능성이 없으므로 형사책임을

물을 수 없다고 판단했다. 그가 바로 유병진 판사다. (신동운, 《재판
관의 고민》, 법문사, 2008)

1947년 10월 11일 도쿄지방재판소 판사 야마구치 요시타
다山口良忠가 사망했다. 사인은 아사餓死였다. 재판관의 수입이 적
어 변호사를 하는 사람이 많아 재판관 결원이 300명에 달하던 때
이기는 했으나, 굶어 죽을 정도로 궁핍하지는 않았다. 문제는 잘
못된 법에 있었다. 전쟁에서 패망한 직후 일본은 식량이 절대적
으로 부족했다. 사람들은 암거래로 쌀을 구입했지만 식량관리법
은 이를 금지했다. 야마구치 판사의 일기다. "식량관리법은 악법
이다. 그러나 법률인 이상 국민은 절대 이에 복종해야 한다. 나는
아무리 괴로워도 암거래 따위는 하지 않겠다. 따라서 이를 범한
자는 단호히 처단해야 한다. 나는 소크라테스가 아니나 식량관리
법하에서 기꺼이 아사할 생각이다. 판검사 중에 몰래 암거래를
하면서도 시치미를 뗀 채 법정에 나오는 자가 있는데, 나만은 이
처럼 결백한 죽음의 행진을 계속하고 있다는 걸 생각하면 병고를
완전히 잊고 후련해진다." (야마모토 유지, 《일본 최고재판소 이야기》, 법률
문화원, 2005)

과거 암울했던 시기마다 법정은 재판부와 사법부에 대한 모
진 비난의 현장이었다. 5공과 6공 무렵 시국사건을 주로 맡았던
중견 부장판사의 말이다. "저는 법정에 들어가기 전에 미리 배석

판사들에게 의자나 고무신이 법대 위로 날아오더라도 절대 피하지 말라고 주의를 줍니다. 당사자들이 민주화를 위해 던진 의자라면 맞아 죽더라도 피할 생각이 없습니다."(박우동,《판사실에서 법정까지》, 한국사법행정학회, 2000)

1983년 11월 5일 미국 루이지애나주 슈리브포트Shreveport시에서 살인사건이 발생했다. 보석상 주인 이사도르 로즈먼Isadore Rozeman이 무장강도가 쏜 총에 맞아 숨졌고, 경찰은 용의자 네 명을 체포했다. 로즈먼의 파트타임 정원사였던 서른네 살 흑인 글렌 포드Glenn Ford도 그중 하나였다. 범행무기도 발견되지 않았고 지문을 비롯한 어떤 물증도 없었지만, 배심재판에서 포드에게만 사형이 선고됐다. 배심원 열두 명 전원은 백인이었다.

2012년 다른 살인사건을 조사하던 한 검사가 자신의 정보원으로부터 로즈먼 살인사건의 주범은 재판에서 무죄로 풀려난 셋 중 둘이고, 포드는 아무 관련이 없다는 진술을 듣게 됐다. 2014년 3월 11일 포드는 구속된 지 29년 3개월 5일 만에 석방됐다. 두 달 뒤 포드는 폐암 말기 진단을 받았다. 그를 기소했던 수석검사 마티 스트라우드Marty Stroud는 지역신문에 반성문을 기고했다. 그의 글 일부다. "이제야 나는, 서른세 살의 젊은 검사였던 내게 다른 한 인간을 죽음에 이르게 할 수 있는 판단을 내릴 능력이 없었다는 사실을 뼈아프게 깨달았다." 스트라우드는 병석의 포드를 찾아가 머리를 숙였다. 포드는 말했다. "미안합니다, 나는 당신을 용서

할 수 없어요. 정말 못하겠어요, 정말요." 스트라우드는 반성문을 이렇게 끝맺었다. "나는 내가 포드에게 보여준 것보다는 많은 자비가 신의 뜻 안에 있기를 기대하며 이 글을 맺는다. 하지만 내게 그 자비를 받을 자격이 없다는 것도 너무나 분명히 알고 있다."•

　상황이 아무리 터무니없는 결론을 요구해도, 시절이 아무리 암담해도, 자신의 실수가 아무리 끔찍해도, 그들은 단일대오에서 벗어나 꿋꿋이 혼자만의 길을 갔다. 앞서가는 사람이 아무도 없어 너무 외로워서, 자기 앞에 찍힌 발자국을 보려고 때로는 뒷걸음질로 걸을지언정(오르텅스 블루, 〈사막〉), 그들은 잘못된 길을 가지 않았다. 그래도, 그들은 그렇게 하지 않았다. 무엇이 바른 길인지 알기 어려워 적극적으로 길을 떠날 수 없다면, 적어도 필경사 바틀비처럼 "안 하는 편을 택하겠습니다"(허먼 멜빌, 〈필경사 바틀비〉, 1999)라며 저항해야 한다.

　사법부의 독립과 궁극적으로 지향해야 할 목표에 대해 많은 얘기가 쏟아진다. 사법부가 지금 어디로 향해 가는지 아무도 알지 못한다. 해 질 녘 언덕 너머로 다가오는 희미한 물체가 내 개인지 늑대인지는 분간할 수 없다. 지금은 개와 늑대의 시간이다. 온 신경을 집중해서 그 정체를 파악하고 만일의 경우에 대비해야 한다.

• 　최윤필, "30년 억울한 옥살이, 죽음 앞에서도 용서 못한 공권력", 〈한국일보〉, 2015. 8. 1.

동시에 지금은 반성의 시간이다. 개를 방치하고, 늑대와 개를 구별하기 위한 표식이나 방울 하나 달아놓지 않은 태만과 부주의를 반성해야 한다. 문제를 성찰하고 참회하지 않으면, 개는 또다시 집을 나가고 정말 늑대로 돌아올지도 모른다. 경험 많은 양치기일수록 책임이 크다. 법원이 이렇게 될 동안 나는 무엇을 했는가 하고 진지하게 자문해야 한다. 젊은 법관들이 순진하다고, 세상물정 모른다고, 정무감각이 없다고 탓하기 전에, 그들이 가슴 치며 눈물 흘리게 한 사람이 누구인지부터 답해야 한다.

많은 법관이 날아오는 의자를 피하지 않고 피를 철철 흘리면서도 묵묵히 법대에 앉아 사죄할 때, 바짓가랑이 한번 걷어보라고 하지 않은 사람들은 그 누구도 사과한 적 없었다. 그들의 죄를 대속하고 있는 우리는 달라야 한다. 반성이 먼저다. 지금은 개와 늑대의 시간이자, 사죄의 시간이다.

사법농단을 증언하며 눈물 흘리는 젊은 법관을 보던 늙은 판사가 중얼거렸다. "앞으로 다신 울지 마십시오. 판사의 눈물은 온전히 당사자의 몫입니다. 법관은 법원이 아니라, 국민을 위해서만 울 뿐입니다. 당신의 눈물이 나의 죄입니다."

부탁받은 정의

법이 궁극적으로 추구하는 이념인 정의는 법을 다루는 사법기관의 숙명이다. 법률가라면 정의라는 단어가 주는 무게를 가볍게 여길 사람은 없다. 법률가를 꿈꿀 때, 정의는 가슴 설레는 말이었지만, 지금은 정의만 생각하면 머리가 깨질 것 같다.

권석천이 쓴 《정의를 부탁해》(동아시아, 2015)라는 책을 읽으며 뜨끔했다. 정의라는 두 글자만으로도 버거운데 네 글자가 더 붙었다. '정의를 부탁해'라니. 너무 당연해서 잠시 잊고 있었던 사실에 정신이 번쩍 났다. 정의正義를 정의定義하며 밥벌이를 하고 있지만 법도, 우리도, 심지어 국가도 정의의 원래 주인은 아니다. 정의의 위탁자는 따로 있다. 정의를 맡아달라 부탁한 사람들이 있다. 이 책의 서문에서도 썼다시피 이 책은 어쩌면 정의를 맡긴 화주貨主이자 임치인任置人에 대한 창고지기 수치인受置人의 중간보고서 같은 것이다.

물건이 상하기라도 했으면 어쩌나 조바심이 난다. 망가졌다면 계약이 해지되고 손해배상까지 각오해야 한다. 창고를 열어본다. '잘 있겠지? 어라, 안 보이네. 어디 있지?' 샅샅이 뒤진다. 창고 안에는 허접한 잡동사니 몇 개만 나뒹굴 뿐 정의는 어디에도 없다. '이게 정의인가? 저건가? 아니야, 정의가 이리도 볼품없을까. 제대로 넘겨받긴 했나? 처음부터 없었던 건 아닌가?' 안절부절못하다 문을 닫는다.

잠시 고민하다 키보드를 두드린다. '보존상태 좋음. 정의는 아주 잘 있음. 이상 무.' 정의가 어디 있는지도, 뭔지도 모르면서 나는 매주 보고서를 쓰고 또 쓴다. 부끄러운 고백을 하자면, 법과 정의로 먹고사는 나는 정작 정의가 무엇인지 잘 모른다. 법을 공부한 햇수로 따지면 30년이 넘었는데도 말이다. 종교인이 믿음을 모르고, 과학자가 자연을 모르고, 작가가 인생을 모른다는 것과 같은 말이다. 판사는 법이라는 바람을 맞으며 정의가 있는 곳을 가리키는 풍향계일 뿐이다. 풍향계가 갈팡질팡한다면 바람이 문제인가, 풍향계가 문제인가? 고장 난 풍향계일 가능성을 배제할 수 없지만, 혐의는 오히려 정의에 있어 보인다. 정의는 동서남북처럼 고정된 방위가 없다.

혹시 정의가 무엇인지 알아보려는 노력이 부족했던 건 아닐까? 다시 한번 교과서를 훑는다. 정의의 개념에 대한 다양한 이론이 있다. 정의에 대한 사전적 정의는 이성적 존재인 인간이 언제

어디에서나 추구하고자 하는 바르고 곧은 것이다. 여기에 따르면, 정의를 모르는 나는 이성적 존재가 아니거나 바르고 곧은 것이 무엇인지 모른다고 할 수 있다. 내가 응원하는 팀의 마무리투수가 9회 말에 5점을 날려버려 역전패하거나, 원·피고 쌍방 모두 피해가 크니 서로 좋게 타협하라고 조정을 권유했건만 끝까지 다투는 바람에 2주에 걸쳐 100장짜리 판결문을 썼더니 선고 전날 소를 취하해버릴 때(소를 취하하면 소송이 처음부터 없었던 것이 되어 판결문도 휴지가 된다) 가끔 이성을 잃기는 하지만, 일단 내가 이성적 존재라는 전제는 긍정하고 넘어가자. 여기서부터 막히면 얘기가 안 된다. 그렇다면 정의를 모른다는 말은 결국 내가 바르고 곧은 것이 무엇인지 모른다는 말로 귀결된다.

과연 무엇이 바르고 곧은 것인가? 소크라테스는 '인간의 선한 본성'이라 했고, 아리스토텔레스는 '사람들에게 마땅히 받을 자격이 있는 것을 주는 것'이라 했고, 벤담은 '최대 다수의 최대 행복'이라 했고, 존 스튜어트 밀은 '남에게 해를 끼치지 않는 한 자신이 원하는 것을 자유롭게 할 수 있는 것'이라 했다. 칸트는 '도덕적인 사람이 행복해지는 것'이라 했고, 존 롤스는 '모든 시민에게 기본적 자유를 평등하게 주되, 사회적·경제적으로 불평등이 있을 때는 가장 어려운 사람에게 가장 많은 이익을 주는 것'이라 했고, 마이클 샌델은 '미덕을 키우고 공동선共同善을 추구하는 것'이라 했고, 로널드 드워킨은 '모든 사람이 잘 살 수living well

있도록 만드는 것'이라고 했다. 정의론을 깊이 들여다본 바 없고, 주마간산으로 읽은 정의론이라 오독일 가능성이 다분하지만, 이론도 대충 알았다 치고 사례로 바로 넘어가보자.

마이클 샌델이 언급한 유명한 사례다. 브레이크가 고장 난 전차의 철로를 돌려 인부 한 명을 죽게 하고 인부 다섯 명을 구하느냐Trolley dilemma, 난파된 구명보트에서 죽어가는 소년 선원을 먹어서라도 생존하느냐, 네이비실(Navy SEAL, 미국 특수부대) 대원들이 군사작전 중 탈레반이 창궐하는 산중에서 만난 양치기를 죽음을 무릅쓰고라도 살려 보내야 하느냐 등의 예를 앞서 본 정의론으로 해결할 수 있을까? 이 문제에 그나마 명쾌한 답을 제시하는 건 벤담의 공리주의로 보인다. 벤담이라면 고민 없이 인부 다섯 명을 살리고, 소년을 먹어 생존하고, 양치기를 죽였을 것이다. 그러나 벤담식 공리주의는 치명적 약점이 있어 선뜻 취할 수 없고, 다른 이론들로는 위 사례를 깔끔하게 해결하기 어려워 보인다.

샌델의 사례가 지나치게 작위적인가? 비교·형량해야 할 가치가 사람의 생명이라 판단하기 곤란한가? 그럼, 일상적으로 대한민국 형사법정에서 매일 수백 건씩 처리되는 사례를 보자. 독자들에겐 실전 사례고, 우리에겐 실전이다.

약식재판은 공판절차를 거치지 않고 서면심리만으로 벌금을 부과하는 간이 형사절차다. 재판의 빠른 진행과 동시에 공개재판에 따르는 피고인의 사회적·심리적 부담을 덜어준다는 데 의의가 있다. 경미한 사건이긴 하지만 우리 생활에 직결되는 사건이 대다수다. 검찰이 약식기소를 하면 법원은 이를 받아들여 약식명령을 내리거나 약식절차가 부당하다고 판단할 경우 정식재판으로 회부한다. 약식명령에 불복하는 피고인 역시 정식재판을 청구해서 다툴 수 있다. 사건에 붙는 명칭을 따서 실무에서는 흔히 고정사건(정식재판 청구사건)이라고 부른다.

최근 법이 개정되긴 했으나 얼마 전까지 고정사건에는 불이익변경금지의 원칙이 적용됐다. 불이익변경금지의 원칙이란 피고인이 불복한 고정사건은 약식명령에서 결정된 벌금 이상의 벌금을 선고할 수 없다는 것이다. 일반 형사사건에서 (검사와 쌍방이 아니라) 피고인만이 상소한 경우에도 이 원칙이 적용된다. 피고인의 정식재판 청구권이나 상소권을 보장하기 위한 것이다. 불이익변경금지의 원칙이 적용되는 한 피고인은 밑져야 본전이다. 마음껏 무죄를 주장할 수 있었다.

법원은 아주 곤욕을 치렀다. 벌금 30만 원짜리 사건 하나에 1년이 넘게 걸리고 증인만 열댓 명이 나오는 경우도 드물지 않았다. 누가 봐도 유죄지만 작정하고 다투면서 피해자며 참고인들을 전부 증인으로 신청하는 피고인도 많았다. 유죄로 인정돼도 벌금이 30만 원이니 어깃장을 놓으면서 당사자를 괴롭히는 것이다. 그렇지 않아도 사건이 많은 고정재판부 판사들은 죽을 지경이었다. 이 재판보다 훨씬 더 중요한 사건이 캐비닛 가득 쌓여 있다는 생각을 하면 그런 피고인들이 곱게 보일 리 없었다. 사회 전체적 공리라는 측면에서 보면 낭비도 이런 낭비가 없다.

나는 고정재판을 진행하는 내내 의문이 들었다. 왜 이들의 복수심을 위해 경찰과 검찰, 법원과 같은 국가기관이 이렇게 많은 시간과 노력을 기울여야 하는가? 공리주의뿐 아니라 대부분의 정의론에 비춰봐도 피고인의 이런 행위는 부당하다. 선한 본성에서 기한 것도 아니고 도덕적이지도 않으며, 여러 사람에게 피해를 주고 있기 때문이다. 그럼 그 피고인들의 행동은 정의롭지 못하고, 그런 행위를 용인하는 법제도 역시 정의에 반하는가?

달리 생각해본다. 도대체 그 피고인들이 무슨 부정을 저질렀는가? 그들은 법이 허용하는 한도 내에서 자신의 권리를 행사했을 뿐이다. 알박기(재개발 따위가 예정되거나 확정된 지역의 땅을 미리 사들여 사업자에게 고가로 되파는 투기행위. 많은 시세차익을 노린 악의적 알박기는 형법상 부당이득죄로 처벌될 수도 있다)처럼 권리의 가면을 쓴 권리남용으로서 허용될 수 없는 행위와 같다고 보기는 어렵다. 딱히 불의라고 말하긴 어렵지만 정의에 부합한다고 보기도 어려운 이런 경우는 그나마 판단이 좀 수월한 편이다. 무죄innocence가 아니라 '유죄 아님not guilty'이듯, 불의injustice는 아니지만 '정의 아님not justice'쯤으로 보인다. 불행 중 다행으로 이런 피고인이 아주 많지는 않다.

그렇다면, 고정사건의 대부분을 차지하는 사례를 보자. 약식명령을 받고 정식재판을 청구하는 대다수 피고인은 먹고살기 힘든 서민이다. 청소년에게 술을 팔다 청소년보호법 위반으로 벌금 50만 원을 받고 오거나, 국산콩을 쓰다 가게가 어려워지자 원산

259

지 표시는 국내산으로 둔 채 중국산 콩을 쓰다 농수산물의 원산지 표시에 관한 법률 위반으로 벌금 200만 원을 받고 오거나, 공영주차장 출구 앞 도로와 인도에서 봉고트럭의 옆면과 뒷면을 열고 인도 위에 좌판을 펼쳐놓은 채 양말과 등산스틱을 판매하다 도로법 위반으로 벌금 70만 원의 약식명령을 받고 오는 경우 등이다. 하루 수입이 대개 돈 10만 원도 안 되는 사람들이다. 70만 원이면 일주일치 벌이다. 이런 피고인들은 잘못은 인정하지만 벌금을 좀 깎아달라고 통사정한다.

벌금을 깎아주는 게 정의로운가, 깎아주지 않는 게 정의로운가, 아니면 더 올리는 게 맞는가? 다시 벤담이다. 벤담은 십중팔구 벌금을 올리라고 할 것 같다. 피고인들 개개인에게는 고통스러울지 모르지만, 사회 전체로 볼 때 이들을 엄하게 처벌하면 시민들이 안심하고 순두부를 먹고, 길거리를 편하게 다닐 수 있게 되며, 무엇보다 벌금이 많이 걷혀 다수에게 이득이 된다는 이유를 대면서 말이다. 롤스나 드워킨이라면 벌금을 깎아주라고 했을 것 같다. 이런 피고인들은 사회적으로 하층에 속하는 사람들이므로 형벌이라는 고통의 분배 측면에서 이들을 좀더 배려하는 것이 배분적 정의에 가깝다는 이유를 댈 것 같다. 마이클 샌델의 입장은 잘 떠오르지 않는다. 사적 이익을 위해 공공재인 도로를 점유하고 많은 시민을 불편하게 만드는 노점상을 측은하게 여기는 것이 공동선에 부합하는 것인지 잘 모르겠다.

나는 고심 끝에 청소년에게 술을 판 피고인과 인도에서 좌판을 펼친 피고인의 벌금을 20만 원씩 깎아줬다. 중국산 콩을 섞어 판 피고인은 50만 원을 깎아줬다. 이 결론이 정의에 부합하는가? 아니면 식품안전이나 보행권, 청소년의 건강에 해가 되는 부당한 판결인가? 이런저런 이유를 들며 정식재판을 청구해 사법기관에 큰 부담을 주는 사람보다 약식명령을 받고도 묵묵히 벌금을 내는 사람을 더 보호해주는 것이 옳지 않은가? 아니면 일당을 날려가며 재판에 출석해 자신의 권리 주장을 위해 애쓰는 사람을 배려하는 것이 옳은가? 나는 여전히 무엇이 옳다고 자신하지 못하겠다. 흔하디흔한 사례들이지만, 이런 경우만 봐도 정의와 불의의 경계는 희미해지기 시작한다.

고작 20만 원의 감경 여부로 숭고한 정의를 재단하는 일이 다소 좀스럽게 여겨지거나, 판사나 돼갖고 쪼잔하게 20만 원을 두고 고민하는 거냐는 독자도 있을 것 같다. 그렇다면 좀더 무거운 사례로 가보자. 간혹 장발장사건이라고 해서 빵 몇 개 훔친 사람에게 징역 1~2년을 선고한 피도 눈물도 없는 냉혈 판사에 대한 비난 기사가 난다. 그러나 빵 절도만으로 실형을 선고하는 판사는 결단코 없다. 이건 장담할 수 있다. 믿어도 좋다. 기사의 제목만 보고 흥분해선 안 된다. 기사가 낚은 것이다. 그런 경우 거의 대부분 누범이거나 상습범이라, 벌금형이 없고 법정형의 최하한이 2년 또는 3년 이상으로 규정된 경우다. 판사의 정상참작감경 한도는 법정형의 절반이므로, 이런 경우 법정형의 하한을 절반 낮추는 것 말고는 판사가 할 수 있는 일이 없다. 말이 안 되는 것 같지만 빵 하나 훔친 죄로 징역 1년을 선고받는 장발장은 무수히 많다. 이런 결론이 정의에 부합한다고 생각하는가?

그토록 말 많은 주취감경을 보자. 술 마셨다는 사실이 형을 깎아주는 사정이 된다는 데 대해 엄청난 비난이 있다. 형사재판을 오랫동안 해온 나는 악질적인 범죄자를 봐주기 위해 주취감경한 적이 없다. 최소한 내가 지켜본 판사들 중에도 그런 사람은 없었다. 판사들 사이에서 주취감경은 앞서 말한 것과 같은 사례, 즉 법정형이 대단히 무거운 사례에서 부당한 양형을 해야 하는 경우에만 아주 제한적으로 적용을 검토해야 한다고 묵계처럼 통용되어 왔다. 대표적인 경우가 강도상해죄다. 강도가 피해자에게 상처를 입힌 경우 법정형은 무기 또는 7년 이상의 징역이다. 그런데 3년 이상의 형을 선고하면 집행유예를 붙이지 못한다. 강도상해는 판사가 절반을 깎아도 3년 6개월이 최하한이다. 강도상해로 유죄가 되면 무조건 최소 3년 6개월 동안 징역을 살아야 한다는 말이다.

사람을 다치게 한 흉악한 강도에게 3년 6개월이 뭐 그리 무거운 형벌이냐고 생각할 수도 있다. 물론 3년 6개월로 부족한 강도도 있다. 그러나 강도상해라는 범죄에 포섭될 수 있는 유형의 행위는 셀 수 없이 많다. 흉기로 사람을 찌르고 돈을 빼앗는 강도가 있는가 하면, 열린 자동차에서 동전 몇 개를 훔치다가 주인에게 발각되자 붙잡히지 않으려 밀치고 도망가다 피해자에게 가벼운 타박상을 입히는 강도도 있다.

사법연수원 시절 검찰시보로 연수를 받을 때였다. 검찰에 입대를 앞둔 대학생이 왔다. 가정형편이 넉넉하지 않았던 그는 입대 전에 용돈이라도 벌 생각으로 룸살롱 웨이터를 하게 됐다. 그런데 그 룸살롱은 평범한 곳이 아니었다. 만취한 취객에게 엄청난 바가지를 씌우는 업소였다. 취객들 대부분은 정신없이 카드를 긁고 나가지만, 간혹 계산서를 유심히 보고 왜 이리 술값이 많이 나왔냐며 따지는 손님도 있었다. 룸살롱 사장은 그럴 때면 덩치 큰 종업원들을 대동해 어디서 행패를 부리냐고 위협한 뒤 계산을 하게 했다. 그런데 그날따라 한 손님이 완강하게 저항하며 끝까지 계산을 하지 않고 버텼다. 사장과 종업원들은 그 손님을 룸에 데리고 들어가 위협하고 때린 후 카드를 빼앗아 억지로 계산했다. 손님의 신고로 사장과 종업원들은 입건되었다.

그 대학생도 그날 룸에 같이 있었다. 손님을 때리지도, 욕하지도 않고 그저 서 있기만 했다. 검사는 그 대학생도 다른 사람들처럼 같이 위력을 행사한 것으로 보고 강도상해의 공동정범(2인 이상이 공동으로 죄를 범한 때에는 각자를 그 죄의 정범으로 본다)으로 기소하려 했다. 단순히 범행을 도운 방조범(방조는 형의 감경사유라 방조죄로 기소되면 형을 두 번까지 감경할 수 있다)이면 몰라도 공동정범은 너무 심한 거 아닌가 싶었지만 자비는 없었다. 선량하게 생긴 대학생이 소환되어 검찰청에 왔는데 사태의 심각성을 잘 모르는 눈치여서 내가 다 애가 탔다. 시보가 거의 끝나갈 무렵에 본 사건이라 그 대학생이 강도상해의 공동정범으로 기소되었는지는 잘 모르지만, 만약 그랬다면 그는 최소한 3년 6개월(42개월)의 징역형을 면하기 어려웠을 것이다.

　판사들이 주취감경을 고민하는 경우는 이런 상황이다. 만약 기록에 그 대학생이 손님의 권유로 술을 몇 잔 마셨다는 내용이라도 나오면, 정상참작감경에 이어 주취감경도 고려해볼 여지가 있는 것이다. 두 번 감경을 하면 형의 하한을 1년 9개월(21개월)까지 떨어뜨릴 수 있고 집행유예도 가능해진다. 정의의 본질은 평등이고, 같은 것을 같게, 다른 것을 다르게 취급하는 것이라는데, 택시기사를 칼로 찌른 강도와 룸살롱에서 아르바이트를 한 대학생을 같은 경우라고 말할 수 있는가? 이런 결론이 부당하다면 이를 바로잡는 수단으로서의 주취감경은 오히려 정의에 부합하는 것 아닌가?

　같은 것을 같게, 다른 것을 다르게 취급한다는 정의론은 사실상 알맹이 없는 이론이다. 세상에 같은 사례는 없다. 서로 유사한 것을 같은 범주로 묶어 같다고 선언할 수밖에 없는데, 일반화하고 범주화하는 과정에서 벌써 정의는 훼손되고 만다. 다른 것을 같은 것으로 취급해야 하기 때문이다. 상황은 얼마든지 변주되고 무한히 확장된다. 이런 논리적 모순과 간극을 메우기 위해 규범과 해석은 열려 있어야 한다. 반증 가능성 없는 명제가 참이 아니듯 닫힌 규범과 해석은 위험하고, 정의에 반할 가능성이 높다. 법정형을 무겁게 하고 판사의 재량을 줄이는 것만이 능사가 아니다.

별별 사건을 처리해야 하는 실전에서 깜빡하기 쉬운 것은 정의에는 고기처럼 등급이 없다는 사실이다. 마블링 쩌는 '투뿔 정의'와 무슨 부위인지도 모르는 '뒷고기 정의'로 분류할 수 없다는 말이다. 사건 수 때문에 불가피하게 절차가 간소화되고, 가용할 수 있는 시간이 줄어든다는 차이 말고는, 벌금 5만 원짜리 즉결 사건과 사형이 선고되는 사건 간에 실현되는 정의에는 아무런 차이가 없다. 불법과 법적용이라는 측면에서 볼 때 500억 원을 횡령한 재벌과 50만 원을 슬쩍한 마트 캐셔를 다르게 볼 이유는 어디에도 없다. 그나마 이들 간에 차별이 용인되는 유일한 경우는 불평등의 잣대가 아래로만 향할 때뿐이다. 그것이 사실상 평등한 결론을 가져올 가능성이 있기 때문이다. 사회적 약자와 소수자에게 돌아가야 할 온정과 관용이라는 차별이 어떻게 재벌에게 더 유리하게 적용될 수 있는가? 유전무죄와 무전유죄로 대변되는 사법부에 대한 뿌리 깊은 불신에는 이 이상한 이중잣대의 지분이 절대적이다. 변명의 여지가 아주 없는 것은 아니나, 그 지적에 동의할 수밖에 없다. 부자도 빈자도, 권력자도 노숙인도, 남성도 여성도, 동성애자도 이성애자도 차별하지 않는다는 면에서 미세먼지가 대한민국 판사보다 훨씬 더 공평해 보인다. 각성하고 경계해야 한다.

정의에 대해 얘기하다 보면 불가피하게 마주치는 것이 법감정이다. 여론이나 법감정으로 고민하지 않는 판사는 없다. 이것이 진정 신의 뜻인가? 법전이 신의 말씀을 옮긴 경전이라면 법전과 다른 결론을 요구하는 신의 목소리에는 어떻게 반응해야 하는가? 법의 육화肉化가 법관이라지만 내 몸 어디에 법이 붙어 있는지도 모르는데, 법전에도 적혀 있지 않은 법감정이라는 것은 대관절 무엇인가? 치열한 논증과 고심 끝에 법과 양심에 따라 재판했다고 뿌듯해하는데, 정의가 안드로메다로 가버렸다는 비판을 받을 때 느끼는 심정은 불쾌함이 아니라 곤혹감이다. 법대로 한다고 모두 정의에 부합하는 것이 아니라는 이 지점이 판사를 가장 괴롭힌다. 법해석으로 불의에 부역할 때 판사는 심란하다. 내가 정말 동시대인의 기본적 인식과 이처럼 다른 생각을 하는 별난 존재인가? 나 역시 법대를 내려가면 과자를 들고 소파에 앉아 프로야구나 드라마를 보며 킥킥거리는 평범한 아저씨인데, 댓글을 읽으면 몇백 광년은 떨어진 것 같은 법과 현실의 아득한 거리에 낙담할 때가 한두 번이 아니다.

변호사를 할 때 욕하는 소리가 그렇게 듣기 싫어 법원으로 왔더니, 변호사를 타박하는 소리는 당연한 말로 들리고 법원을 욕하는 소리만 크게 들린다. 처지에 따른 마음의 변화가 참 간사스럽다. 역지사지는 애당초 환상이다. 변호사든 판사든 이런저런 비난에 욱하는 심정이 들 때가 있다. 그러나 그 거친 말의 외피를 한 꺼풀 벗겨내고 찬찬히 들여다보면 알맹이는 대체로 비슷하고 그리 틀린 말도 아니다. 욕쟁이 할머니의 쉴 새 없는 욕설처럼 욕도 다양하지만 대체로 그 욕의 의미는 '성실하지 못하다', '정직하지 못하다', '정치적이다', '권력 눈치를 본다', '전관을 봐준다', '공정하지 않다' 등이다.

판사에 대한 다양한 욕을 졸이고 졸인다면, 결국 남는 것은 '공정하지 못하다'는 내용인 것 같다. 정제되지 않은 거친 형태로 표출된다 하더라도 법원에 대한 비난이나 법감정에 대한 거부감을 이겨내야 한다. 껍데기에 대한 거부감으로 그 안에 담긴 고갱이를 놓쳐서는 안 된다. 비난은 판사의 숙명이다. 그럼 대체 법감정이란 무엇이며, 어떻게 이해하고 받아들여야 하는가? 이에 대해 최종고 서울대 법학전문대학원 명예교수는 이렇게 말한다. "법은 있는 것을 발견하는 것이다. 이를 바로 찾게 하는 것이 국민의 건전한 법감정 내지 법의식인 것이요, 일단 제정된 법에 가치와 생명을 불어넣는 것도 법감정과 법의식의 힘이다."

"힘없는 정의는 무력하고, 정의 없는 힘은 폭력이다. 정의와 힘은 동시에 있어야 하는데, 그러기 위해서는 정의가 강해지거나 강한 것이 정의가 되어야 한다. 정의는 시비의 대상이 되기 쉬우나, 힘은 시비의 여지를 주지 않는다. 정의는 강해지기 힘들다. 결국 강한 것이 정의가 되었다"는 파스칼의 말을 빌리면, 우리가 철석같이 믿는 법적 정의도 결국 강한 힘에 불과할 뿐이다. 그러나 아무리 우겨도 그건 그저 힘이지 정의가 아니다. 법감정은 단순히 격앙된 감정상태가 아니라, 힘이 약한 정의일 가능성이 높다. 들끓는 법감정은 곧 강해질 정의 아닐까?

도덕철학 내지 정치철학으로서의 정의론은 대단히 중요하다. 정의론을 이해하고 있어야 올바른 정의감을 기를 수 있고, 한쪽으로 경도된 생각을 바로잡을 수 있다. 정의의 탈을 쓴 채 무수히 변주되는 불의를 식별하려면 정의를 보는 다양한 시각을 키우고 정의의 엔트리에 뎁스depth를 더해야 한다. 빡빡한 일정을 소화하면서 챔피언스리그나 월드시리즈에서 우승하려면 선수층이 두꺼워야 한다. 일부 선수만 계속 뛰게 해서는 우승이라는 큰 목표에 다가갈 수 없다.

그러나 철학자가 아닌 실무자의 입장에서 말한다면, 정의에 대한 어떤 이론도 실제 상황에서는 그리 쓸모가 없다. 특히 분초를 다투는 상황에서라면 말할 나위가 없다. 생명이 오락가락하는 상황에서 무엇이 바르고 곧은 것인지를 언제 따지고 있겠는가. 정의론 자체가 무용하다는 말이 아니라 즉각적 행동준칙으로서의 정의론은 현실에서 큰 힘을 발휘하지 못한다는 뜻이다. 실제 사례에서 정의는 이렇게 구현되지 않는다. 본능적 직관으로 나타난다.

재판 역시 결론에 이르는 과정은 이런 식이 많다. 직관적으로 대충의 결론이 떠오른다. 증거와 법리와 경험칙과 이성과 상식으로 직관적 가설을 꼼꼼하게 검증한다. 판사가 평소 편향된 생각이나 가치관에 사로잡혀 잘못된 가설을 세우거나, 확증편향에 빠져 검증을 소홀히 한다면, 계속해서 버그가 날 가능성이 높다. 따라서 훈련이 중요하다. 평소 정의에 대해 고민하고, 예민하게 바라보고, 즉각적으로 판단하는 훈련을 게을리해선 안 된다. 선승의 자세로 용맹정진해야 한다. 정의의 본질에 대한 진지한 고민과 더불어 정의감을 예민하게 벼려야 한다. 적법과 불법, 악과 선, 해선 안 될 일과 해도 되는 일, 버려야 할 것과 지켜야 할 것에 대한 감각을 끊임없이 갈고닦아야 한다. 그렇게 예민하게 벼려진 더듬이를 세상에 드리우고 촉각을 곤두세워야 한다. 둔감해지고 게을러지면 끝이다. 부탁받은 정의가 보관된 창고를 수시로 열어보고 환기시키지 않으면, 정의는 부패하고 기화해버릴 것이다.

여전히 정의의 실체를 정확히 모르지만, 오랜 기간 이 바닥에 있으면서 그 실루엣 정도는 이해했다고 믿고 싶다. 내가 생각하는 실전 정의의 어렴풋한 실루엣은 이런 모습이다.

당신의 천국이 나의 지옥이 되고, 나의 천국이 당신의 지옥이 되는 곳은 정의를 논하기 어렵다. 당신의 천국은 그대로인데 나는 생지옥이 되는 곳은 정의가 무너진 곳이다. 당신의 천국은 약간 출렁였지만 나도 천국이 되는 곳이 정의가 선 곳이다. 정의는 치킨게임이 아니라 윈윈게임win-win game이거나 논제로섬게임non-zero sum game이다.

국민권익위원장을 지냈던 박은정 교수는 "인간은 모든 존재 이해의 접점"이라고 했다. 인간이 배제돼 있거나 인간보다 더 우월한 존재나 가치가 등장한다면 불의를 의심해야 한다. 설령 신이라 할지라도 그렇다. 한 사람이 이로워지는 것보다 많은 사람이 이로워지는 것이 정의일 가능성이 높다. 여러 사람이 고통받는 것보다 한 사람만 고통받는 경우 역시 마찬가지다. 그러나 한 사람의 고통이 많은 사람의 고통을 넘어설 수 있음을 인정하지 않는 것은 불의의 입장이다. 정의는 극한의 고통에 빠진 소수자의 편이다.

대체로 정의는 열려 있고 부끄러움을 안다. 닫힌 입장은 불의의 영토거나 중간지대쯤이다. 독선과 아집은 설령 그것이 정의라 하더라도 사방이 천길 낭떠러지다. 정의는 수고로움을 불편하게 여기지 않는다. 적당히 타협하고 물러서는 순간 불의의 영토에 발 들이기 쉽다. 불의는 언제나 그곳에 있다. 정의는 염치를 안다. 나를 생각하듯 타인의 입장도 생각해야 한다. '내로남불'의 행동은 정의에서 벗어날 가능성이 높다. 혼자 가는 곳은 천국이 아니라 지옥이라는 안수환의 시구처럼((한 줄)) 공동선을 생각하고 공동체의 일원으로 행동해야 한다.

정의는 대체로 직관적이다. 복잡한 설명으로만 정당화될 수 있다면 일단 의심해봐야 한다. 진실과 성과를 지나치게 강조해선 안 된다. 진실은 악마의 상용구이기도 하다. 인간은, 진실을 찾는다는 명분과 선한 결과라는 대의 아래 사람을 모질게 고문하고, 인종청소까지 마다하지 않았다. 그 결과 발견한 것이 진실이라 하더라도 그것을 정의라고 부를 수는 없다. 미국 28대 대통령 우드로 윌슨Woodrow Wilson은 "궁극적으로 실패에 이를 대의에 성공하느니, 차라리 궁극적으로 성공에 이를 대의에 실패하겠다"고

했다. 정의는 눈앞의 대의(이익)에 연연하지 않는 것이다.

논변이 화려하고 유창하다면 의심스럽다. 법정에서 오랜 기간 지켜본 정의는 대체로 어눌했다. 진실과 정의는 유려한 언변으로 치장되지 않더라도 발광發光한다. 양보와 호혜가 절대적인 양 몰아가는 것도 석연치 않다. 정당한 분노와 적의는 정의다. 희생의 대가로 군림하고 굴종을 요구한다면, 비록 그것이 사랑이라 할지라도 정의롭지 못하다. 아니, 그것은 사랑도 아니다. 지연된 정의는 정의가 아니듯 서두른 정의도 정의가 아닐 수 있다. 정의에는 적기가 있다. 정의의 민낯을 보려면 기다림이 필요할 때도 있다.

법이 허용한 권리는 일단 정의로 추정된다. 죄가 명백해 보임에도 무죄를 주장했다고 형을 높이는 것은 부당하다. 무죄 주장은 피고인의 권리고, 피고인은 형이 확정될 때까지는 무죄다. 괘씸죄는 없다. 괘씸하냐의 판단은 재판부가 아닌 피해자의 몫이다. 죄를 부정했기 때문이 아니라 피해자에게 더 큰 고통을 가했기 때문에 형이 높아지는 것이다. 반대로, 법이 허용했으니 무조건 정의에 부합한다고 속단해서도 안 된다. 불이익변경금지의 원칙처럼 법은 언제든 바뀔 수 있다. 자크 데리다가 지적한 것처럼, 법은 항상 자신이 정의라고 주장하지만 법은 절대적 정의에 도달할 수 없다. 법은 언제나 해체했다 재구축할 수 있지만, 정의는 해체나 탈구축이 불가능하기 때문이다.

많은 이득을 가져가거나 위험과 희생을 타인에게 전가한 사람은 큰 책임을 져야 한다. 이득이 큼에도 책임이 작은 곳은 불의의 영역이다. 《정의를 부탁해》를 쓴 권석천은 "형사책임이 힘의 서열 역순으로 재분배되는 건 정의가 아니"라고 했다. 실제로 평등한가를 가리기는 어렵지만, 평등하게 취급하는 것은 좀더 수월하다. 절차는 더 그렇다. 절차적 평등이 무너진 곳에 정의가 자리할 가능성은 크지 않다. 규정하기 어렵다는 이유만으로 정의에 대한 탐구를 포기하는 곳에 정의가 있을 수 없다. 단번에 찾기 어렵다면 정의를 감싼 불의를 일일이 걷어내는 수고를 아끼지 말아야 한다. 예외 없는 법은 불의를 내포할 가능성이 높다. 예외가 있다고 다 옳은 것도 아니다. 예외는 소수자나 사회적 약자의 몫이다. 법해석의 신축성은 아래로만 늘어나야 한다.

이렇게 써놓고 보니, 내 정의론은 더할 수 없는 잡탕이고 짬뽕이다. 내 안에 아리스토텔레스도, 벤담도, 롤스도, 드워킨도 다 있다니 놀라울 뿐이다.

팍팍한 세상살이에 시달리다 보면 정의로 밥벌이하는 나조차 '먹고살기 힘들어 죽겠는데 정의는 개뿔'이라는 말이 목구멍에서부터 그렁거릴 때가 있다. 그래도 포기할 순 없다. 인간의 삶은 정상에서 굴러떨어지는 바위를 영원히 굴려올리는 시시포스와 비슷하다. 굴러떨어질 줄 알면서도 끊임없이 바위를 굴려야 하는 숙명은 가혹하지만, 바위 굴리기를 멈추면 시시포스는 바위에 깔려버릴 것이다. 그 순간 그의 실존적·상징적 존재는 사라진다. 시시포스는 바위를 굴릴 때라야만 시시포스다.

김수영 시인은 1968년 부산에서 열린 문학세미나에서 "시작詩作은 머리로 하는 것이 아니고 심장으로 하는 것도 아니고 몸으로 하는 것이다. 온몸으로 하는 것이다. 정확하게 말하자면 온몸으로 동시에 밀고 나가는 것이다"라고 했다. 나는 인생도 온몸으로 밀고 나가는 것이라고 생각한다. 살아 있는 인간이라면 흙바닥에 널브러져 누워 있지는 않을 것이다. 살아 있는 모든 것이 사멸하듯 우리도 한줌 흙으로 돌아가겠지만, 그걸 알면서도 바위를 굴리고, 흙바닥을 온몸으로 밀고 나가는 것, 그것이 인생 아닐까.

흙바닥을 뒹굴지라도, 부정과 불의, 협잡과 편견, 전관예우와 유전무죄의 선동이 판치는 아수라 같은 진창에 머물더라도, 결코 잊지 말아야 할 것은 정의를 회의하거나 냉소해서는 안 된다는 것이다. 공동선과 미덕과 하나의 정답이 있다는 사실을 믿어야 한다. 가치의 충돌로 절대가치와 정답이 잘 보이지 않더라도, 섣불리 상대주의나 회의주의의 유혹에 빠져서는 안 된다. 정답으로 채택되지 않은 가치가 정의가 아니라거나 무시해도 좋다는 말이 아니다. 모두 다 소중한 가치이므로 고민할 만한 것이지만, 상대주의나 회의주의에 빠지면 최선의 정의를 찾는 여정을 쉽게 그만둘 가능성이 높다. 그것이 불의의 노림수다.

정의는 고정된 방위가 없고, 자유자재로 변신하는, 뚜렷한 실체 없는 신기루이자 한 마리 파랑새 같다. "사유의 내용은 의심할 수 있어도 사유한다는 사실과 사유하는 주체로서의 나의 존재만은 의심할 수 없다"는 데카르트의 말을 빌리자면, 정의는 의심할 수 있지만 정의에 대한 열망을 품은 인간 그 자체는 결코 의심할 수 없다. 어쩌면 절대적으로 곧고 바른 유일한 것은 미덕이나 공동선이 아니라, 아무리 험난한 길이라도 바르게 살려는 의지를 갖고 그 길을 끊임없이 고뇌하며 걸어가는 존재, 그 자체가 아닐까? 그렇다면 정의는, 목표가 아니라 여정이고, 정의로운 삶을 살려는 열망을 품은 인간 그 자체다. 부정과 불의의 바윗덩이를 영원히 치우는 시시포스, 파랑새가 있다는 믿음을 갖고 묵묵히 길을 걷는 우리가 바로 정의다.

파랑새는 있다.
정의도 있다.
정의가 뭔지 잘 모르지만 열심히 창고를 뒤지는 창고지기가 있다.
창고지기의 보고서는 거짓이 아니다.

법은 사랑처럼

해마다 봄이 되면 출근길이 설렌다. 매일 아침 꽃들과 조우하기 때문이다. 개나리와 벚꽃이 만개했다 눈처럼 지는 계절은 법원도 조금 덜 바쁜 철이다. 사건처리라는 꽃을 피우기 위해 준비하는 시기다. 물론 인사이동이 없는 재판부는 꼭 그렇지도 않지만, 2월 하순 인사이동으로 법원과 재판부가 바뀌면 판사들은 사건을 파악하고 바뀐 환경에 적응한다. 그동안 평소와 달리 얼마간의 여유가 생기고, 꽃이 활짝 핀 거리를 걷는다.

멀리서 보면 다 같은 꽃으로 보이지만 가까이 다가가서 보면 꽃도 다 제각각이다. 생김새는 물론이고 앉은 본새도 전부 다르다. 사람을 향해 핀 꽃이 있는가 하면, 모로 몸을 꼬고 앉은 꽃도 있고, 불친절하게 돌아앉은 꽃도 있다. 마주보며 환하게 웃어주는 꽃은 예쁘다. 몸을 꼬고 앉은 꽃도 은근히 예쁘다. 돌아앉은 꽃도 물론 예쁘다. 꽃은 뒤통수조차 예쁘다. 짧은 개화의 순간에 꽃의 표정을 읽으려 한다. 꽃은 내게 텍스트다. 비슷비슷한 꽃잎으로 보면 거기서 거기지만, 어떤 마음으로 어떻게 읽는지에 따라 그 모습이 다 다르다.

꽃과 자연이 그렇듯, 인간도 세상도 모두 텍스트다. 무엇을 읽을지는 내게 달려 있다. 꽃이 제각각의 이유로 아름답듯 사람도 그렇다. 아이들은 더욱 그렇다. 내겐 사건도 그렇다. 자백하든 부인하든, 각 사건에는 제 나름의 향기가 있다. 내게 재판은 벚꽃처럼 작렬하듯 개화했다 격렬하게 낙화하는 절차고, 텍스트를 주의 깊게 읽는 시간이다.

꽃에 비해 인간과 세상이라는 텍스트는 독자인 내게 친절하지 않다. 난독증이 심해진다. 세상은 갈수록 읽어내기가 힘들다. 내가 작성하는 판결문이라는 텍스트 역시 불친절하긴 마찬가지다. 재판은 텍스트를 이해하고, 언어로 표현해 문서화하는 작업이다. 한 덩어리의 꽃이 그저 개나리나 벚꽃이 아닌, 마주본 개나리, 돌아앉은 개나리, 고개 쳐든 개나리, 사색에 잠긴 개나리로 읽을 수 있듯, 일군의 사람들이 그저 피고인, 피해자, 원고, 피고가 아닌 존엄한 개별자로 인식될 때 인간과 세상을 제대로 이해한 것이다. 어쩌면 재판은 개별적 대상인 인간을 용해해 인식의 틀인 법이라는 금형에 부어 주물을 만들어내는 작업이 아닌가 싶다. 아무리 사회에서 잘나가던 사람이라도 수감복을 입고 피고인석에 서면 모두가 주눅 들어 초라해진다. 법정이라는 용광로에서는 개성과 개별적 존엄성이 녹아 사라진다.

판사는 주물공이다. 금형을 떠 제품을 만들지만, 결코 똑같은 물건을 만들지 않아야 하는 이상한 주물공이다. 판사는 주물공이면서 필경사다. 판사는 수작업으로 사람을 읽고, 읽은 대로 필사한다. 인쇄술의 발달로 필경사가 사라졌듯, 과학의 발달로 판사가 사라질 수도 있을까? 텍스트를 정확하게 필사하지 못한다면 그럴지도 모르겠다. 같은 틀에 부어 찍어내고, 그저 적힌 대로 필사한다면 구체성과 개별성이 왜 중요할까? 유사해 보일지라도, 첫물과 원전이 인간인 이상 결코 같은 제품이 될 수는 없기 때문이다.

이해와 표현의 수단은 당연히 말과 글이다. 같은 모국어를 사용하는 한 별문제 없어 보이지만, 제대로 된 이해와 표현은 판사에게나 당사자에게나 대단히 어려운 일이다. 완전한 소통은 불가능하다. 항상 느끼는 거지만 언어는 우리가 생각하는 것보다 훨씬 더 불완전하다. 때론 터무니없기까지 하다.

치과치료를 받는 동시에 허리가 아파 병원을 다닌 적이 있다. 당시 나는 레진으로 때운 치아의 이상한 느낌과 허리의 불편함을 의사에게 정확하게 표현하지 못해 애를 먹었다. 치아는 '아프다, 시리다, 저릿저릿하다, 아리다, 시큰거리다'도 아닌 어떤 불쾌한 이물감이었고, 허리는 '아프다, 뻐근하다, 쑤시다, 결리다'도 아닌 묵직하고 기분 나쁜 통증이었다. "글자 한 자의 빠춤이나 더

함이 전 세계의 파멸을 의미할 수 있다"는《탈무드》의 경구를 누구보다 예민하게 받들고 사는 내가, 내 몸에서 벌어지는 이 명백한 통증을 정확한 말로 표현할 수 없다는 게 아이러니했다. 물리치료를 받느라 찜질기를 두르고 침대에 누웠는데, 옆 침대 할머니가 물리치료사에게 말씀하셨다. "추버서 옹송그려 잤더만, 삭신이 우리~하다." 할머니가 나보다 훨씬 표현력이 좋으셨다. 경상도에서라면 내 허리의 통증은 '우리하다(몹시 아리거나 또는 욱신욱신하다는 뜻의 경상도 사투리)'가 근사치의 정답이었다. 나는 그다음부터 의사에게 '선생님, 허리가 억수로 우리하네요'라고 말했다. 진료와 처방은 한결 빨라졌다.

그러나 함부로 '우리하다'는 표현을 쓰면 안 된다. 예전에 김상영 의료소송 전문 변호사가 지금은 없어진 웹진 〈시민과 변호사〉에 쓴 칼럼을 읽고 실소한 적이 있다. 칼럼에 있던 사연이다. 대구에 살던 30대 초반 남자가 가슴에 심한 통증을 느껴 병원에서 '가슴이 찢어질 것 같다'며 응급실에 입원했다가 심정지로 사망한 사례와, 군산에 사는 50대 남자가 가슴통증과 호흡곤란을 호소하며 병원을 찾아 의사에게 '오목가슴이 우리하다'고 말한 뒤 치료를 받고 얼마 후 사망한 사례가 있었다. 두 사람 모두 부검 결과 사인은 '대동맥박리증'으로 밝혀졌다. 대동맥박리증은 혈관이 찢어져 사망하게 되는 초응급질환이다. 병원의 의료과실을 다툰 사건에서 대구 환자는 승소했고, 군산 환자는 패소했다. '가슴이 찢어질 것 같다'는 표현은 대동맥박리증에 대한 적절한 설명이 되어 의료진의 과실이 인정됐지만, '오목가슴이 우리하다'는 말은 경상도 사투리라 군산 의사가 다른 질병으로 착각할수 있다는 이유 때문에 패소했다고 한다. 환자의 표현이 승소와패소를 가른 결정적 이유인지는 모르겠지만, 분초를 다투는 상황에서 잘못된 표현이 의사를 착각에 빠뜨렸다면 그럴 수도 있었을것이다.

우스개로 하는 얘기가 아니라, 실제로 의료계에서는 심근경색과 같은 응급환자의 잘못된 통증 표현에 의한 오진 우려 때문에, 환자가 주관적으로 느끼는 통증을 의료진을 포함한 모든 사람이 똑같은 의미로 받아들일 수 있도록 표현을 객관화하고 이를알리는 작업을 하고 있다고 한다.

언어에 대한 이해부족으로 인한 문제는, 비단 병원에서만 발생하는 것은 아니다. 판사들이 순환근무를 위해 출신지역과 떨어진 타지에서 근무할 때 간혹 낭패를 볼 때가 있다. 어떤 판사가부산에서 민사재판을 하다 하모사건을 맡았다. 증거를 아무리 살펴봐도 하모가 없어 첫 재판날 원고에게 "장부에 광어, 전어, 갯장어는 있는데 하모는 없네요"라고 하니, 원고가 눈을 동그랗게뜨고 "갯장어가 하모 아입니꺼" 했다는 것이다. 하모는 갯장어의일본 이름이고, 그분은 아래 지방에서는 갯장어를 흔히 하모라고부른다는 사실을 몰랐던 것이다.* 사투리를 시전하며 웃자고 하

• 김미경 부장판사(부산지법), "하모와 갯장어", 〈법률신문〉, 2017. 9. 25.

는 소리가 아니다. 언어를 수단으로 한 표현과 이해가 사실상 얼마나 아슬아슬한 일인지 말하려는 것이다.

'가슴이 찢어진다'와 '우리하다' 모두를 대동맥박리증으로 읽을 수 있어야 하듯, "판사님, 저는 정말 억울합니다"라는 말 안에는 '저는 진짜 결백합니다 / 비록 죄는 지었지만 이런 죄를 저지를 수밖에 없었던 불우한 처지가 너무 억울합니다 / 다른 놈들도 있는데 저만 잡힌 게 억울합니다 / 똑같이 걸렸는데 빽 없는 저만 더 무겁게 처벌되니 억울해 죽겠습니다' 등 여러 의미가 포함되어 있음을 알아야 한다.

실제 재판에서 어떤 표현은 추론조차 불가능한 경우도 있다. 마치 〈가디언즈 오브 갤럭시〉에 나온 그루트Groot의 말 같은 경우다. 그루트는 '넌 누구냐'를 비롯한 모든 질문과 희로애락의 모든 상황에 대해 단 한 마디 '아이 엠 그루트I am Groot'라는 말밖에는 못한다. 그러나 그루트의 형제이자 가족이나 다름없는 로켓 라쿤만은 그루트의 말을 정확히 이해한다. 그루트 같은 사람들이 있다. 피고인 왜 그러셨습니까? 죄송합니다. 합의는 하셨습니까? 죄송합니다. 가족은 있습니까? 죄송합니다. 교도소에서 출소한 뒤에는 뭘 하실 건가요? 죄송합니다. 그의 '죄송합니다'라는 말 속에는 저도 모르게 술에 취해서 그랬습니다, 합의하고 싶지만 도와줄 사람이 없어 못했습니다, 가족이 있습니다만 연락을 안 하고 산 지 오래되었군요, 출소한 뒤에 열심히 살아보려 했지만 전과자라는 따가운 시선 때문에 계속 이렇게 살고 있습니다,

라는 말이 숨어 있다.

병원에서처럼 법정의 언어 역시 삶의 고통을 표현하는 통증 언어다. 판결은 어떤 이들에겐 투병기다. 그러나 내가 치아와 허리통증을 정확히 표현하지 못했듯, 이를 제대로 표현하지 못하는 사람들이 있다. 이들만 탓할 일이 아니다. 노련하고 성의 있는 의사가 되어 통증의 실체를 파악해야 한다. 단지 언어만이 아니라 그의 태도와 표정, 주변환경과 행동을 종합해서 통증을 눈치채야 한다. 그래야 대동맥박리증을 알아채 그를 살릴 수 있다.

언어는 대단히 불명확하지만, 오로지 그만 이해할 수 있는 사적 언어는 없다. "언어는 물리적인 기호의 배열이 아닐 뿐 아니라 개인적인 정신작용이나 세계의 그림도 아니며, 일정한 생활양식과 규칙에 따라서 영위되는 행위이자 문맥에 의해 결정되는 일종의 게임이다. 아픔과 같은 감각은 사적이고 내밀한 것일 수 있다고 하더라도, 그것을 타인에게 전달하기 위한 언어는 공적인 성격을 띨 수밖에 없다"는 비트겐슈타인에 의하면, 세상에 이해 못할 말은 없다. 읽어내려는 의지와 정보만 있다면 읽지 못할 아픔은 없다. 다만, 지구상 모든 인간이 각자 고유한 생체정보를 가지고 있듯, 그들이 구사하는 언어습관도 모두 다르다는 건 알아야 한다. 사람을 언어에 비유하자면 어쩌면 대한민국에는 5천만 개의 방언이 있다. 사람에게는 표준어처럼 표준인이란 개념이 없다. 우리는 모두 한 개의 방언이다.

프랑스 철학자 알랭 핀킬크라우트는 저서 《잃어버린 인간성》(당대, 1997)에 이렇게 썼다. "인간과 그 밖의 다른 대부분의 동물종을 구별 짓는 점은 '인간들은 서로를 같은 인간으로 인정하지 않는다'는 사실이다." 고양이에게 다른 고양이는 언제나 하나의 고양이지만 인간에게 다른 인간은 일정한 조건을 갖춰야만 인간으로 받아들여진다는 것이다. 인류학자 레비스트로스는 이를 두고 이렇게 부연했다. "인간이란 종족에게 인간성이라는 개념은 언어집단이라는 경계에서 끝나버리며 때론 마을의 경계에서 끝나버리기도 한다." 그 경계 밖의 '인간', 즉 이방인은 단지 '하등한 존재'이거나 반드시 없애버려야 할 존재로 취급당했다는 것이다.● 무서운 인식이다. 아우슈비츠도 다른 언어를 가진 인간, 다른 핏줄을 가진 인간을 같은 인간으로 취급하지 않는다는 인식에서 출발했다.

　판사가 당사자의 언어를 이해하지 못하고, 당사자가 판사의 언어를 이해하지 못하는 상황은 이처럼 심각한 문제를 낳을 수 있다. 한 사람마다 가지고 있는 고유한 언어를 제대로 이해하기 위해서는 지식과 경험뿐 아니라 상상력도 중요하다. 마사 누스바움Martha C. Nussbaum이 지적하듯, "문학적 상상력은 재판관들이 판결을 내리고, 입법자들이 법을 제정하며, 정책입안자들이 다양한 인간의 삶의 질을 측정하는 데 길잡이 역할을 한다."(《시적 정의》, 궁리출판, 2013)

● 　곽병찬, "잃어버린 인간성", 〈한겨레21〉(211호), 1998. 6. 11.

민법 제779조(가족의 범위)를 보면, 가족은 '배우자, 직계혈족 및 형제자매와 생계를 같이하는 직계혈족의 배우자, 배우자의 직계혈족 및 배우자의 형제자매'다. 가족의 범위가 직접 문제되는 사안이라면 민법의 해석을 벗어날 수 없겠지만, 그런 사안 외에는 가족을 다르게 해석할 수도 있어야 한다. 가족과 일체 연락을 끊고 오로지 반려견과 반려묘와만 살아가는 사람에겐 그들이 가족이다. 그 개와 고양이가 사고로 죽는다면 그는 가족을 잃은 것이다. 위자료로 그의 슬픔을 측정해야 한다면 당연히 개값과 고양이값만을 매길 수는 없다. '가족은 아이들뿐만 아니라 남자, 여자, 때로는 동물, 그리고 감기 따위로 구성된 단위일 수도 있음을 알아야 한다A family is a unit composed not only children but of men, women, an occasional animal, and the common cold.'(오그덴 나시Ogden Nash)

법정에 선 당사자의 표현과 이해의 난해함 못지않게 판사 역시 표현과 이해의 대상으로서 골칫거리가 된다. 판사의 주된 표현 수단인 글을 도저히 이해하지 못하겠다는 불평이 끊임없이 들린다. 일본식 한자어투성이인 법률용어, 읽다가 숨넘어가는 문장의 난삽함, 판결문의 두 독자인 당사자와 상급심 중 오직 상급심만을 위한 전문적 설시 등과 같은 기술적 부분은 그나마 노력하면 고칠 수 있다. 그러나 판결문이라는 형식 자체는 판사로서도 도저히 어쩔 수 없는 부분이다. 사고의 과정과 결론에 이르는 지적 편력과 감정적 고뇌를 이 형식으로는 제대로 표현하기 어렵다.

알다시피 판결문은 냉혹한 글이다. 마지막 물기 한 방울까지 짜내고 짜낸 메마른 문장이다. 엄청난 마법을 불러오는 마법사의 주문같이, 공권력이라는 막강한 힘을 행사할 수 있도록 하는 이 시대의 마법서다. 글의 강력한 힘 때문에 오독은 최악이다. 오독을 피하려면 문장은 명확해야 한다. 주어와 목적어와 서술어가 중요하다. 부사에게 배역은 없고, 형용사도 단역에 불과하다. 주역은 명사와 동사다.

때론 주어조차 없다. 형사판결의 주문에는 주어가 없다. '본 재판부는 피고인을 사형에 처한다'로 적지 않는다. '피고인을 징역 10년에 처한다'라고만 적는다. 주어인 국가는 드러나지 않는다. 그리움, 후회, 사랑 따위 감정언어의 자리는 물론 정의, 도덕, 선, 악 따위 형이상학적 언어의 자리 역시 없다. 이런 단어는 판결문이라는 성 안에 거주할 자격이 없다. 선혈이 낭자하는 판결문에서, 중요하지 않은 모든 단어는 축출의 대상이다. 상징과 은유는 상상할 수도 없다.

문제는 판결을 작성하는 인간이 글의 형식과 일치할 수 없다는 데 있다. 아니, 그 냉혹한 형식과 일치해서는 안 된다. 이 모순적 상황이 판사를 괴롭힌다. 판사는 결코 법이라는 인식의 틀을 닮으면 안 된다. 인식의 틀이 강퍅할수록 인식하는 주체는 다정다감해야 한다. 그것이 기계가 아닌 인간에게 재판을 맡기는 이유다. 판결과 재판이라는 비정한 형식을 빌리고 있지만, 결코 서정을 잃어서는 안 되는 모순적 상황을 이해해야 한다.

올리버 웬델 홈즈Oliver Wendell Holmes Sr(미국의 유명한 대법관의 아버지이자 문필가)의 '두 지점 사이의 최단거리는 사랑'이라는 말을 좋아한다. 이 말을 생각하면 떠오르는 책이 있다. 테드 창의 SF소설집《당신 인생의 이야기》다.

한 지점에서 한 지점으로 가는 최단경로는 두 점을 이은 직선이다. 최단경로는 가장 빠른 경로이기도 하다. 그러나 두 점을 이은 직선이 가장 빠른 경로가 아닌 경우가 있다. 빛이 물을 만날 때다. 허공을 출발한 빛이 물속 한 지점에 이를 때 가장 빠른 경로는 수면으로부터 물속 한 지점에 이르는 거리가 가장 짧을 때다. 물에서 빛의 속도는 공기 중에서보다 느리기 때문이다. 수면에서 빛은 굴절되므로 전체적인 경로는 출발점에서 수면, 수면에서 도착점을 잇는 두 개의 직선이 된다. 이것이 '빛은 최단시간으로 이동할 수 있는 경로를 택한다'는 페르마의 최소시간의 원리Fermat's Principle of Least Time다.

이에 대해 테드 창은 이렇게 말한다. "광선은 자신의 정확한 목적지가 어디인지를 알아야 해, 목적지가 다르면 가장 빠른 경로도 바뀔 테니까. 광선은 수면의 위치도 알고 있어야 해, 사전에 움직이기 전에. 나는 속으로 곱씹었다. 광선은 어느 방향으로 움직일지를 선택하기도 전에 자신의 최종 목적지를 결정해야 한다. 문제의 쟁점은, 물리법칙의 통상적인 공식은 인과적인 데 비해서, 페르마의 원리 같은 변분원리는 합목적적이고, 거의 목적론적이기까지 한 점이다."

누가 곧게 가는 것보다 빨리 가는 것이 더 중요하다고 입력했는가? 인과율로 움직이는 자연법칙에서 어떤 합목적적이고 목적론적이기까지 한 현상을 읽어내는 테드 창의 시각은 정말 놀라웠다. 물리법칙 속에서도 설명하기 어려운 경이로움을 앞에 두고 신의 존재를 읽어내는 과학자들이 있다. 하물며 인간이 창조한 규칙과 규범의 영역에 어떻게 기계적 정의만이 존재하겠는가? 어떻게 법이 질서유지와 정의에만 봉사하겠는가?

나는 테드 창의 글을 읽고 법에도 당연히 목적론적이고, 때론 정의마저 초월하는 가치가 있어야 하는 것은 아닐까 생각했다. 그것이 무엇일까? 물 만난 빛처럼 에둘러가는 것처럼 보이지만, 출발점과 종착점 사이에 놓인 매질에 따라 속도를 달리하는 일도 생기지만, 언제나 목표를 향해 최단시간에 도달하는 것, 빛이 파동이듯 사람과 사람 사이의 떨림인 것, 빛이 있어야 모든 사물을 파악할 수 있듯 세상을 밝혀주고 사물을 바르게 볼 수 있도록 하는 것, 빛이 모든 생명체의 근원적 에너지이듯 이것 없이 존재할 수 있는 사람은 없는 것, 빛이 열기를 포함하듯 모두의 가슴을 뜨겁게 데우는 것, 빛이 비출 곳과 구석진 곳을 가리지 않듯 모든 이의 마음 가장 깊숙한 곳까지 다가가고 누군가의 깊이 팬 주름 속까지 도달하는 것, 빛처럼 찰나의 순간 누군가를 본 그 짧은 순간에 누군가의 우주를 바꾸는 것, 그것은 도대체 무엇일까? 그것은 바로 사랑이다. 나는 테드 창의 글을 읽으며, 사랑의 속성이 빛과 아주 흡사하다고 생각했다.

이런 시가 있다.

농부는 법을 두고 늘 따라야 하는 태양이라 말하고, 노인은 어른의 지혜라 말하고, 사제는 경전 속 말씀이라 말하고, 재판관은 법은 법이라 말하고, 법학자는 일상으로 입는 옷이자 조석朝夕으로 나누는 인사라고 말하고, 어떤 이는 운명, 국가라 말하고, 어떤 이는 법은 죽었다고 말하고, 성난 군중은 법은 우리라 말한다. 그러나 차라리 법을 정의할 수 없다면 자랑스럽게 법은 마치 사랑 같다고 말하리라. 사랑처럼 어디 있는지 왜 있는지 알지 못하고, 사랑처럼 억지로는 안 되고, 벗어날 수도 없는 것, 사랑처럼 흔히 울지만, 사랑처럼 대개는 못 지키는 것이라고. (W. H. 오든, 〈법은 사랑처럼〉)

농부와 노인과 재판관과 법학자와 군중이 말하는 법도 다 법의 모습이지만, 나는 오든의 견해에 동의하지 않을 수 없다. 명확히 정의할 수 없는 모든 개념의 종착점은 사랑이어야 한다고 믿는다. 법도 예외일 수 없다.

소동파의 시구 중에 이런 말이 있다. "인자함은 지나쳐도 화가 되지 않지만 정의로움은 지나치면 잔인하게 된다." 정의는 본질적으로 불의와 부정을 배제한다. 하지만 불의와 부정을 단죄는 해도, 도려내고 폐기해선 안 된다. 거기 인간이 있기 때문이다. 인간을 다루는 이상 정의는 법의 전부가 될 수 없다. 사랑은 정의와 다르다. 사랑은 세상 모든 사물에 조응한다. 사랑은 모든 사물의 메타포다. 사랑은 모든 단어를 포용할 수 있고, 모든 가치를 품을 수 있는 최상위 개념이다. 사랑이라야만 모든 것을 융합시킬 수 있다. 세상 모든 단어와 단어는 서로 짝지을 수 있겠지만, 세상을 하나의 가치로 아우르기 위해 모든 단어를 단 하나의 단어에만 조응시켜야 한다면, 나는 사랑과 짝짓고 싶다.

아기의 옹알이를 의미 있는 언어로 이해할 수 있는 사람은 그 아이를 사랑하는 부모밖에는 없다. 설령 비트겐슈타인의 말처럼, 그 소리가 학습된 공적 언어가 아닌 전적으로 사적인 소리에 불과할지라도, 부모라면, 로켓 라쿤이라면 그 의미를 이해할 수 있다. '가슴이 우리하다'를 대동맥박리증으로 읽고, '죄송합니다'를 '지긋지긋한 고통에서 벗어나고 싶습니다'로 읽고, '아이 엠 그루트'를 '나는 단순한 나무가 아닙니다. 나도 존귀한 존재입니다'로 읽을 수 있도록 하는 것, 그것은 정의가 아니라 사랑이다. 우리를 같은 마을, 언어집단, 피부색, 성적 취향이라는 경계를 넘어 개와 다른 인간종으로 통합시킬 수 있는 유일한 것도 언어가 아니라 사랑이다. 인간이 다른 인간에 대한 일말의 애정과 연민조차 품고 있지 않다면, 재판이라는 이 어처구니없는 일이 정녕 용인될 수 있겠는가. 법이 곧 정의고, 법이 곧 사랑일 수는 없지만, 법은 정의이면서 사랑일 수 있다. 법이 무엇을 위해 존재하는지 한 치 틀림없이 설명할 수 없다면, 법은 적어도 사랑에 기반하고, 사랑에 부역하는 것이라고 말해야 한다. 사랑이 아니고서는 반드시 시비하는 사람이 있을 것이기 때문이다.

　어떤 절대자가 출발하는 빛에 입력한 것과 같은 그의 의지를
이루기 위해서든, 기적처럼 탄생한 유기화합물이 계속 존속하기
위해서든, 마지막까지 필요한 것은 오직 사랑뿐이다.

에필로그

재판을 하다 보면 사실관계는 인정하지만 법률을 몰랐다고 주장
하는 경우가 더러 있다. 대체로 행정법규를 위반한 사람들이 이
런 주장을 한다. 이런 주장은 간단히 배척한다. 사정이 딱하긴 하
지만 이런 핑계를 다 들어주면 법은 있으나 마나다. 그러나 내겐
그분들이 남 같지가 않다. 지금은 많이 달라졌지만 매사 느려터
지고 게으른 나는 각종 공과금 납기일이나 마감일을 미루고 미루
다 마지막 날이 되어서야 급하게 일을 처리하곤 했다. 둘째를 낳
고 출생신고를 할 때도 결국 마지막 날이 되어 동사무소를 찾았
다. 출생증명서 등 서류를 내고 신고를 하려는데, 담당자가 하루
가 지났다며 과태료 만 원을 내라고 했다(출생신고는 생후 1개월 이내
해야 한다). 날짜를 따져봤지만 계산은 정확했다.

기간 계산을 할 때 첫날은 넣지 않는 '초일 불산입의 원칙'(민

법 제157조)이 있는데, 나는 담당자가 이 규정을 모른다고 생각했다. 점잖게 "초일은 빼셔야죠"라고 말했다. 담당자는 상급자에게 자문을 구했고, 상급자는 다시 누군가에게 전화를 걸어 의견을 구했다. 전화를 끊은 상급자는 "하루 넘긴 게 맞습니다. 만 원 내세요"라고 했다. 변호사 신분을 까고 민법 규정을 들이댈까 하다가, 뒷사람 눈치도 보이고 돈 만 원으로 실랑이를 하는 게 민망해서 그냥 돈을 냈다. 그랬더니 담당자가 서류 한 장을 불쑥 들이밀며 "사유서도 적어 내세요"라고 했다. '게을러서라고 적어야 하나? 아니면 정신이 없어서? 바빠서라고 적을까?' 사유서를 들고 망설이는 내가 답답했던지 담당자는 퉁명스럽게 말했다. "바쁜데 뭐 합니까? 받아쓰세요. 법에 무지하여…." 얼굴이 화끈거렸지만 담당자가 불러주는 대로 받아 적었다. 이후 나는 주변 변호사와 판사들에게 '졸지에 법에 무지한 변호사가 돼버렸어'라는 너스레를 떨며 법에 무지한 동사무소 직원을 홍보곤 했다. 그런데 나중에 우연히 법전을 보니 그 직원이 옳았다. 구 호적법(지금은 가족관계의 등록 등에 관한 법률이다)에는 '신고기간은 신고사건발생일로부터 기산한다'고 되어 있었다.

좋은 판사의 덕목으로 여러 가지가 꼽히지만, 그중에서도 무지를 인정하는 것이 가장 중요하다고 생각한다. 판사들이 다 아는 것처럼 행동하지만 실은 그렇지 않다. 소송관계인 중 판사가 가장 무지하다. 모르려면 차라리 완벽하게 몰라야 한다. 세상과 인간을 어설프게 아는 것은 편견일 수도, 위험할 수도 있다. 출생신고를 할 때

보다 법은 조금 더 알게 되었지만 여전히 나는 세상과 인간에 대해 무지하다. 내 무지가 잘못된 판단의 면죄부가 될 수 없지만, 나는 내가 무지하다는 사실만은 잊지 않으려 한다. 그래야만 당사자의 말에 진지하게 귀 기울이고, 그의 입장에 서보려는 자세를 취할 수 있기 때문이다.

자타 기준으로 대한민국 판사의 평균치에 못 미치며 여전히 무지한 내가 판사를 대표할 수는 없지만, 재판이라는 냉혹한 형식 안에도 따뜻하고 다정한 일면이 감춰져 있음을 알았으면 좋겠다는 마음이 있었다. 달의 뒷면을 볼 수 없듯 판사에게도 판결문에 담을 수 없는 이면이 있음을, 이 글을 통해 말하고 싶었다. 밖에서 보기에 눈 뜨고 못 볼 우리 같은 사람들에게도 '어라, 봐줄 만한 구석이 있었네'라고 읽혔다면 다행이다. 의도가 제대로 전달되지 못했다면 저자의 잘못이고, 잘 전달되었다면 독자들 덕분이다. 국민이 그렇듯 독자는 항상 옳다.

월든호숫가에 가본 적이 있다. 영어 명칭이 Walden Lake(호수)가 아니라 Walden Pond(연못)여서 놀랐고, 소로우가 2년간 머문 통나무집의 협소함에 놀랐으며, 인근 주민들이 자유롭게 수영하고 일광욕을 즐기는 모습이 신기했다. 소로우의 글과 삶 모두를 좋아해서 평소 가보고 싶었던 곳이었는데, 미국 연수 때 그 꿈을 이뤘다. 월든 호수를 동경했던 게 꼭 소로우 때문만은 아니었다. 소로우를 좋아한 법정 스님을 좋아했고, 그 두 사람을 좋아하는 선배 법관을 흠모해서이기도 했다.

나는 그분들에게서 묘한 좌절감과 동질감을 동시에 느꼈다. 좌절감의 실체는 나의 위선과 문약함이었다. 온갖 미사여구를 동원해도 나는 그분들의 간결한 문장 한 줄을 따라갈 수 없었다. 내 글은 손자를 위한 할머니의 투박하고 맞춤법이 다 틀린 반성문보다 못했다. 몸이 글을 지탱하고, 삶이 글을 지지해야 함에도, 내 글과 삶이 유리되어 있었기 때문이었다. 지금도 나는 문장과 일상의 거리가 멀어지려 할 때면 그분들과 할머니를 떠올린다.

동질감의 실체는 고독이었다. 소로우의 글을 읽으면서 문장의 아름다움과 그의 사상에 감탄하는 한편, 소로우와 그를 닮은 법정 스님과 선배 법관이 얼마나 외롭고 고독한 사람이었는지를 생각했다. 마치 그들은 세상으로부터 스스로를 유폐시킨 것 같았다. 인간을 그 누구보다 사랑했음에도 말이다.

어쩌면 판사도 그들처럼 뭍에서 유폐된 섬 같은 존재다. 항성 주위를 도는 행성 같기도 하다. 국민이라 불리는 태양 주위를 돌지만, 태양의 인력에 끌려가서도 궤도를 이탈해서도 안 되고, 딱 그만큼의 자리에 있어야 하기 때문이다. 사랑하지만 일정한 거리를 두고 꼿꼿이 홀로 서야만 하는 판사는 별이자 섬이다. 내 곁에 그런 별과 섬들이 있다.

나는 매일 섬 같은 사람들과 함께 밥을 먹는다. 합의재판부의 경우 셋이서, 단독재판부의 경우 주로 같은 종류의 재판부끼리 밥을 먹는다. 우리는 이를 '밥조'라 부른다. 각자 짊어진 짐의 무게가 너무도 무겁고 달리 얘기할 사람이 없어 서로를 많이 의지한다. 우리는 같이 밥을 먹으면서 유무죄며, 양형이며, 법리나 판례 따위 판사로서의 고민은 물론 세상 돌아가는 이야기와 개인적 삶까지 상의한다. 밥조 사이에는 정치적 입장도, 소속 연구회도, 가치관도, 세대도, 성별도, 사투리도, 프로야구팀도 크게 문제될 게 없다. 그 모든 차이를 압도하는 판사로서의 고뇌라는 연대감이 있기 때문이다. 그렇게 밥을 다 먹은 우리는 다시 각자 책상으로 돌아가 홀로 판단하고 혼자만 책임질 글을 쓴다. 그런데 요즘 섬들의 상태가 말이 아니다. 엄혹한 시기다. 내상성 스트레스 증후군을 함께 앓고 있는 동료 법관들께 이 책으로나마 위로를 드린다.

세월이 흘러 내 아이들의 아이들이 '할아버지는 좋은 판사였어요?'라고 묻는다면, 선배 법관께서 인용하셨듯 나 역시 〈밴드 오브 브라더스〉의 대사 한 구절로 답할 수밖에 없다.

"아니, 나는 좋은 판사가 아니었어. 하지만 정말 훌륭한 판사들과 함께 일했지."

지면을 허락해주신 분들과, 정의의 원래 주인이자 이 글의 최종심인 독자들께 감사드린다.

어떤 양형 이유

© 박주영, 2023

1판 1쇄 발행 2023년 1월 17일
1판 6쇄 발행 2024년 11월 8일

지은이	박주영	이메일	moro@morobooks.com
편집	조은혜, 이숙	X	@morobooks
제작처	민언프린텍	인스타그램	@morobooks
펴낸이	조은혜		
펴낸곳	모로		
출판등록	제2020-000128호		
등록일자	2020년 11월 13일	ISBN 979-11-975597-7-8 03300